国家出版基金项目　"十三五"国家重点图书出版规划项目

主编 石斌

新兴大国崛起与全球秩序变革

第十卷 /

全球秩序变革与新兴大国的战略选择

石　斌　王首都
王爱娟　官欣欣　著

南京大学出版社

图书在版编目(CIP)数据

全球秩序变革与新兴大国的战略选择 / 石斌等著. ——南京：南京大学出版社，2023.3
（新兴大国崛起与全球秩序变革 / 石斌主编；第十卷）
ISBN 978-7-305-22823-0

Ⅰ.①全… Ⅱ.①石… Ⅲ.①国际关系－研究 Ⅳ.①D81

中国版本图书馆 CIP 数据核字(2019)第 299706 号

出版发行	南京大学出版社		
社　　址	南京市汉口路 22 号	邮　编	210093
出 版 人	王文军		

丛 书 名　新兴大国崛起与全球秩序变革·第十卷
丛书主编　石　斌
书　　名　全球秩序变革与新兴大国的战略选择
　　　　　QUANQIUZHIXU BIANGE YU XINXINGDAGUO DE ZHANLUEXUANZE
本卷主编　石　斌
本卷作者　石　斌　王首都　王爱娟　官欣欣
责任编辑　官欣欣
照　　排　南京南琳图文制作有限公司
印　　刷　苏州工业园区美柯乐制版印务有限责任公司
开　　本　718 mm×1000 mm　1/16　印张 15.75　字数 210 千
版　　次　2023 年 3 月第 1 版　2023 年 3 月第 1 次印刷
ISBN 978-7-305-22823-0
定　　价　128.00 元

网　址：http://www.njupco.com
官方微博：http://weibo.com/njupco
官方微信号：njupress
销售咨询热线：(025) 83594756

* 版权所有，侵权必究
* 凡购买南大版图书，如有印装质量问题，请与所购
　图书销售部门联系调换

主　　　办　南京大学亚太发展研究中心

学术委员会
王月清（南京大学哲学系）
孔繁斌（南京大学政府管理学院）
石之瑜（台湾大学政治学系）
石　斌（南京大学亚太发展研究中心）
朱庆葆（南京大学历史学院）
孙　江（南京大学学衡研究院）
时殷弘（中国人民大学国际关系学院）
沈志华（华东师范大学周边国家研究院）
张凤阳（南京大学政府管理学院）
陈云松（南京大学社会学院）
陈冬华（南京大学商学院）
陈志敏（复旦大学国际关系与公共事务学院）
洪银兴（南京大学商学院）
秦亚青（外交学院暨山东大学政治学与公共管理学院）
阎学通（清华大学国际关系研究院）
蔡永顺（香港科技大学人文社会科学学院）
蔡佳禾（南京大学中美文化研究中心）
樊吉社（中国社会科学院美国研究所）

编辑部：
主　编：石　斌
副主编：毛维准
成　员：祁玲玲　蒋昭乙　殷　洁
　　　　曹　强　王婉潞

总　　序

"南京大学亚太发展研究中心"于2016年夏初创设并渐次成长,得"南京大学亚太发展研究基金"之专项全额资助,实乃一大助缘、大善举;众多师友、同道的鼓励、扶持乃至躬身力行,同样厥功至伟。

此一学术平台之构建,旨在通过机制创新与成果导向,以国际性、跨国性与全球性议题为枢纽,将人文社会科学诸领域具有内在关联之学科方向、研究内容与学术人才,集成为国际关系、国家治理、经济发展、社会文化等多个"研究群",对大亚太地区展开全方位、多层次、跨学科研究,并致力于承担学术研究、政策咨询、人才培养、社会服务与国际交流等功能。

所谓"亚太",取其广义,乃整个亚洲与环太平洋地区之谓。不特如此,对于相关全球性问题的关切,亦属题中之义。盖因世界虽大,却紧密相连。值此全球相互依存时代,人类命运实为一荣损相俦、进退同步之共同体,断难截然分割。面对日益泛滥的全球性难题,东西南北,左邻右舍,各国各族,除了风雨同舟,合作共赢,又岂能独善其身,偷安苟且? 所谓"发展",固然有"政治发展"、"经济发展"、"社会发展"等多重意蕴,亦当有"和平发展"与"共同发展"之价值取向,其理亦然。

吾侪身为黉门中人,对于大学之使命,学人之天职,理当有所思虑。故欲旧话重提,在此重申:育人与问学,乃高等教育之两翼,相辅相成、缺一不可。大学之本是育人,育人之旨,在"养成人格",非徒灌输知识、传授技能;大学之根是学问,学问之道,在"善疑、求真、创获"。二者之上,更需有一灵魂,是为大学之魂。大学之魂乃文化,文化之内核,即人文价值与"大学精神":独立、开放、理性、包容、自由探索、追求真理、禀持理想与信念。大学之大,盖因有此三者矣!

南京大学乃享誉中外之百年老校,不独底蕴深厚、人文荟萃,且英才辈出、薪火相续。于此时代交替、万象更新之际,为开掘利用本校各相关领域之丰厚学术资源,凝聚研究团队,加强对外交流,促进学术发展,展示亚太中心学术同仁之研究成果与学术思想,彰显南京大学之研究水平与学术风格,我们在《南大亚太评论》、《现代国家治理》、《人文亚太》、《亚太艺术》等学术成果已相继问世的基础上,决定再做努力,编辑出版《南大亚太论丛》。

海纳百川,有容乃大。自设门户、画地为牢,绝非智者所为。所谓"智者融会,尽有阶差,譬如群流,归于大海",对于任何社会政治现象,唯有将各种研究途径所获得的知识联系起来,方能得到系统透彻的理解,否则便如朱子所言,"见一个事是一个理",难入融会贯通之境。办教育、兴学术,蔡元培先生主张"囊括大典,网罗众家,思想自由,兼容并包"。《论丛》的编纂,亦将遵循此种方针。

故此,《论丛》之内容,并不限于一般所谓国际问题论著。全球、区域、次区域及国家诸层面,内政外交、政治经济、典章制度与社会文化诸领域的重要议题,都在讨论范围之内。举凡个人专著、合作成果、优秀论文、会议文集,乃至特色鲜明、裨利教学的精品教材,海外名家、学术前沿的迻译之作,只要主题切合,立意新颖,言之有物,均在"网罗"、刊行之列。此外我们还将组织撰写或译介各种专题系列丛书,以便集中、深入探讨某些重要议题,推动相关研究进程,昭明自身学术特色。

要而言之,南京大学亚太发展研究中心所执守之学术立场,亦即《论丛》之编辑旨趣:一曰"本土关怀,世界眼光";再曰"秉持严谨求实之学风,倡导清新自然之文风";三曰"科学与人文并举,学术与思想共生,求真与致用平衡"。

一事之成,端赖众力。冀望学界同仁、海内贤达继续鼎力支持、共襄此举,以嘉惠学林,服务社会。值出版前夕,爰申数语,以志缘起。

石　斌

2018 年元旦于南京

主编的话
从跨学科视野理解"大变局"时代的全球秩序

这是由十个分卷构成的一部书,而不是各自完全独立、互不相干的十本书。虽然每一卷都有自己的研究重点和研究视角,包括不同的学科视角,因此也具有相对的独立性,但各分卷都是对主题的细化和展开,是一个不可分割的整体。

本书由来自国际关系、比较政治、国际法、经济学、历史学、军事学、环境科学等多个学科的40余位学者共同撰写,耗时多年且长达300余万字,因此需要交代的事情很多,然而篇幅本身已足够庞大,与其繁复累赘、画蛇添足,不如长话短说,仅就本书的研究目标、论述框架、研究方法和主要内容等略作说明。

一、研究之缘起与意义

从学术理论的角度看,国际秩序或内容更为广泛的全球秩序,其历史、现状与走向,是世界政治与国际关系发展进程中最具全局性、长期性与战略性的重大问题,因此是国际政治研究始终不可忽略的一个重要主题。由于民族国家迄今为止仍然是最重要的国际政治行为体,国际秩序自然也是世界秩序的核心内容,因此本书的研究重点和主要内容是"国际秩序",即主要与国家行为体有关、由民族国家交往互动所形成的秩序。然而很明显的是,当今世界的许多实际问题或现实议题已经远远超出了国家间关系和国际秩序的范围,需要从"世界政治""世界秩序"或"全球秩序"等更加广阔的视野来加以审视。要理解当今世界所面临的各种问题,仅仅关注国家间关系或国家间秩序是远远不够的。国际政治或国际关系研究日益走向世界政治研究或全球国际关系学,相应的世界秩序或全球秩序研究也日渐发展,实为与时俱进的合理之举和必然趋势。

从现实的角度看,当今世界正在发生许多堪称前所未有的深刻变化,"百年未有之大变局"便是就此提出的一个重大判断。这个大变局可能有多重含义,但核心是国际体系正在发生的结构性变迁,即国际力量对比的变化以及与此密切相关的国际秩序观念及国际交往规则、规范与制度的变化。这些变化的主要动力来自一批新兴大国和新兴市场经济体的崛起。国际体系的变化必然导致国际秩序产生相应的变化。近年来全球政治经济领域的一系列重要事态表明,国际秩序正处于某种调整或转型的关键时期。中共二十大报告指出,"世界百年未有之大变局加速演进,新一轮科技革命和产业变革深入发展,国际力量对比深刻调整,我国发展面临新的战略机遇。同时,世纪疫情影响深远,逆全球化思潮抬头,单边主义、保护主义明显上升,世界经济复苏乏力,局部冲突和动荡频发,全球性问题加剧,世界进入新的动荡变革期"。在这个背景下,国际秩序的走向再次成为国际社会普遍关注的一个重大问题。新一轮围绕国际秩序与全球治理体系变革的竞争正在迅速展开。各主要国际力量都在调整自己的对外战略,力图使国际秩序朝着有利于自身的方向发展。

21世纪是国际政治经济秩序大调整的时代,新兴国家群体的崛起是这个时代最具标志性的事件。战后以来,围绕国际秩序变革的斗争始终未曾停息,且出现过多次高潮,但由于发达国家在国际体系中的总体优势地位,改革进程步履艰难,国际秩序迄今主要反映的还是发达国家的权力、利益与价值偏好。因此,一大批新兴市场经济国家在冷战后的出现,特别是以中国为代表的新兴大国群体的崛起,为国际秩序变革提供了新的动力和可能性。在国际体系发生结构性变迁的过程中,新兴大国如何抓住机遇、应对挑战,推动国际秩序朝着更加公正、合理、和平的方向发展,同时进一步改善自己的国际地位与处境,是一个意义深远的重大课题。中国是最大的发展中国家和新兴大国中的佼佼者,是国际体系与国际秩序发展进程中的一个重要角色,中国学者更有责任从新兴大国的处境、需求和视角出发,就国际秩序与全球治理体系变革所涉及的各种理论与实践问题,特别是中国在其中的地位、目标与作用展开深入、细致的研究。

二、论述框架与研究方法

国际秩序或全球秩序是一个涉及国内、国际、全球等多个层面,政治、经济、安全、法律、文化等众多领域的宏大主题和复杂问题,任何单一学科的思维模式、研究路径或研究方法,都不免有盲人摸象之嫌,只有通过跨学科对话与交流才有可能获得更全面、更深入的理解。由于这个论题本身的重要性,有关国际秩序的研究论著即使称不上汗牛充栋,也可谓相当丰富,但总的来说还存在几个明显的不足:其一是缺乏跨学科综合研究,一般都是各相关学科按照自己的学科思维和研究路径,就自己擅长或关心的某些方面展开独立研究,鲜有学科间的对话与合作;其二是对具体实践领域的探讨还很不全面,一般都着重讨论传统的政治、安全或经济秩序问题,对金融、法律等重要领域或环境、能源、资源等重大新型挑战的关注还很不充分,对网络、外空、极地、深海等国际政治"新疆域"或"新场域"所涉及的秩序问题的探讨,甚至可以说还处于初始阶段;其三是以定性研究和规范研究为主,定量分析和实证研究很少见。国外的相关研究虽然更为丰富甚至更为深入,但也存在许多类似问题,何况国外尤其是西方学者的研究视角和智识关切与我们大不相同,因而并不能代替我们自己的独立思考。

因此,我们在研究设计上做了一些尝试,力图使我们的论述框架、研究内容和研究方法能够契合这一复杂主题本身的要求,更全面地反映国际秩序在理论、历史与现实等方面的发展脉络和重要议题,体现中国学者基于自身观察视角和价值关切所做出的学术努力。在研究视角上,我们主要立足于发展中国家的立场与视角,力图反映中国等新兴大国在国际秩序及其变革进程中的处境、地位、作用与需求;在研究框架上,我们试图建立一个相对完整的跨学科研究体系,将研究内容分为"历史考察→理论探索→议题研究→定量分析→战略思考"五个板块,并注意突出它们之间在逻辑上的相互联系和层次递进关系;在研究方法上,把定性研究与定量分析结合起来,使研究具有更多的科学—实证基础,以求获得逻辑与经验的统一;在研究议题上,除了讨论政治与安全秩序以及经济贸易与金融秩序问题,特别注意探讨国际政治学界过去较少讨论然而十分重要的国际法律秩序与制度规范问题,以及一些新兴政治场域和新兴战略领域的国际秩序问题。

总之,这是一项尝试将历史与现实、理论与实践、宏观战略思考与微观实证研究、定性研究与定量分析结合起来的跨学科探索。

三、主要内容与各卷主题

本书的总体目标,是从发展中国家的视角来探讨国际秩序的理论、历史、现状与发展趋势以及中国等新兴大国在国际秩序与全球治理体系变革过程中的地位与作用问题。基于对国际体系结构与国际秩序内涵的独立见解,本书试图从跨学科视野出发,构建一个相对完整的研究体系和有自身特色的分析框架,其中所涉及的基本要素包括:一种结构,即多极三元化的政治经济结构;三类国家,即发展中国家、新兴大国、发达国家;四个层次,即历史、理论、议题、战略;三大领域,即国际政治与安全秩序、经济贸易与金融秩序、国际法律秩序与制度规范。此外,国际体系与国际秩序还涉及一个更为深层、复杂且影响无处不在的因素,即作为其思想与观念支撑的文化价值基础与意识形态格局问题。这显然也是本书主题必然涉及一个重要方面,但我们没有采取集中论述的方式,而是在各卷相关部分联系具体问题加以讨论。

我们认为,当前国际政治经济体系早已超越了冷战时期的两极二元结构(东西政治两极和南北经济二元),日益呈现出一种多极三元化结构,即政治上日益多极化(包含中美俄日欧等多种政治力量),经济上日益三元化(发展中国家、新兴大国、发达国家三类经济水平)。就国际体系的力量结构以及与此密切相关的国际秩序观念与利益诉求而言,发达国家、发展中的新兴大国群体与一般发展中国家的三分法尽管也只是一种粗略划分,但相对于传统的南北关系或发达国家与发展中国家的二分法,可能更加贴近当今世界政治经济格局的现实。总之,我们有必要把中国等新兴大国视为具有许多独特性的国际政治经济力量。与此相关,发达国家、新兴大国、发展中国家这三类国家在国际体系中的实力地位以及它们在国际秩序观念与政策取向方面的共性与差异,或许是理解当今国际秩序稳定与变革问题的一个重要视角。就此而论,在中国的国际战略与对外政策实践中,如何区别对待和有效处理与这三类不同国家之间的关系,是一个值得深入研究的问题。此外我们还应该看到,中国等新兴大国目前尚未进入发达国家行列,但综合实力又明显强于大部分发展中国家,在某些领域甚至接近或超过了许多发达国家,因此随着主客观条件的变化,它们在国际身份、发展需求与实际作用等方面可能具有某种可进可退、可上可下的"两重性",这种两重性在国际秩序的变革进程中既是一种独特优势,也可能意味着某些特殊困难。深刻认识和准确把握这种两重性的实践含义,有助于新兴国家合理确定国际秩序的改革目标,准确定位自己的身份与作用,从而制定合理的外交战略,采用有效的政策工具。

本书内容由以下五个板块(十个分册)构成,它们在逻辑上具有内在联系,在研究层次上具有递进关系。

理论探索:即第一卷《国际秩序的理论探索》。旨在厘清国际秩序理论所涉及的核心问题;通过对当前国际政治经济体系结构及其发展趋势的重新界定和阐释,以及三类国家国际秩序观念及其成因的比较分析,揭示现有国际体系、国际秩序和全球治理相关理论在解释力上的价值与缺陷,特别是西方国际政治理论所蕴含的秩序观念、有关国际秩序的各种流行观点及其现实背景;最后着眼于新兴大国的理论需求与可能的理论贡献,为研究具体问题以及发展中国家参与国际秩序变革、应对各种实际问题提供理论参考或理论说明。

历史考察:即第二卷《战后国际秩序的历史演进》。目的是联系二战后国际体系的演变历程,厘清国际秩序的发展脉络,揭示当前国际秩序的历史根源、基本性质、主要特点和发展趋势;总结过去数十年里发展中国家在寻求国际政治经济秩序变革过程中的经验教训,凸显新兴大国在"大变局"时期所面临的机遇和挑战;此卷旨在为"理论探索"提供经验依据,为"议题研究"提供历史线索,为"战略思考"提供历史借鉴。

议题研究:包括第三卷《国际政治与安全秩序概观》、第四卷《国际安全治理重大议题》、第五卷《国际经济秩序的失衡与重构》、第六卷《国际秩序的法治化进阶》、第七卷《地区秩序与国际关系》。这是全书的重点内容,目的是讨论当代国际政治与安全秩序、国际经济贸易与金融秩序、国际法律秩序以及地区秩序等主要领域的具体、实际问题。其中对环境、能源等新型安全挑战,网络、外空、极地等新兴领域以及作为国际秩序之重要基础的国际法律体系的探讨,也许是本书最具特色的内容。从"问题—解决"的角度看,只有弄清楚这些重要实践领域的现状、趋势、关键问题及其性质,才能明确变革的方向、目标和重点。

定量分析:即第八卷《国际体系与国际秩序定量分析》。旨在通过比较分析新兴大国与主要发达国家在软硬实力方面的主要指标,了解中国等新兴大国在国际体系与国际秩序中的实际地位与发展需求,在重要实践领域的能力和影响力变化趋势,从而为合理的战略设计与政策选择提供较为具体、可靠的事实依据。

战略思考：包括第九卷《大国的国际秩序观念与战略实践》、第十卷《全球秩序变革与新兴大国的战略选择》。这个部分很大程度上是对上述议题的归纳、总结以及实践应用上的转换。国际关系是一个互动过程，在思考中国等新兴大国参与塑造国际秩序的理念与战略时，还应该了解其他国家的观点与政策，这样才能做到知己知彼。因此我们首先考察了各主要国家或国家集团的国际秩序观念、战略目标与相关政策取向，在此基础上进而探讨中国等新兴大国的战略选择。我们研究国际秩序问题，最终还必须联系中国特色大国外交的实践，回到当前中国自身的理念与政策上来。因此全书最后一章介绍了中国领导人的相关论述，实际上是对新时期中国的国际秩序观念和政策取向的一个分析和总结，故作为全书的一个"代结论"。总之，在思考中国等新兴大国推动国际秩序与全球治理体系变革的战略与策略问题时，我们主张遵循这样一些基本原则：吸取历史教训、注意理论反思、针对实际问题、基于客观条件、做出合理反应。

最后，感谢40余位作者的鼎力支持和辛勤劳动。各卷的主要作者，如宋德星、肖冰、葛腾飞、崔建树、舒建中、蒋昭乙、毛维准、祁玲玲等等，都是各自学科领域的优秀学者，也是与我们长期合作的学术同道；许多同行也给我们提供了很多非常具体、中肯和富于启发性的意见和建议，在此表示衷心感谢。特别要感谢南京大学出版社金鑫荣社长、杨金荣主任和诸位编辑工作者的支持和鼓励。尤其是责任编辑官欣欣女士，她不仅以极大的热情和坚韧的毅力襄助我们这项困难重重、久拖不决、有时几乎令人绝望的工作，还参与了有关章节的撰写和修订。

此书的研究和写作，先后被列入"十三五"国家重点出版规划项目和国家出版基金支持项目，这至少表明，此项研究本身以及我们的跨学科尝试，是一项有意义的工作。然而国际秩序或全球秩序是一个极为复杂的主题，且正处于一个重大转型时期。开放式的跨学科探索，其好处自不待言，但由于学科思维的不同，研究途径与方法的多元，观点上的差异乃至分歧也在所难免，对一些相关概念的理解也不尽相同，我们无法、似乎也不宜强求统一。我们的初衷是跨学科对话，在基本宗旨和核心关切尽可能一致的前提下，不同学科的作者可以从各自专业视角出发提出自己的见解。当然，在同一个论述框架内如何避免逻辑上的矛盾，如何更合理地求同存异，尤其是在核心概念和重要问题上尽可能形成共识，仍是一项需要继续努力磨合的工作。

更重要的是，由于此项研究本身前后耗时多年，研究内容复杂、时空跨度较大，而正处于"百年未有之大变局"的世界，变化之大、变速之快，出乎很多人的预料，许多新现象、新问题我们甚至还来不及仔细思考，遑论在书稿中反映出来。一些章节由于写作时间较早，文献资料或论断不免显得有些陈旧，我们也只能在有限的时间内尽可能做一些更新工作。尽管对这一主题的研究和思考不会结束，但由于各种主客观条件的限制，此项工作本身却不能无限期拖延下去。因此，缺点乃至谬误都在所难免，许多观点还很不成熟，各部分的内容和质量也可能不够平衡。总之，较大规模的跨学科研究其实是一件非常困难的事情。我们虽然自不量力做了多年努力，仍然有事倍而功半之感，希望将来还有进一步完善的机会。敬请学界同仁和读者诸君予以谅解并提供宝贵意见。

石斌

2022年10月1日于南京

目 录

第一章 新兴大国群体：双重身份下的传承与超越（王爱娟） ………… 1

  第一节 新兴大国的国际身份与目标定位 ……………………………… 2

    一、从"东西南北"到"多极三元"的世界大势 ……………………… 3

    二、"天下三分"居其中：新兴大国的特殊地位 …………………… 10

    三、亦新亦旧的时代：新兴大国承前启后的双重身份 …………… 15

  第二节 新兴大国在国际秩序变革中的独特作用 …………………… 21

    一、秩序变革新动力：新兴大国意志与能力的历史性交汇 ……… 22

    二、国际秩序变革中的关键议题与新兴大国的积极作用 ………… 25

    三、新兴大国与全球治理：从全面参与到局部引领 ……………… 29

  第三节 新兴大国推动国际秩序变革的战略与策略问题 …………… 31

    一、奉行审慎的现实主义 …………………………………………… 33

    二、建构集体身份、提升整体力量 ………………………………… 35

    三、把握历史机遇、重塑世界秩序 ………………………………… 40

第二章 和谐共生：中国的国际秩序新理念及其战略实践（王守都 官欣欣）

  ………………………………………………………………………… 43

  第一节 中国国际身份与发展目标的历史变迁 ……………………… 43

    一、中国和平发展战略的基本内涵及其深远意义 ………………… 44

    二、从革命到建设：中国国际身份与角色的历史变迁 …………… 49

    三、国际秩序转型时期中国的国际身份、目标与责任 …………… 56

第二节　当代中国的世界观与国际政治新理念 …………… 64
　　　一、现代中国"世界观"与"国际观"的生成和发展 ……… 64
　　　二、当代中国的世界政治新观念 ……………………………… 69
　　第三节　改革开放以来中国国际秩序观念的演进 …………… 86
　　　一、基于和平共处原则的国际新秩序 ………………………… 88
　　　二、建立"和平稳定、公正合理"的国际新秩序 …………… 90
　　　三、建设"持久和平、共同繁荣"的和谐世界 ……………… 93
　　　四、"命运共同体"与"和谐共生"的全球秩序观 ………… 95

第三章　中国参与塑造全球秩序的战略选择（王守都　官欣欣）…… 103
　　第一节　中国传统价值与西方现代价值：碰撞与调适 ……… 104
　　　一、中国社会核心价值体系的衰颓与重建 …………………… 106
　　　二、物之不齐物之情：多样的世界与多元的价值 …………… 112
　　　三、"天下主义"升级版："命运共同体主义" …………… 115
　　第二节　内政与外交的关联：从国家治理到全球治理 ……… 121
　　　一、中国国家治理体系与治理能力的现代化 ………………… 123
　　　二、推动和引领全球治理体系变革 …………………………… 126
　　　三、国内治理与全球治理的深层互动 ………………………… 130
　　第三节　多极三元格局下的困厄与新运 ……………………… 132
　　　一、国际格局调整期 …………………………………………… 133
　　　二、新兴大国与多极三元结构 ………………………………… 135
　　　三、挑战与机遇并存 …………………………………………… 138
　　第四节　"亲诚惠容"：中国经略周边国家关系的新思路 … 142
　　　一、中国经营周边关系的理念与实践 ………………………… 143
　　　二、"亲诚惠容"与周边关系新思路 ………………………… 146
　　第五节　"一带一路"：中国塑造世界新秩序的战略蓝图 … 150

一、"共商、共建、共享"的核心理念与基本原则 ……………… 153
二、"开放包容"的鲜明特色与宏阔胸怀 …………………… 157
三、"互利共赢"的价值取向与终极目标 …………………… 160

第四章 新时代中国领导人关于国际秩序的重要论述——代结语（石 斌）
………………………………………………………………… 169

第一节 "百年未有之大变局"：全球秩序大判断 ……………… 170
第二节 "人类命运共同体"：秩序追求新境界 ………………… 174
　一、"命运共同体"的内涵与意义 …………………………… 174
　二、"命运共同体"的伦理基础："人类共同价值" …………… 175
　三、"命运共同体"的实践路径：建设"五个世界" …………… 176
第三节 "文明交流互鉴"：国际秩序的价值立场与人文基础 … 178
第四节 国际秩序"建设者"：当代中国的国际身份 …………… 181
第五节 "民主化、法治化、合理化"：秩序改良三原则 ………… 183
第六节 从理念到行动：国际秩序建设的中国方案 …………… 190
　一、"新型国际关系"：国际秩序建设的基本路径 …………… 191
　二、全球治理体系改革与建设的新思路 …………………… 192
　三、"一带一路"：秩序建设与全球治理的中国方案 ………… 197
本章小结 ………………………………………………………… 198

参考文献 ……………………………………………………… 202

索　引 ………………………………………………………… 226

第一章
新兴大国群体：双重身份下的传承与超越
（王爱娟）

近年来，"新兴大国"与全球秩序等议题受到越来越多的关注。以"金砖国家"为代表的新兴国家在国际舞台中的地位逐步提高，参与国际事务并发挥重要作用的能力不断提升。随着新兴大国在国际格局中的集体崛起，它们在全球和地区层面的影响力迅速凸显，推动国际体系权力结构进行调整，并逐步成为改变和塑造全球秩序的重要力量。目前国际体系中的权力变化主要呈现出两大趋势：一是权力自西向东转移，二是由国家向非国家行为体流散。[①] 新兴大国群体在全球政治经济秩序中总体上介于发达国家和发展中国家二元结构的"中间"位置，这使得国际体系在政治领域日益多极化的同时，在经济力量结构方面呈现出"三元化"的趋势，其地位和作用因而具有了某种双重性特点。在推动建立更加公平合理和平的政治经济新秩序上，新兴大国与广大发展中国家有着巨大的共同利益与诉求，因而存在着广泛的合作基础；在当今世界面临的经济危机、恐怖主义、气候问题等众多非传统安全问题上，新兴大国不论

---

① Joseph Nye, *The Future of Power*, Washington, DC: Public Affairs Press, 2011, pp. 153 - 204.

在能力还是责任上都必然承担更多的使命和任务。尽管新兴国家之间在政治诉求、经济利益、安全保障等方面仍存在各种复杂矛盾与问题,但它们都已经认识到合作势在必行,彼此之间的共同利益大于分歧,只有新兴国家以共同利益为基础,用同一种声音"发声",才能进一步增强话语权,进而有效改变发达国家主导的全球秩序中诸多不合理、不公平的规则,打破发达国家主导的国际格局,在新时期的全球治理中构建更加完善的运行机制,为新兴国家以及广大发展中国家争取到更多的发展机会与利益。

第一节 新兴大国的国际身份与目标定位

进入 21 世纪以来,新兴大国发展势头强劲,国际地位迅速提高,积极推动全球治理体系变革,已快速崛起为国际政治经济舞台上十分重要的力量。新兴大国群体性崛起,特别是中国的崛起常常被西方视为大国权力对比变化的原因,也被看作权力转移和全球治理变革的重要动因。① 在这一过程中,新兴大国对于国际体系的认知,对于自身在国际体系中的地位和作用的判断都在不断更新。新兴大国主张以主权国家为最主要的国际关系行为体,倡导国际秩序的运行以联合国框架下的国际法、规则规范和多边主义为基本原则,强调国际体系的公正性和合理性;在处理同现有大国之间的分歧与矛盾时,力求通过外交、经济、法律等方式协调解决,维护当代国际体系转型的和平性和建设性。毫无疑问,在当前国际秩序发生深刻复杂变化的转型时期,新兴大国只有顶住来自现有大国为维持其既得利益而不断施加的压力,团结一致、坚定不移

---

① Craig N. Murphy, "Global Governance over the Long Haul," *International Studies Quarterly*, Vol. 58, No. 1, 2014.

地站在多边主义的一边,毫不动摇地推动国际秩序朝着更加公平合理的方向发展,才能不断提高自身在国际事务中的话语权,这是新兴大国获得更多发展机遇、推动国际秩序不断完善的关键因素。在国际秩序变革中不断发挥积极作用的同时,新兴大国还应该使国际社会了解到自身的发展对于国际社会的积极作用,进而对新兴大国在内政外交上的举措有更加深刻的理解。这不仅有助于在世界范围内达成"新兴大国将为国际社会带来至关重要的利益、发挥不可忽视的作用"这一认知,更有助于避免"沉默的螺旋"效应,为新兴大国在国际舞台上发挥作用形成更加积极、更加浓厚的氛围与场域。当然,新兴大国也有必要在不断扩大彼此间共同利益的同时,寻求与发达国家和发展中国家更多的共识与共同利益。应该看到,随着美国不断推行以贸易保护主义为标志的"逆全球化"举措、欧盟内部因英国脱欧而不断产生溢出效应,西方国家在国际秩序问题上的立场也并非铁板一块,新兴大国应广泛探寻与更多国家与地区的共同利益与合作可能,这也是新兴大国推动国际秩序变革的重要途径与方式。

一、从"东西南北"到"多极三元"的世界大势

国际政治格局所反映的是世界政治舞台上各种政治力量的分化、组合、协调和较量,由此展示出世界政治格局的特点和规律。国际格局向多极化方向发展,既是由各个国家之间错综复杂的利益关系决定的,也是由不同国家之间的力量对比关系决定的。以实力竞争为核心的权力政治一直是国际格局调整以及国家制定和实施自身对外战略的重要因素。在这一实力政治的背景之下,大国对于整个国际社会或国际秩序的影响必然大于小国;而一个国家或者国家群体的实力迅速增强,其国际地位和影响力必然相应提升。随着综合国力的提高,新兴大国的崛起逐步成为当代国际关系的一个重要特征,其他国家、国家群体或国际组织也都围绕这个新的因素做出重大调整,新兴大国在国

际事务中的主动性不断增强,为大国关系的良性互动注入了新的动力。在当今国际舞台上,尽管新兴大国的发展采取的是积极融入国际体制的模式,但群体整体实力的显著增强不可避免地会引起守成大国的抵触与忌惮,并由此引起国际格局的一系列剧烈震动。如何确定新兴大国在国际格局中的地位与作用,如何处理新兴大国与现有大国之间的权力关系、利益关系,这是新兴大国在发展的过程中必须妥善解决的问题,更是推动国际秩序变革中不可回避的问题。

1. 何谓新兴大国?

近年来,新兴市场国家(Emerging Markets)在国际政治经济的相关文献中被广泛使用,"新兴大国""金砖国家"等词语或概念也不断出现,尽管人们通常认为其含义是约定俗成或习惯性称谓,但仍有必要对其进行概念上的辨析。事实上,随着国际政治经济形势的快速发展变化,新兴大国及相关概念也发生着改变。如金砖国家由"金砖四国"(即巴西、俄罗斯、印度、中国)发展为包括南非在内的"金砖五国",原有的"远景五国"或"愿景五国"(即越南、印尼、南非、土耳其、阿根廷)的提法也随着南非划入金砖国家而逐渐消失。究竟哪些国家可被称为新兴大国? 成为新兴大国需要具备哪些条件?

石斌在《秩序转型、国际分配正义与新兴大国的历史责任》一文中指出,"新兴市场经济国家(新兴经济体)主要包括'金砖四国''展望五国'和'新钻十一国'。"[1]金灿荣、刘世强在《告别西方中心主义——对当前国际格局及其走向的反思》中谈到,"新兴市场经济国家对现行国际体系持满意态度,并没有意愿推翻现有的制度安排,而是寻求在承认现有体系合理性的前提下寻求渐进增量改革,逐步实现国际权力结构的对等和均衡。但从长期趋势来看,这些国

---

[1] 石斌:《秩序转型、国际分配正义与新兴大国的历史责任》,载《世界经济与政治》2010 年第 12 期。

家持续的经济发展在客观上对西方的优势地位构成挑战。在这其中,中国的实力增长无疑具有决定性意义。"①林跃勤在《全球治理创新与新兴大国责任》中指出,"新兴大国是指规模较大、发展潜力较大、发展速度较快并处于转型中的发展中国家,属于发展中国家中具有较大影响力的国家。中国、印度、巴西、俄罗斯、南非等金砖国家以及墨西哥、印度尼西亚、土耳其和尼日利亚等是其代表性大国。"②宋玉华、姚建农在《论新兴大国的崛起与现有大国的战略》中认为,"新兴大国是指以巴西、俄罗斯、印度、中国等金砖国家为代表的崛起中的大国",③文章指出,之所以做出这样的界定是基于国土面积、人口、资源和市场规模,对地区稳定及安全的影响力,在国际事务中的参与程度,是否具有强烈的国家振兴、复兴的愿望,是否保持着强劲且持续的经济增长态势,是否是世界经济中新的上升力量等要素的考量。杨洁勉在《新兴大国群体在国际体系转型中的战略选择》一文中,将新兴大国群体(emerging powers)专指中国、俄罗斯、印度、巴西、南非和墨西哥六国,认为新兴大国群体比发展中大国或"金砖四国(巴西、俄罗斯、印度和中国)"更能体现当代大国关系的新特点。④

早在1994年美国克林顿政府制定美国出口促进策略时,提出十大"新市场"为其主要贸易对象,它们是:中国经济区(包括中国大陆、中国香港地区和中国台湾地区)、韩国、印度尼西亚(1995年又把印尼之外的6个东盟成员国家全部划为新兴大市场)、墨西哥、巴西、阿根廷、南非、波兰和土耳其。对此,美国商务部发表报告认为,一个新世界——十大新兴市场正在崛起,未来美国

---

① 金灿荣、刘世强:《告别西方中心主义——对当前国际格局及其走向的反思》,载《国际观察》2010年第2期。
② 林跃勤:《全球治理创新与新兴大国责任》,载《南京社会科学》2016年第10期。
③ 宋玉华、姚建农:《论新兴大国的崛起与现有大国的战略》,载《国际问题研究》2004年第6期。
④ 杨洁勉:《新兴大国群体在国际体系转型中的战略选择》,载《世界经济与政治》2008年第6期。

将与这类新的国家进行竞争；这十大新兴市场将改变世界经济面貌，并改写世界政治的规则。① 新兴经济体或国家大致具有如下特点：市场经济体制逐步走向完善，经济发展速度较快，市场发展潜力大；数目众多，是一个群体；广泛分布在亚非拉以及东欧等地区，且都是各地区的主要国家和各自地区经济组织的核心成员；巨大的商品供应国和销售市场；全球资本的重要流入对象；世界经济的主要增长点。② 不论新兴经济体数目有多少，人们都特别重视其中几个大国，即中国、印度、巴西、俄罗斯、墨西哥及南非等。③

总体而言，新兴大国群体性地日益崛起增强了国际体系的多样性、包容性和开放性，它们是多边主义的积极倡导者，也是多极化的重要组成部分，更是国际关系民主化的建设性力量。他们一方面对国际政治经济的发展以及国际秩序的演变发挥着越来越重要的作用，另一方面其综合国力与发达国家仍有较大差距，影响国际事务、承担国际责任、促进分配正义、推动秩序改良等方面的能力仍有待进一步提高。尽管新兴大国群体无意全盘否定或打破现有国际秩序，但传统大国与新兴大国之间的协调与合作、博弈与竞争必将持续相当长的历史时期。

2. 东西南北——和平与发展

1985年3月4日，邓小平同志在会见日本商工会议所访华团时说："现在世界上真正大的问题，带全球性的战略问题，一个是和平问题，一个是经济问题或者说发展问题。和平问题是东西问题，发展问题是南北问题。概括起来，就是东西南北四个字。南北问题是核心问题。"④ 邓小平"东西南北"理论的提

---

① ［美］杰弗里·加腾著，吕大良译：《十大新兴市场——来自美国商务界权威人士的报告》，北京：新华出版社，1998年，序言。
② 唐颖：《全球治理中的发达国家与新兴国家》，外交学院2007级博士学位论文，第70页。
③ 参见李棕：《关于新兴市场国家发展的若干问题》，载《世界经济与政治论坛》2007年第4期，第1页。
④ 《邓小平文选》（第三卷），北京：人民出版社，1993年，第105页。

出是对战后国际关系和国际秩序演变的准确把握。

第二次世界大战结束之后,整个世界进入了资本主义阵营和社会主义阵营之间对峙的冷战时期。在东西方两极对峙的冷战格局之中,以美国为首的资本主义阵营在政治上秉持"反苏反共"的杜鲁门主义,对社会主义阵营进行遏制与封锁;在经济上通过针对西欧的马歇尔计划、针对日本的道奇计划、针对亚非拉等不发达地区及国家的"第四点计划",使资本主义垄断资本最大限度地控制世界;在军事上建立北大西洋公约组织,建立资本主义阵营的军事战略同盟。以苏联为首的社会主义阵营则针锋相对地建立了欧洲共产党和工人党情报局、经济互助委员会以及华沙条约组织对资本主义阵营实行反遏制、反包围与反封锁,双方在政治、经济、军事领域实行全方位对抗。

进入20世纪60年代以后,世界各种政治力量不断分化和重组,以美、苏为首的东西两大阵营的力量及其对峙关系亦发生了变化。同时,第二次世界大战为世界被压迫民族和人民的解放事业开辟了更为广阔的道路,创造了极好的条件。战后兴起的民族解放运动蓬勃发展,一大批殖民地半殖民地国家获得独立。到20世纪60年代末,亚、非、拉地区共有104个国家获得了独立,其中新独立的国家达69个。早在1955年,亚非29个国家在印度尼西亚万隆召开了具有历史意义的会议,通过了《促进世界和平和合作的宣言》,提出了有关国际关系的十项原则,充分表明了发展中国家已作为一支独立的政治力量开始登上国际政治舞台。由于世界上绝大多数的发达国家位于北半球、发展中国家位于南半球,因此,人们通常用"南北"作为发展中国家与发达国家的代表性称呼。为了促进和推动发展中国家在国际贸易、金融、科技等方面的合作,争取改革旧的国际经济秩序,建立国际经济新秩序,1964年6月,77个发展中国家和地区发表了《七十七国联合宣言》,并由此形成了"七十七国集团",为加强南南合作、开展南北对话做出了积极努力。

进入20世纪70年代,东西方对峙的局面在一定程度上有所缓和,美苏首脑会谈、尼克松访华、欧安会、中欧裁军会议等释放出积极信号,联合国也通过了《关于建立新的国际经济秩序的宣言》及《行动纲领》《各国经济权利和义务宪章》,欧共体与40多个发展中国家签订了《洛美协定》,整个世界范围内的"南北对话"呈现出积极态势。在复杂多变的国际形势之下,邓小平再一次高屋建瓴地对时代主题做出了历史性的重大判断,认为时代主题已从"战争与革命"转换为"和平与发展":"现在世界上问题很多,有两个比较突出。一个是和平问题。现在有核武器,一旦发生战争,核武器就会给人类带来巨大的损失。……二是南北问题。这个问题在目前十分突出。发达国家越来越富,相对的是发展中国家越来越穷。南北问题不解决,就会对世界经济的发展带来障碍",和平与发展这两大问题是"带有全球性、战略性"的根本问题。[①] 可以说,"东西南北"的提法是基于二战结束之后时代主题的转换、国际政治经济形势的变化,对全球秩序进行的分析,是对世界政治经济格局进行的高度概括和判断。

3. 多极三元化趋势

第三世界的崛起有力地冲击了战后形成的两极政治格局,极大地改变了世界政治力量的对比,加快了世界向多极化方向发展的进程。中国共产党根据国际形势的发展变化,在对世界各种政治力量进行客观分析后作出了"三个世界的划分"这一战略判断。1974年2月,毛泽东在接见赞比亚总统卡翁达时提出,美国、苏联是第一世界,西欧、日本是第二世界,亚非拉新独立国家以及发展中的社会主义国家是第三世界。这样的战略划分,既突出了美苏争霸的关系,又概括了世界政治经济中的力量增多、世界由两极格局逐渐向多极化发展的趋势。1974年4月,邓小平同志在联合国第六届特别会议发言中又就三个世界的理论进一步做了阐明,为这一战略划分和理论形成做出了贡献。

---

① 《邓小平文选》(第三卷),第96页。

两极格局终结以后,各种力量重新分化组合,世界正朝着多极化方向发展。新格局的形成将是一个长期的复杂的过程,这是这次格局转换与以往几次格局的不同之处。以往历次旧的格局被打破,一般都是伴随着一场大战或一系列的战争,然后由战胜国在谈判桌上划定基本框架,以这种方式形成新格局的时间往往比较短,轮廓比较清晰。而此次格局转换则主要是以和平的方式,并且不是某一个或几个国家可以完全操纵的。两极格局向多极格局的转换,需要各种国际力量经过相当长一段时期的发展和不断分化组合,因而会有一个较长的过渡期。在旧格局已经打破,新格局尚未形成的动荡时期,各大国或国家集团将重新确立相互关系,对原来的国际组织和机制进行改革并制定新的"行为规则"。经过各主要力量较长时期的磨合与重组,现已初见端倪的多极世界政治格局终将形成。第三世界在战后政治舞台上的崛起,打破了美苏两个超级大国争霸世界的战略格局,开创了国际政治的新时代。冷战结束后,广大发展中国家经济政治实力不断增强,成为一支维护世界和平、促进世界经济发展的重要力量。特别是新兴大国的影响力与主动性日益凸显,多极化进入加速发展的历史新阶段。总体而言,国际格局由两强争霸逐步演变为以"一超多强"为代表的发达国家与发展中国家所构成的二元世界。

进入 21 世纪,特别是经历了美国金融危机引发的世界经济危机,国际经济金融格局已经发生前所未有的结构性变化,全球经济治理与国际秩序正处于大调整与大变革的阶段。事实上,国际经济格局加速变迁源自 21 世纪的前十年。一方面,自中国加入世贸组织以来,新兴市场与发展中国家经济整体性崛起,成为世界经济增长的重要引擎;另一方面,2007 年美国爆发次贷危机并逐步演变为金融危机,又由于金融业与实体经济的密切联系而蔓延为大范围的经济危机,在失业率升高、社会保障水平降低等诸多因素的诱导下经济危机蔓延至全世界,引发了欧债危机等,众多国家的经济衰退、复苏乏力。根据国际货币基金组织(IMF)的统计,近年来美国经济在全球经济中的比重以及主要发达国家或地区(美、欧、英、日)经济在全球经济中的比重均逐步下降。2011年国际货币基金组织发布的《世界经济展望》便对发达国家或地区的经济复苏能力保持悲观,并预测2011—2012年先进经济体的经济活动将增长2.5%,考虑到2009年经济衰退的程度,此增长率仍然低迷,且不足以为高失业率带来明显转机。而同期新兴经济体和发展中经济体将继续保持强劲的增长,增长率将保持在6.5%的水平。①

在全球化大环境下,经济因素对国际事务的影响力日益增强,经济关系成为国际关系的重要组成部分,全球经济治理上升到全球治理的核心位置。由于贯穿第二次世界大战和冷战时期的全球治理体系已难以适应变化中的世界经济发展和国际力量格局变迁,经济上获得长足发展的新兴大国群体对全球治理体系变革的诉求上升,对世界经济稳定与发展的贡献率迅速提升,国际社会呼吁改革全球治理体系的声音不绝于耳。在这种情况下,继续用发达国家和发展中国家这样的二元模式来划分世界虽然有其合理性,但显然已不够准确、不够全面,必须看到国际格局在向多极化演进的过程中逐步呈现出来的多极三元趋势,即发达国家、发展中国家以及新兴大国并存。

二、"天下三分"居其中:新兴大国的特殊地位

新兴大国逐步成为国际舞台上一支独特的力量,并在国际秩序演进上发挥着越来越大的作用。对于新兴大国的崛起将对国际秩序产生什么样的影响,早在1997年就有经济学家指出:"这里聚集的是新兴的全球性力量,具体表现在十大新兴市场的崛起上,如中国、印度和巴西正获得足以改变世界政

---

① IMF World Economic Outlook (WEO), Global Recovery Advances but Remains Uneven, Jan., 2011. http://www.imf.org/en/Publications/WEO/Issues/2016/12/31/Global-Recovery-Advances-but-Remains-Uneven.

治、经济格局的力量。"①在新兴大国群体在国际社会中的影响不断提升的过程中,人们对于新兴大国的认识与判断也在不断调整与变化。新兴大国的崛起是否会打破甚至完全颠覆现有的国际秩序?新兴大国是否将对现行的国际制度产生冲击与挑战?新兴大国的利益诉求有哪些?新兴大国与现有大国是否将产生摩擦,矛盾甚至对抗?这些矛盾将以什么样的方式解决?……不同的国家、不同的利益群体都对这些问题有着不同的理解与判断:有人认为目前新兴大国群体的整体实力仍无法撼动美国在全球治理体系中的霸权地位;有人认为以美国为首的西方大国必将强势挤压新兴大国的生存及发展空间,直至其无法威胁守成大国的既得利益;有人认为新兴大国与发达国家之间无法实现和平共处,若要实现权力转移唯有通过战争的方式。无论如何,新兴大国在崛起的过程中必然会与现有大国在权力转移、国际秩序变革等方面产生摩擦与矛盾,但这种崛起与遏制之间的较量改变不了新兴大国群体必将在国际舞台上发挥越来越重要的作用的趋势。正确认识新兴大国在国际地位、对外影响和发展需求等方面的独特性,有助于我们恰当地分析与判断新兴大国在国际秩序中的特殊地位,合理地指出新兴大国的发展方向,为国际社会和平与发展探寻新的动力源泉。

1. 具有后发优势的中间力量

全球化进程中的主导和主体内容是经济全球化。进入20世纪80年代,特别是冷战结束以后,以信息技术为核心的新技术革命促进了世界生产力的发展,生产的全球化、贸易的全球化、金融的全球化全方位展开。全球化成为世界生产力发展和运动的一种外在表象,其主要表现为一国的市场、生产过程和资本运动超越一国范围而和世界其他国家的经济日益紧密地联系在一起。经济全球化是世界经济发展的一种客观趋势,一把双刃剑,对所有国家来说,

---

① [美]杰弗里·加腾:《十大新兴市场——来自美国商务界权威人士的报告》,第1页。

都意味着机遇与挑战。在相当长的时期内,发达国家在经济全球化进程中处于主导和支配地位,同时也是经济全球化的最早受益者,发展中国家总体上处于不利地位。而新兴大国在全球化中的地位和作用,随着其自身综合国力的不断提升,在主动参与全球化的进程中,不断赶上甚至是超过某些发达国家。在全球化时代,国际市场实现了统一,这使新兴国家能够充分利用本国的比较优势,实现贸易收益,从而初步实现资本积累。全球化还使资本和技术可以自由流动到新兴国家。跨国企业的投资给新兴国家带来了工业化初期急需的资本、技术和管理经验,使得它们有机会接触到现代化的生产和管理方式,对提高新兴国家的全要素生产率具有很大作用。[①] 具体而言,新兴大国抓住了全球化带来的发展机遇加紧调整经济结构,实现产业升级;大力引用和利用外资,弥补国内建设资金的不足;发挥比较优势,促进产品的更新换代,促进对外贸易的发展;同时促进体制改革。经济全球化加速了资金、人才、技术和信息的流动,这使得新兴国家比以往任何时期更容易学习和借鉴发达国家的发展经验,从而不断创造实现跨越式发展的历史机遇。

经济全球化对所有国家而言都是机遇与挑战并存。众所周知,发展中国家由于自身发展水平、国力所限以及起点较低,难以适应经济全球化的发展潮流,在国际分工中总体上处于不利地位。而新兴大国则介于发达国家与发展中国家二者之间,成为国际政治经济舞台上独特且重要的群体。尽管新兴大国在综合国力上具有一定的基础,有一定的趋利避害的能力,但依然面临着十分严峻的挑战。西方发达国家特别是霸权国家在全球化规则的制定中起着主导作用,在世界贸易组织、国际货币基金组织等主要世界性组织中具有超越其他国家的话语权,使这些组织在一定程度上成为其维护利益的工具。此外,发

---

① 查晓刚:《冷战后国际体系的演进与新兴国家群体性崛起——兼论中国如何规避修昔底德陷阱》,复旦大学 2014 年博士学位论文,第 77 页。

达国家还要千方百计地垄断其先进技术,以达到垄断市场的目的,贸易保护主义不仅没有消亡,反而有通过新的形式和手段不断加强的趋势。同时,自2020年春新冠肺炎疫情暴发以来,部分西方国家面对疫情的处置失序进一步激发了内部的民粹主义、种族主义、仇外主义,对全球化造成极大冲击。反全球化、去全球化的悲观情绪在西方世界内部不断蔓延,唱衰全球化深入发展的言论甚嚣尘上。

新兴大国虽然在利用已有规则、改善和推动相关制度改革方面取得了重大进展,但目前无论在自身经济、科技实力及占世界经济的比重上,还是在国际经济治理的话语权上都依然存在着许多受制于人的情况,甚至要面临污名化攻击。新兴大国在经济实力快速提升的同时,必须面对的是如何迅速准确地进行全球战略定位,制定、参与全球合作与竞争策略,以及抵御全球风险、捍卫发展成果等问题。

2. 深化合作的主导力量

深化区域合作、构建和谐平等的合作模式,对于新兴大国自身权利的扩大以及整个全球治理权力体系的合理再分配至关重要。新兴大国群体应加强内部合作,形成共识和稳定的合作机制。在世界舞台上新兴大国之间是相互平等的,没有等级之分,因而彼此之间的交往应在平等互利、合作共赢的基础上进行;在处理新兴大国之间的各种问题时,也应秉承对话协商的原则。此外,新兴大国多数有着相同的政治历史背景,他们多数曾是殖民地,都遭受过西方殖民势力的侵略和掠夺,因而更加珍惜民族独立和国家主权,积极维护世界和平。目前新兴大国之间业已建立起来的多领域、多层次的制度性对话机制也为彼此的频繁互动奠定了基础。为了增强自身话语权和竞争力,区域合作是新兴大国的重要战略选择。新兴国家之间区域合作层次众多,形式多样,内容广泛。除了新兴大国之间的合作之外,新兴大国群体还应该主导建立一个惠及发展中国家的沟通与合作机制,以协调发展中国家的利益关系,降低发展中国家在世界经济、资源、贸易等诸多领域存在的竞争烈度,达到实现发展中国家整体实力的提升和提高国际资源利用效率的目的。在深化合作的过程中,建立分享经验机制有助于加强合作、促进提升合作水平与质量。新兴大国间可以增加智库、学界以及民间的交流,为提高全球治理参与度以及协调参与水平打下扎实基础。当然,新兴大国还必须尽可能妥善地处理好与现有大国的关系,努力建立平等协商的新型大国关系,避免冷战思维、零和博弈以及"修昔底德陷阱"。新兴大国应该努力成为发展中国家与发达国家之间的桥梁,共同努力生产全球性公共产品,共同受益,有效处理各类严峻的全球性问题。

不可否认,新兴大国的区域经济合作也面临许多问题,有些合作机制的成效不太显著,或难以维持。新兴大国之间经济发展水平也存在一定的差异,存在竞争关系的产品较多,彼此之间的贸易转移效应有待进一步转变为贸易创造效应,进而形成更加密切的经济关系。新兴大国群体目前也还难以制定和执行统一的一体化政策。因此,面对前所未有的机遇和挑战,新兴市场国家必须携手并肩,共同努力,加强政策沟通和协调,实现优势互补,推动经济融合,努力实现共同发展。巴西、俄罗斯、印度、中国和南非等国家由于在经济发展速度、发展潜力、国际地位和作用等方面具有许多共同点而被界定为新兴大国,但各国在政治经济制度、历史文化、发展轨迹等方面都有着显著的区别,因此,在相同的国际形势面前新兴大国群体之间往往是竞争与合作并存。新兴大国群体的内部矛盾和困难更是各新兴大国发展与合作不可忽视的制约因素。目前,许多新兴大国的经济体系依然存在各种结构性缺陷和弊端。如产业结构缺陷、经济金融政策和体制弊端。要从根本上解决这些问题,必须不断深化改革,调整经济结构,改革经济体制,利用各种资源,发挥各种潜力,促进经济发展。同时,新兴大国也面临着诸多制约发展的经济社会问题,例如人口问题。作为经济要素的人是生产者和消费者的统一,人口的增长与物质资料的增长必须相适应,才能有利于发展。但目前新兴国家普通面临的人口问题就是人口增长与物质资料的增长不相适应。此外,新兴国家还存在各种制约发展的国内政治及社会问题等。可见,赶超战略的实现,必须以客观认识并科学运用后发优势为前提,而且要以自身政治制度和社会文化发展为基础,实行政治与经济、经济与社会的同步发展。

三、亦新亦旧的时代:新兴大国承前启后的双重身份

当今世界正在发生深刻复杂变化。目前,世界多极化、经济全球化、社会信息化、文化多样化深入发展,和平、发展、合作、共赢成为不可逆转的时代潮流。与此同时,和平与发展的时代主题依然面临难题与挑战。例如,国际金融危机影响深远、全球发展不平衡加剧,霸权主义、强权政治和新干涉主义有所上升,恐怖主义、环境污染等全球性问题日益突出。特别是自2007年美国爆发次贷危机以来,一系列金融危机、经济危机乃至政治和社会危机成为全球治理中需要解决的突出问题。而新兴大国正在成为世界新的经济增长引擎,在解决全人类共同面临的"发展赤字、和平赤字、治理赤字"这三大历史性难题中发挥的作用有目共睹。当然新兴大国在贸易、金融、环境、能源、气候问题等领域的全球治理中有着自身的利益与诉求,进而在国际秩序和全球治理机制变革中也有着独特的角色与目标定位。

1. 现行全球治理体系的弊端与缺陷

冷战结束后,美苏两极对峙的局面消失了,爆发世界大战的紧张态势得到了缓解,与此同时全球化进程又面临着前所未有的问题和挑战,现行的全球治理模式似乎无法有效地、彻底地解决这些问题。在这种情况下,人们开始思考如何完善全球治理体系,使它更有效地促进世界的和平与发展。现行的全球治理体系是在第二次世界大战之后美苏争霸模式,以及冷战结束后美国的单极霸权模式下逐步建立起来的。不可否认这样的体系对于维持整个世界秩序的总体和平与稳定起到了重要的作用。比如,发端于第二次世界大战之后的

联合国对维护国际社会的安全和促进全人类的共同利益发挥了极其重要的作用。但这些成绩也无法掩盖现行全球治理体系逐渐暴露出的种种弊端。

一方面,治理领域与治理机制严重失衡。目前,全球治理的治理范围在不断扩大,但治理的效率却明显滞后。其中非常重要的原因就是全球化带来了许多前所未有的问题。比如,金融危机的影响持续而深远,全球经济增长乏力,贸易保护主义抬头,反全球化倾向明显。金融危机还引发了占领华尔街运动等一系列政治及社会问题。除了金融危机,全球范围的环境问题、恐怖主义蔓延、毒品、走私、网络安全等各种新的问题层出不穷。特别新型冠状病毒疫情在全球的蔓延更是引发人们对非传统安全的思考与重视。这些问题成因复杂、应对难度大,因此亟须完善全球治理体系。

另一方面,现行全球治理体系缺乏公正性和代表性。冷战后美国主导下的治理体系及制度已经暴露出种种弊端。例如,在金融霸权方面,国际货币基金组织重大决策通过至少需要85%的支持率,而美国却持有17.67%的投票权,可以说在许多金融问题上,美国几乎拥有一票否决的权力。众所周知,中国2001年加入世界贸易组织,按照规定15年后即2016年中国应该自动获得完全市场经济地位,但目前美国和欧盟都明确表示依然不承认中国的完全市场经济地位。如果不对如此不合理的制度进行完善和变革,将对世界经济的健康发展产生极其恶劣的影响。在科技霸权方面,美国长期领导和控制着整个世界的互联网,掌握着网络世界的命脉。当然,美国始终将军事霸权作为维护其全球利益的根本保障。特别是在2001年"9·11"事件爆发之后,美国就开始了不受联合国束缚的反恐战争以及以反恐为名义的全球战略拓展。美国政府的军费开支不断创下历史新高,为地区及世界安全与稳定带来诸多不确定性。可以说,现行全球治理体系的弊端与缺陷都使得推动全球治理体系变革势在必行。而新兴大国无论是在推动全球治理体系变革的利益诉求与目标上,还是在推动变革的能力与作用上,都是当今国际舞台上不可忽视的力量。

2. 新兴大国在全球治理体系变革中的角色及地位

西方国家对于国际关系和世界秩序曾经提出过很多的理论、理念。如民主和平论、权力转移理论、文明冲突论——这些理论都具有极强的排他性和对抗性。而以中国为代表的新兴国家倡导的全球治理理念的核心就是：共商、共建、共享。所谓"治理"与"统治"是有着本质不同的，治理不是由某一个权威主体自上而下地发号施令，而是通过多元主体间达成的共识来维持正常的社会秩序。而现在全球利益深度交叉，唯有共商、共建、共享的全球治理体系才会稳定持久。

权力政治理论主张没有永久的朋友只有永久的利益，而人类发展的宏观历史表明，纯粹建立在权力与利益基础之上的国际关系时常伴随冲突甚至战争。而随着全球化的发展，世界各国的利益愈发纠缠在一起，依赖权力或者武力的治理体系已不再满足世界各国发展需求，甚至对全球化产生极大危害。全球治理要解决的是全球性的问题，依赖通过广泛共识建立的规则来实现治理的公平与正义。在这种情况下，新兴大国的崛起使得推动全球治理模式改革的呼声更加强烈。例如，中国在周边外交方面，提出了亲、诚、惠、荣的理念；在大国外交方面，提出建立新型大国关系；此外，中国还高度重视同发展中国家的合作、同金砖国家的合作等等。当然，有了好的理念和思想，更重要的是要有足够的实力来实现这样的想法。只有新兴国家不断壮大，才能增强自身在国际事务中的话语权。目前，中国在国际货币基金组织中的份额和投票权升至第三位，人民币加入特别提款权货币篮子，中国成为欧洲复兴开发银行成员，对世界经济的贡献率超过30%。这些都增强了以中国为代表的新兴国家推动全球治理体系变革的能力和底气。尽管当前美国依然是世界经济的火车头，但是新兴大国日益成为全球经济增长十分重要的推动力量。新兴大国的快速发展极大地促进全球经济的繁荣与发展，为改革国际经济秩序创造了良好条件，有助于最终建立新形势下符合各国利益关系的国际经济新秩序。新兴大国参与全球治理,彰显了其和平发展和对外开放的积极姿态。特别是金融危机后,新兴大国积极参与联手应对危机、推动全球治理架构和世界金融货币体系改革,获得多数国家的肯定。此外,新兴大国积极推动金砖国家合作机制的构建、加强新兴经济体之间的沟通和立场协调,有力地促进了新兴经济体在区域和国际事务中话语权与影响力提升,促使新兴经济体成为解决全球性议题不可或缺的重要力量。

3. 新兴大国在全球治理中的利益与诉求

新兴大国参与全球治理,适应了全球化新形势,并从自身利益和全球发展需要出发,有着对全球经济治理和区域经济合作发挥更大作用的战略选择和决心,对世界经济走势和国际合作有着自身的期待和要求。首先,在治理目标方面,新兴大国倡导全球治理的根本目标是推动经济全球化朝着均衡、普惠、共赢方向发展。其次,在治理主体方面,全球治理应该由世界各国共同参与。国家无论大小、强弱、贫富,都是全球秩序的组成部分,应该以平等身份参与治理过程,并享有相应的代表性、发言权、决策权。平等参与不仅是形式上的,更应是实质内容上和决策过程中的。第三,在治理方式方面,全球治理需要各国通过协商合作共同解决经济全球化面临的各种难题。第四,在治理机制方面,全球治理需要公平合理的机制安排。世界经济发展使现有一些机制难以充分反映国际社会诉求、有效应对全球性挑战,因而需要增强其代表性和适应性。要在不同层面和不同领域针对不同问题开展治理。各种治理机制可以在利益攸关方平等协商并达成共识的基础上,制定有关国际标准和规范,推广相关经验和有效做法,促进各国交流合作,共同搭建有效的全球经济治理架构。可以说,新兴大国倡导的全球治理新主张,以均衡、普惠、共赢为目标,以民主、参与、创新为内容,涵盖了经济、政治等多个领域,适应了经济全球化背景下世界形势和国际格局的新变化,突出反映了代表全球数量更多的发展中国家的心声。

以经济为例,新兴大国群体在全球经济治理体系变革中的立场与主张,反映出它们试图在全球经济体制中寻求改善处境和获得主动地位的诉求。例如,2007年爆发的美国次贷危机并由此引发世界经济危机以来,中国在世界经济的稳定及复苏进程中,不断增加在世界经济份额中的比重,其他新兴大国也都积极对国际金融机构投入更多的资源。与此同时,新兴大国对加强宏观经济政策监督的国际制度普遍持怀疑态度,经济危机也使各国对以美元为中心的国际货币体系持批评态度,但新兴大国不论是对现有经济体制中不合理的地方进行批评,还是以各种方式推进经济体制改革,其目的都是增强多边体系而非完全推翻现有国际货币体系;新兴大国尤其注重维护新旧治理体系过渡时期世界经济的稳定。以中国积极倡导和推行的亚洲基础设施投资银行(Asian Infrastructure Investment Bank,AIIB,简称亚投行)为例,亚投行与世界银行是互补而非竞争的关系,亚投行不会也无意去取代世界银行。亚投行的成立给亚洲发展中国家带来了改变落后局面的机遇,给欧洲发达国家带来了打造新的经济增长极的机遇。可以说,亚投行是现有多边机构的有益补充。所以,中国主导成立亚投行正是中国利益观的最好诠释,那就是双赢、共赢。只有合作共赢才能办大事、办好事、办长久之事。要摒弃零和游戏、你输我赢的旧思维,树立双赢、共赢的新理念,在追求自身利益时兼顾他方利益,在寻求自身发展时促进共同发展。近年来,新兴大国几乎在所有重要的全球经济治理机构中都被授予了更大的决策权。例如,新兴大国在国际货币基金组织和世界银行中增加了配额,新兴大国被允许加入原先限于工业化国家参加的金融监管实体机构,如印度成为经济合作与发展组织的新完全附属国,拥有与其他成员国一致的权利与义务等等。包括中国在内的新兴大国群体在国际金融和货币管理领域表现出共性的偏好,即希望尽可能地出台适当影响全球化进程的政策。尽管其中一些政策遭到了国际社会特别是现有发达大国的尖锐批评,但新兴大国仍然试图在敏感的经济政策领域保持更多的自主性。应该看到，新兴大国并没有提出全球经济治理体系的替代方案，也没有提出彻底推翻现有制度的改革性建议，而是推动既定的国际准则和规则框架进行适度调整，试图在全球治理过程中保持一定的政策自主性。

近年来，中国国家主席习近平积极倡导的文明交流互鉴重要理念很好地诠释了新兴大国对国际秩序的理解与态度。2014年3月，习近平在联合国教科文组织发表演讲时，首次全面深刻地阐述了"文明交流互鉴"这一理念，强调要让文明交流互鉴成为增进各国人民友谊的桥梁、推动人类社会进步的动力、维护世界和平的纽带。2019年5月，习近平亲自倡议召开的亚洲文明对话大会在北京隆重开幕。习近平在开幕式上发表的主旨演讲进一步丰富了文明交流互鉴理念的内涵，展示了中国作为负责任新兴大国的全球胸怀和文明担当，对于国际秩序变革具有重要的时代意义和世界意义。文明交流互鉴是历史发展的客观规律。人类历史是在不同文明兼收并蓄、取长补短中发展到今天的；人类文明图谱是异质文明在交流融合、传播碰撞中成为今天这个样子的。回顾人类历史，无论是"西学东渐"还是"东学西送"，世界文明都处于交流状态。虽然其中难免有冲突和碰撞，但其主流依然是互利友好的交往。同时，文明交流互鉴也是时代的必然选择。当今世界，国际形势波谲云诡，对立对抗的风险仍在增加。要想解决复杂国际形势下的众多难题，仅靠一国或一种文明的努力是远远不够的，现在不是一部分人反对另一部分人，而是所有人需要所有人，必须从人类一切优秀文化和智慧中汲取营养，让不同国度、肤色、文化背景甚至不同意识形态的人相互了解、相互信任、彼此欣赏、加深友谊，减少误解、分歧，避免由战略误判导致的军备竞赛或冲突对抗。交流互鉴不仅是一种哲学、一种理念，更是维护世界和平的"船"与"桥"，有了经济与人文黏性才会增强政治韧性与战略互信。

以中国为代表的新兴大国的崛起绝不会一帆风顺，必然会面对各种挑战、风险、阻力及矛盾，甚至是战略遏制和围堵。回顾世界强国兴衰历史，遭受打压是新兴国家绕不开的"坎"。比如,英国在崛起过程中先后受到西班牙、荷兰的打压。美国在崛起过程中曾受到英国的打压。美国成为世界强国后,对威胁其地位的英国、德国、苏联、日本等国家进行遏制或打压,更是无所不用其极。目前新兴大国正处于由大向强发展的关键阶段,面对打压,既要修炼内功,面对偏见用行动说话,面对压力用能力说话,不断增强自身实力,也要将日益增强的综合国力转化为国际政治、经济、安全等领域的话语权和影响力,主动地塑造国际环境而不是一味地适应国际环境。以"文明交流互鉴"为代表的由新兴大国提出的全新理念以及相应的实践,一方面可以推动新兴国家文明的创造性转化和创新性发展,激发活力,增强实力;另一方面,能够促进国际社会"认知转变",即在认同新兴大国的"实力转变"基础上,了解、信任并欢迎新兴大国的崛起。

第二节 新兴大国在国际秩序变革中的独特作用

国家间互动所构成的国际体系,具有复杂的构成与多维的属性,其中包括实力政治的因素,也包括国际制度的因素和观念文化的因素。在这样的体系中采取行动,国家实施的战略不可能是应对任何单一因素的结果,而只能是针对整个战略环境所做出的反应。① 新兴大国群体的形成与发展是在国际政治经济秩序发生深刻复杂变化的大背景下逐渐显现的。新兴大国在国际秩序中的作用也是在不同层面的国际关系互动中逐步增强的。从全球、地区、国家三个层面构建国际体系必须首先以共同利益为基础,所要建立的新秩序也是多个层面的,在全球层面:和平、安全为共同利益基础,建立多元文明平等、和谐、

---

① 李少军主编:《国际战略学》,北京:中国社会科学出版社,2009年,第49页。

共处的全球治理;在地区层面:以相互依赖关系为基础,由地区组织推动形成区域合作机制,实现区域国家共同发展、共同崛起;在主权国家关系层面:以主权原则为基础,尊重国家利益的民族性和多元性,建立有利于平等独立、和平安全、共同发展的新型国际关系。[1] 随着新兴大国自身综合实力不断增强、彼此之间的合作协调不断加深、对政治经济等各领域问题的解决发挥的作用逐步凸显,新兴大国群体已成为国际秩序变革中不可忽视的重要力量。既有的全球治理体系已无法适应正在发生的权力巨变,需要将更多的治理权从传统的西方国家向新兴大国转移。在这一治理权转移过程中,新兴大国需要协调配合,以集体的努力和共同的声音争取治理权,切忌因内部矛盾或不和而被外部利用。[2]

一、秩序变革新动力:新兴大国意志与能力的历史性交汇

第二次世界大战后,世界格局的演变经历了从两大阵营对立、美苏两个超级大国争霸全球,到两极格局终结、走向多极化的曲折发展过程。冷战结束之后,特别是进入21世纪以来,世界格局正处在一个加快演变的历史性进程中。特别是"9·11"事件、金融危机、新冠疫情等重大事件后,非传统安全威胁对国际秩序的影响愈发凸显。在应对这些问题的过程中,新兴大国群体性的崛起给国际秩序改革注入了新的活力。同时发达国家由于自身面临许多难题,在诸多领域也产生了改革需求。逐步暴露的现有国际政治经济秩序的不合理性,不仅引起了发展中国家的强烈不满,也触发了西方主流社会对全球化及其相关制度的反思,从而使南北双方都产生了改革愿望,这在历史上是罕

---

[1] 上海社会科学院俄罗斯研究中心编:《当代国际关系体系转型》,上海:上海人民出版社,2010年,第9页。
[2] 韦宗友:《新兴大国群体性崛起与全球治理改革》,载《国际论坛》2011年第2期,第13页。

见的。①

近年来,逆全球化现象在经济、政治以及价值观等诸多方面,都进一步暴露了现行国际体系难以满足各国共同发展的需求,国际秩序需要进行调整以更好地反映各国发展的现状与需要。伴随着国际社会正在发生的国际秩序转型,多极化发展势头下国家权力与地位的此消彼长,对国际秩序中现存的权力和利益配置方式做出了调整,对影响国际事务和议程设置的话语权、主导权的规则实现了重塑,国际社会中的核心价值也同样进行着重新建构。

基于自身利益需求与整体环境需要,新兴大国群体在国际秩序变革中必将有所作为。国际力量对比正在发生前所未有的积极变化,世界多极化和国际关系民主化大势难逆,以西方国家为主导的全球治理体系出现变革趋势。二战后很长时期内,美苏两个超级大国垄断了全球治理的主导权。随着苏联解体、东欧剧变,两极格局演变为美国一强独霸的治理格局。这种"独霸模式"始终伴随着广大发展中国家的不满与反对,但要求国际格局朝着更加公平、合理、平等的方向发展的呼声,很长一段时间被淹没在美国超强综合国力所垄断的话语权之下。进入 21 世纪以来,特别是金融危机爆发,随着美国相对实力的下降,世界多极化趋势以前所未有的速度发展,单一独霸模式已不再适应现代世界发展变化和人类文明发展诉求,越来越多的国家开始呼吁推动全球秩序向着多极化的方向变革。随着全球实力对比变化和自身实力相对衰弱,美国希望以较少成本继续掌握全球治理主导权,然而,治理权和参与权实际上已经开始由更多行为体共享。②

与此同时,我们也必须看到,世界多极化进程是一个长期的、曲折的过程,

---

① 石斌:《秩序转型、国际分配正义与新兴大国的历史责任》,载《世界经济与政治》2010 年第 12 期,第 90 页。
② G. John Ikenberry,"The Quest for Global Governance," *Current History*, Vol. 113, No. 759, 2014, p. 16.

超级大国不会自动放弃推行霸权主义和强权政治的意愿和行动,反对霸权主义、维护世界和平,推动国际关系民主化的斗争是艰巨的,各种力量的较量有时甚至是非常激烈的。因此,必须要充分估计国际格局发展演变的复杂性。现实主义认为,国际行为参与体都是从自身的利益和价值观出发,希望能够从世界秩序中受益,并希望能够最大限度地影响世界秩序,使之于己有利,或者至少不会于己有害。例如,以美国为代表的霸权国家在多极化加速发展的今天愈发加紧巩固和维持自身在传统国际秩序中的"既得利益",避免其利益空间受到损害,因而出现了包括反经济全球化浪潮的"贸易保护主义"、反文化多样化的"文化一元化"等多种手段及现象,成为世界秩序变革中不可忽视的阻碍因素。

多级化格局有利于遏制霸权主义和强权政治,有利于推动建立公正合理的国际政治经济新秩序,也有利于广大发展中国家抓住机遇、发展壮大。在全球秩序变革的浪潮中,新兴大国群体的变革期望与意志,与其推动变革的能力处于前所未有的历史交汇期。从参与国际秩序变革的意愿或意图来看,新兴大国就国土面积、人口数量、经济实力及军事规模以及发展趋势而言,都具有与其意愿日益相匹配的影响力与执行能力。在过去相当长的时期内,由于众多因素,这种影响力都并未充分展现。随着国际形势发生深刻复杂变化,新兴大国参与国际秩序变革的意愿和意图不断增强。对于这种意愿应着重从以下几个方面来理解:首先,新兴大国是维护以联合国体制为基础的国际秩序的重要力量,并为现行国际秩序的稳定与改良做出了诸多贡献。其次,新兴大国在目前国际秩序中的作用还称不上"领导者",只能是重要的参与者。再次,由于认识到目前国际秩序存在着不公正、不平等和不合理之处,新兴大国不断探索在维持整个国际秩序总体稳定的前提下,完善和塑造能够适应世界发展大势的新的国际秩序。长期以来,新兴大国推动国际秩序变革的意愿仍受诸多因素的制约,包括国家实力、国际影响力等。当前,新兴大国的综合国力正在发生历史性变革、取得历史性成就,特别是科技实力、创新能力等方面正处于从量的积累向质的飞跃、点的突破向系统能力提升的重要时期。但需要注意的是，国家实力的增强与推动国际秩序变革的影响力之间是有着一定距离的，努力缩短这一距离的同时还必须协调好国际社会对自身影响力的认识与理解，避免引起不必要的误解或担忧。

新兴经济体尤其是新兴大国由于在国际地位和发展需求等方面具有两重性，在国际格局中处于某种中间位置，可以发挥独特作用。当前国际秩序变革的一个重要根源就是新兴经济群体实力提升所带来的冲击。新兴大国既有足够的改革意愿，又有不断增长的影响力，因此可以在发展援助、制度改革、资源开发、海外投资等方面发挥积极作用，兼顾发达国家与发展中国家的不同利益需求，平衡秩序稳定与改良的矛盾，从而为推动秩序改良、促进国际分配正义做出较大贡献。[①] 作为推动全球治理体系变革的新动力，新兴大国正处于意志与能力的历史性交汇期。但必须清醒认识到，有的历史性交汇期可能产生同频共振，有的则可能擦肩而过。新兴大国若能够把握住历史机遇，取得综合国力、国际影响力方面的大飞跃、大发展，必然会在国际秩序变革中发挥较大作用，深刻影响整个世界的前途命运，影响全世界民众的生活福祉。反之，在整个世界以前所未有的速度和规模发生深刻复杂变化之时，新兴大国是否能够把握住这一历史机遇，将改革意愿诉诸有效行动，直接关系到国际体系转型期积压的众多矛盾能否以和平方式解决、国际分配与合作能否避免退回权力政治的游戏之中、国际格局在霸权与多极的转化中能否避免"修昔底德陷阱"等摆在全世界面前的重大问题。

二、国际秩序变革中的关键议题与新兴大国的积极作用

国际秩序是以国家为代表的国际关系行为体进行国际实践的产物。国家

[①] 石斌：《秩序转型、国际分配正义与新兴大国的历史责任》，载《世界经济与政治》2010年第12期，第99页。

行为体的综合实力决定着其在国际秩序中的位置,世界主要国家行为体的实力结构形成了国际权力格局。国家行为体间的互动原则构成了国际体系的秩序规则,因而国际秩序的变革也必然是通过国家行为体的国际实践再造或者重塑。从整体意义上来说,国际秩序变革总是与国际权力格局密切关联并相互影响,作为国际权力格局中关键影响因素的主导大国与新兴大国,其对国际秩序的影响必然最为显著。新兴大国群体的崛起不仅在客观上会带来国际权力格局的变化,而且会影响国际秩序中的制度安排,也就是国际关系的组织原则和主导规范,因而带来国际体系的深层次变革。

新兴大国对国际秩序中制度改革的塑造力受自身综合实力、新兴大国之间形成的合力、新兴大国与主导大国之间的互动实践等因素影响。主导大国作为既得利益者往往为了维护现有的优势地位而倾向于采取维护现有秩序及制度的对外战略与政策实践。当然,新兴大国在推动国际体系的制度安排朝着更加符合时代发展需要,更加公平合理的方向发展,并非全盘推翻再造的暴力变革,而是在现有秩序框架下,去除制约国际秩序健康发展的陈旧制度,完善新时期国际秩序变革所必需的制度安排,使现行国际秩序朝着更加积极的方向演进。在当前和未来的国际秩序变革中,新兴大国的地位和作用至关重要,它们既是战后秩序基本原则的积极维护者,又是国际政治经济新秩序的积极倡导者,担负着推动国际秩序不断优化完善的历史责任。

例如,在发展援助方面,新兴大国开拓了国际发展援助的新理念、新局面。长期以来,以西方发达国家为主的传统援助者是国际发展援助领域的主角,对外援助政策也是西方发达国家根据本国利益制定和实施的。虽然其援助和减债等政策对受援国经济发展有一定作用,但旧有的国际政治经济格局限制了受援国的发展,使受援国陷入"穷国更穷、依赖援助"的困境,西方国家的垄断资本因此获得巨大收益,获得对受援国的政治、经济等方面的强大影响力,甚至干涉受援国内政。近年来,新兴大国群体参与国际发展援助活动日益增多,在方式和理念上则更多地强调受援国在援助中的主体地位,在援助领域和内容上将重点放在与减贫直接相关的民生领域,并尝试建立各自独特的发展合作、互利共赢的发展援助方式。随着全球化的推进,这种发展援助的新兴方式因其简单、直接、不带附加条件而被受援国赞许,也极大地满足了受援国的需要,不仅对受援国的减贫工作起到了积极作用,更重要的是开创了整个国际社会国与国之间交往的全新理念与制度,为增进不同发展程度国家之间的合作、推动国际秩序的完善有着重要的作用。

再比如,新兴大国群体在海外投资、资源开发等方面也发挥着越来越重要的作用。以中国为例。当前,中国的全面对外开放持续推进、展开,基本形成以命运共同体思想为基础,以"新型大国关系""一带一路"建设等为牵引,形成了构建"全球伙伴关系网络"的系统战略布局。在这一布局下,中国加速推进同亚非拉国家的"命运共同体"建设,强化与周边各国互联互通和合作共赢,建立中拉全面合作伙伴关系。所有这些举措和主张,都将对全球化背景下不断迅速发展的海外投资和资源开发等领域的竞争与合作、相关国际机制与规则的深刻转型产生重要影响,更是对各国平等、大国协商、集体安全、共同发展等战后秩序基本原则的维护和推进。

中国在应对新型冠状病毒疫情过程中的理念及实践,是新兴大国在国际事务中发挥积极作用的典型例证。新冠肺炎疫情是第二次世界大战结束以来最严重的全球公共卫生突发事件。在全球化的今天,人类无疑应该有新的视野、新的格局、新的智慧来应对新的挑战。面对突如其来的疫情,中国人民一方面同舟共济、众志成城,在付出巨大牺牲和艰苦努力的情况下,为世界其他国家赢得了宝贵的时间和经验,筑起了疫情防控的"中国防线";另一方面中国在战"疫"过程中始终秉持人类命运共同体理念,积极与世界卫生组织和世界各国加强交流沟通、及时共享信息,第一时间公布新冠肺炎病毒基因组信息以及药物筛选结果,建立疫情防控网上知识中心,并向所有国家开放。中国还郑重承诺,中国新冠疫苗研发完成并投入使用后,将作为全球公共产品,优先向发展中国家提供。与中国抗击疫情的实际行动形成鲜明对比的是,国际上某些政治势力不把精力用在抗击疫情上,反而急于甩锅、栽赃、退群,肆意破坏国际合作。这样做无论是为了转移本国民众视线,还是转嫁自身矛盾,抑或是妄图使疫情成为制约中国发展的抓手,都必将成为挥霍自身国家信誉和形象、阻碍本国及世界抗疫大局的"臭棋"。病毒没有国界,疫情不分种族。中国在抗击疫情上的倡议和行动,强化了"休戚与共"的命运共同体意识。新冠肺炎疫情的爆发使全人类陷入了历史性的考验,同时也再次表明了世界各国是患难与共的命运共同体。面对病毒,没有哪个国家能够独善其身,也没有哪个国家能够单打独斗取得胜利,更没有哪个国家能通过诋毁、攻击其他国家来推卸责任。唯有牢固树立命运共同体意识,才能跳出"各自为战""事不关己"的狭隘格局,尊重每一个国家为抗击疫情所付出的努力,不乱贴标签、不趁机聒噪,真正固牢抗击疫情捍卫生命的人类命运共同体。更难能可贵的是,中国的抗疫行动坚持创新发展,积极推动全球治理体系在疫情防控常态化中"化危为机"。新冠肺炎疫情无疑是一场危机,但中国倡导世界各国勇于在危机中寻找生存和发展的新机,化挑战为机遇,推动各国各领域的互利合作取得更多成果,推动全球治理体系的变革迈上新的台阶。疫情暴发以后,世界各国的经济、社会等各方面都受到不同程度的影响和打击,如果不用变革创新的思维和方式解决当前面临的复杂局面,而只是"头痛医头"式的被动应对,必将引发更大范围的诸多困难与挑战。各国疫情的传播速度、影响规模都各有不同,但中国倡导的积极拉动国内经济发展新动力、搭建各国共同应对非传统安全威胁的新路径、寻求解决各种全球性问题的新机制、营造共建共享的国际安全新格局等,充分展示了一个新兴大国的使命担当和重要作为,必将为破解时代发展困扰人类的种种难题发挥至关重要的作用。

三、新兴大国与全球治理：从全面参与到局部引领

新兴大国的群体性崛起，不仅正在改变全球政治经济权力格局，也对西方在全球治理体系中的主导地位的合法性提出了挑战。全球治理体系需要适时将部分治理权由西方国家向新兴大国转移。在这一治理权转移过程中，新兴大国应该相互协调配合，以集体身份和共同努力推动全球治理体系改革。无论是国际安全治理、全球经济治理、气候变化全球治理还是包容性发展等领域都离不开新兴大国的有效参与，新兴大国在全球治理中扮演的角色和发挥的作用越来越突出。

新兴大国在国际社会中的身份正在逐步变化：在经济、政治和安全等诸多领域，新兴大国正在向国际社会提供愈来愈多的公共产品，这包括"经济的繁荣、政治上的互信、安全上的互利和文化上的互补"，成长为维护秩序持续发展的"提供者"。新兴大国向国际社会提供公共产品皆为有益的贡献，不仅有助于世界的发展与繁荣，亦将促进世界重新审视新兴大国的改革意愿与积极作为。在全球观念和全球制度形成方面，新兴大国依据全球化和国际局势变化，逐步形成了新的全球治理观。例如，新兴大国积极推动自由贸易协议、促进贸易与投资便利化、推动建立发展议程、创新多边合作机制建设等，这些都是新兴大国以大国身份参与国际机制的建制、改制和转制，改善一些国际组织执行力不足以及治理机制不完善问题的自觉有为行动。例如，中国和印度都积极参与世贸组织的争端解决机制（Dispute Settlement Mechanism，DSM）[①]；中国倡议和推动的全新国际多边金融机构亚投行的建设，金砖国家倡议建立金砖国家新开发银行，力促国际储备货币多元化等，均旨在补充完善现有多边金

[①] Christina L., "Who Files: Developing Country Participation in GATT/25 WTO Adjudication," *Journal of Politics*, 2009, (71): 1033-1049.

融、货币体系,维持现有全球机制及其效率,为区域与全球金融贸易投资服务提供新选择。新兴大国在参与全球制度建设和提高重要议题绩效方面,努力改变长期以来创意和可行性方案提出能力欠缺的软肋,如支持联合国机制、力促国际货币基金组织和世界银行机制变革,要求扩大全球储备货币篮子中的货币种类,提高新兴大国在国际货币基金组织和世界银行的份额,更多增资国际货币基金组织基金等,均旨在维护现有整体全球治理格局框架下,补充优化完善现有治理制度安排而非推翻或者替代现有多边治理机制。总之,新兴大国加入或推动建立国际组织、缔结国际条约、承办国际论坛或会议,提出重要观念或全球倡议以维护国际卫生、环境、经济和气候治理秩序的程度不断提高。

近年来,中国、俄罗斯、巴西和印度等新兴大国积极筹办多种国际论坛,以此为手段实现对相关领域的局部引领。如俄罗斯和中国均承办了 G20 峰会和 APEC 论坛,中国举办全球智库论坛、全球媒体大会、博鳌论坛等国际性论坛。中国与印度、巴西、南非等国在 2009 年哥本哈根气候大会期间,以及 2015 年巴黎气候峰会期间,共同努力促成减排协议的通过。新兴大国还全面参与全球决策领域的意愿表达和决策制定,在联合国大会、世界银行等机构提出各种动议。在世界贸易组织多哈回合谈判坎昆中期评审会议上,巴西、中国、印度三个新兴大国与其他发展中国家结成了二十一国集团,要求发达国家大幅度削减农业补贴,挑战美欧在世贸组织中的支配地位。新兴大国将在国际社会中继续维护发展中国家的利益,并在世界贸易组织的多边谈判中发挥更加重要的作用。

在处理地区热点问题、局部冲突等国际安全问题时,中国等新兴大国表现出相当大的影响力。新兴大国不仅在全球经济治理中发挥不可忽视的作用,在安全领域的影响力同样显著增强。在处理"伊拉克问题""叙利亚问题""朝鲜半岛局势"等地区热点问题时,中国等新兴大国发表重要观点,推动地区局势平稳过渡。总体而言,新兴大国主张在联合国框架内,通过政治和外交手段以和平方式解决相关问题,始终要求各方全面、严格地履行安理会有关决议,与联合国充分合作,消除威胁地区稳定乃至世界和平的因素及势力。

新兴大国倡导的新型全球治理观主张"多元治理"。冷战之后的国际秩序和治理体系更多的仍然是一种霸权主导下的治理,这很容易强化垄断治理思维,也就是说,治理一个体系或是一个社会需要一种统治性力量。随着发展中国家的迅速发展和新兴大国的群体崛起,当今世界正在走向真正的多元和多维。治理一个多元世界,需要以多元主义界定治理主体,即以"多元主体"代替垄断性权力。只有真正实行多元主义,才能解决多元世界中的问题。① 当前,全球治理赤字不断扩大。新兴国家和发达国家之间则出现了自由贸易和公平贸易的博弈。新兴国家倡导自由贸易,要求开放市场,发达国家却开始以公平贸易为旗号,强调同等开放,二者表面上是规则之争,实际上是利益之争。无论如何,新兴大国群体实力的增强相应提高了其在世界经济、国际政治以及全球治理各具体领域中的地位,在国际和地区层面的影响力开始显现,成为改变和塑造现在国际秩序的重要力量。

第三节 新兴大国推动国际秩序变革的战略与策略问题

就实现推动国际秩序变革的目标而言,新兴大国首先要确立自己的道路选择与战略定位。一方面,新兴大国应从本国历史与现实出发选择符合自身实际的发展道路,并逐步丰富其内涵和战略框架。另一方面,要把本国的利益同世界各国人民的共同利益结合起来,全方位地扩大同各方利益的交汇点,同

---

① 秦亚青、魏玲:《新型全球治理观与"一带一路"合作实践》,载《外交评论》2018年第2期,第3页。

一切相关国家和地区建立并发展不同领域、不同层次、不同内涵的利益共同体,推动实现新兴大国群体和世界各国的共同和平发展。必须清醒地认识到,在推动国际秩序变革的大背景下,新兴大国的发展道路不会是一条坦途,这是由新兴大国所处的由大国向强国转变的历史坐标决定的,更是国际秩序调整期的必然结果。新兴大国的发展道路难免遭到作为"既得利益者"的霸权国家的强烈反对与阻挠。如新兴国家对国际货币基金组织、世界银行提出的改革方案,因一些发达国家抵制权力让渡并没有得到完全落实。发展中国家希望提高世界银行执行董事会的代表性,为此需要重新划分选区并改革执行董事会的构成状况,但因发达国家阻挠而使得世界银行改革进展缓慢。中国倡议的亚太自由贸易体系以及亚投行也受到美国和日本等的抵制。[①] 主要发达国家与新兴市场国家因为处于不同的发展阶段,对国家利益的界定和对问题的轻重缓急的认识不同,所以在很多全球问题领域意见不一致,比如,气候变化合作的"共同但有区别的责任"原则就是一个典型的例子。一方面,新兴国家确实应该承担更多责任,努力实现可持续发展;但另一方面,也不能要求新兴市场国家,特别是欠发达国家,以牺牲本国基本发展利益为代价,去实现超越其发展阶段的目标。再比如,由于发展理念的分歧,发达国家主导的布雷顿森林体系等治理机制对于国家层面的"增长"没有给予足够的关注。联合国千年发展目标更注重个体层面的减贫,没有提到发展中国家迫切需要的基础设施建设和经济发展等议程。[②] 为有效应对可能出现的各种干扰因素和阻力变量,新兴大国必须在对内外环境的认识上、战略定力的保持上、内外工作的统筹上以及态度上都做得更好,提升内外战略的稳定性,尽可能争取对自己比较有利的全球性和地区性国际体系,逐步实现国际秩序的相对公正性和合理性。新兴大国

---

① 林跃勤:《全球治理创新与新兴大国责任》,载《南京社会科学》2016年第10期,第5页。
② 秦亚青、魏玲:《新型全球治理观与"一带一路"合作实践》,载《外交评论》2018年第2期,第4页。

推动国际体系转型主要发生在经济领域,同时也要实现文化竞争力、制度创新力和观念影响力等软实力的逐步提升,从而为国际秩序改革目标保驾护航。

一、奉行审慎的现实主义

新兴大国必须准确判断和审慎面对发达国家仍占显著优势的国际格局,避免理想主义的极端与冒进,建立并完善长中短期相结合的外交战略目标体系。外交战略是一国整体发展战略的重要组成部分,对于提高国家的国际地位具有重要作用。外交战略目标主要是指外交实体进行外交活动时预定所要争取达到的,能够促使外交格局、外交事态发生于己有利变化的一系列外交努力的结果。① 国际环境和国家安全形势的发展变化,以及各国外交工作的现状,都要求新兴大国必须奉行审慎的现实主义,加深对外交战略目标的研究,以形成科学合理的外交战略目标体系。

一方面,新兴大国要站在时代的高度,确立国家较长时期的全球性战略目标。国家较长时期的全球性战略目标即长期目标,是指导国家外交的纲领和基本依据,规定了国家在一定历史时期内的总的外交方向,对外交实践具有权威性的指导意义。新兴大国必须制定既符合国家根本利益又兼顾全人类共同利益的长期战略目标。因为只有符合本国根本利益的战略目标才能凝聚全体国民,为实现这一目标而共同努力,进而提高国家的向心力和凝聚力;只有符合全人类共同利益的战略目标才能有效地消除其他国家和国际组织的误解和猜忌,营造良好的国际环境,进而推动外交战略目标的进一步实现。要制定既符合本国根本利益又兼顾全人类共同利益的长期目标,必须要认清国际形势,把握时代主题。

冷战结束之后,人类迎来了一个持久和平的新局面。历史上曾经长期存

---

① 金正昆:《现代外交学概论》,北京:中国人民大学出版社,1999年,第93页。

在的战争与革命的时代主题已经转换为和平与发展,这是任何人都改变不了的历史进程。当然,在这个大背景下也还存在着诸多矛盾和问题,突出表现在:霸权主义不断以新的形式出现,阻碍着国际关系民主化的进程;国际恐怖主义、宗教极端主义和民族分裂主义严重威胁着世界的和平与安全;贫富差距扩大导致了全球发展的不平衡。可以说,维护世界和平、促进共同发展不仅是世界各国人民的共同愿望,也是国际社会面临的主要任务。而所谓时代主题,就是世界主要矛盾的反映,也就是国际社会面临的主要任务和需要解决的主要课题。因此,要和平、促发展、谋合作仍然是时代的主旋律。只有切实把握和平与发展的时代主题,我们才能抓住主要矛盾,在风云变幻的国际环境中坚持正确的方向,制定出符合时代潮流、具有强大生命力的长期战略目标。

另一方面,新兴大国要制定切实可行的中、短期外交目标与配套政策。

在这方面,印度的大国战略提供了有益借鉴。其历届政府都将成为有声有色的世界大国作为国家根本战略目标,在外交战略上保持了较强的连贯性。在这一点上,尼赫鲁是有先见之明的,他曾说,"政策不是我自己创造出来的。它产生于印度的环境,产生于印度一贯的思想,产生于印度的整体精神面貌,产生于争取自由斗争中的印度人民的心理条件,产生于当今的世界环境。这些年中,我只是身为代表国家政策的外交部部长而偶然参与其中。无论是谁负责印度的外交事务,无论是哪一个政党执掌权力,我们的外交政策都不会偏离很多。我对这一点充满信心。"[①]当然由于这一战略目标并不是一朝一夕就能够实现的,所以印度又制定了相对具体的"三步走"战略部署,即将谋求南亚"中心地位"作为印度大国战略的第一步,将谋求亚洲"中心地位"作为第二步,将谋求世界"中心地位"作为印度大国战略的终极目标。由此我们可以看出,

---

① [美]斯蒂芬·科亨著,刘满贵等译:《大象和孔雀:解读印度大战略》,北京:新华出版社,2002年,第34页。

印度外交战略的阶段性十分明显,长期、中期、短期目标各不相同,同时外交战略具备持续性,各阶段环环相扣,层层递进。

外交战略长期目标的实现需要依赖若干个中短期阶段性目标的叠加与积累。中短期目标时间跨度相对较小,操作性强,更容易使人们体会到具体工作的计划性和紧迫性,进而有效激发外交实体的创造力和战斗力。必须把长期和短期两方面有机结合起来,在动态中把握国际形势的发展,围绕长期战略目标制定出5—10年的中期外交目标及其相应的政策与措施。外交工作的短期目标是由长期、中期目标分解而来的,是衡量长期、中期目标实现进度的标尺,并能够为中长期目标的实现打下基础。一般说来,外交工作的短期目标比较易于实现,制定的时间也相对较短,因而更需要在实践中获取实施情况的反馈、完成绩效的检验与政策的调整,并在一定时期对一系列短期目标进行系统的总结和整合,进而推动整个目标体系的与时俱进。建立科学的外交战略目标体系是大国外交走向成熟的标志。一个符合本国利益以及全人类共同利益的科学的外交战略目标体系可以有效地规范国家的外交工作,使之沿着既定的方向不断推进,从而赢得主动有利的国际地位,更好地推动国际秩序变革。

二、建构集体身份、提升整体力量

发达国家在政治制度、经济模式与文化价值观方面的同质性相对较强,这必然有利于其形成合力,产生较大的国际影响力。从国际政治秩序来看,冷战结束后美国打造单极世界的努力给联合国秩序带来严峻挑战。西方七国集团、北约等组织和机制成为美国推进霸权战略的工具。尤其是西方大国大行干涉主义,高举"人权高于主权"的旗帜,直接挑战了联合国的权威。不仅如此,西方大国还试图建立其主导的"世界新秩序",使联合国秩序服从于西方强权秩序。这直接导致了多元主体在参与全球治理的过程中无法享有平等地位,新兴市场国家和发展中国家并没有获得与其实力相匹配的代表性或平等的话语权。

现行国际经济秩序的建立几乎与联合国秩序同步。布雷顿森林体系及其"变形",都是西方国家主导的。西方七国集团操控着支撑这个体系的三大机构——世界贸易组织、世界银行和国际货币基金组织。早在1967年,一些发展中国家就在《阿尔及尔宪章》中正式提出建立国际经济新秩序的主张。在1974年的联合国大会第六届特别会议上,发展中国家联合起来,呼吁建立国际经济新秩序。随着中国、印度这些新兴大国的崛起,现行国际经济秩序的缺陷愈加明显。在国际货币基金组织和世界银行,发达国家试图维护其垄断地位,不愿向中国等新兴大国转让基金份额和投票权,迫使它们另辟蹊径,比如中国发起组建亚投行。尽管建立亚投行并不会撼动现行国际金融秩序和经济秩序,但仍释放出了一个信号:国际经济秩序应当考虑非西方大国的利益和诉求,国际话语权和规则制定权应当与国家实力相匹配。而西方国家在现行国际经济秩序中的主导地位为其在国际政治秩序中的优势地位创造了条件。可以说,现行国际经济秩序为西方强权秩序打下了坚实的经济基础,而西方国家奉行强权政治,旨在维护自身既得利益。

西方国家之间在国际秩序问题上虽然有矛盾,比如欧盟就不完全认同美国打造以单极格局为基础的国际政治秩序,但是总体上它们利益一致,有共同的诉求。而且西方国家间拥有同盟关系和比较成熟的合作机制,比较容易形成共同立场。以欧盟为例,尽管受经济危机蔓延、英国脱欧、难民问题等诸多因素的影响,欧盟成员国之间的矛盾与分歧不断加深,但不可否认,迄今为止欧盟仍然是世界上一体化程度最高的区域合作组织。从煤钢联营、欧共体到欧盟以及欧元的诞生,欧盟成员国在经济发展水平、政治制度、宗教文化等众多方面的同质性和相似性都对其一体化程度以及在众多国际制度、国际秩序方面的立场和战略的一致性有着至关重要的影响。相对而言,亚太经合组织(APEC)成员最多,成员之间的经济模式、发展水平、政治制度、历史文化等众多方面都有着较大差异,甚至在许多问题上还存在着历史遗留问题以及现实的分歧与矛盾,这也直接导致了亚太经合组织的一体化程度相对较低。当然,不可否认,亚太经合组织是目前世界上最具活力的区域合作组织。作为新兴大国群体,必须正视发达国家在政治制度、经济模式和价值观方面的同质性,准确把握建构集体身份、提升集体力量的历史机遇。当然发达国家内部在当前复杂多变的国际形势下已不再是铁板一块,而是在众多领域有着各自的利益与目标,新兴大国应该采取有效的措施回应部分发达国家在国际秩序变革中的积极举措,使国际形势朝着更加合理的方向发展。

就目前新兴大国与发达国家的实力对比而言,新兴大国必须不断提升整体实力才能创造足以推动国际治理体系变革的竞争力。以经济实力为例。金融危机后,发达国家的经济金融体系受到了重创,金融脱离实体经济过度扩张的状况受到了遏制,这直接导致了发达国家的经济优势有所削弱。但发达国家与新兴大国在经济、金融发展方面的差距仍然较大,加上发达国家也不断采取措施完善金融体系、加强监管,其修复和发展能力不可低估。因此,新兴大国在短时期内要想迅速缩小与发达国家在经济上的差距有较大困难。此外,新兴大国的集体身份认同度还比较低:构成性规范基本没有,社会性目的的内部争议较大,不主张通过关系性比较来界定自身,认知性模式因文化传统和意识形态不够统一。新兴大国集体认同度较低,严重影响到新兴大国的内部合作和集体合力,影响到世界秩序的民主化变革。为此应通过交往行为的方式来建构新兴大国的集体身份,提高新兴大国的集体认同度,推动国际社会的进步。①

二战后世界格局总体和平化演进,与之相应,国际秩序基本上保持稳定。美苏冷战的进行与结束都未颠覆联合国秩序以及西方主导的国际经济秩序。多极化与非极化以及与两者密切相关的非西方化也没有改变西方强权秩序。

---

① 花勇:《论新兴大国集体身份及建构路径》,载《国际论坛》2012年第5期,第51页。

目前,在国际秩序变革上的主要矛盾就是崛起的非西方国家与西方国家集团之间的矛盾。非西方国家要求重构国际经济秩序,同时弱化西方强权政治秩序,强化联合国秩序;而西方国家集团则试图维护现行国际经济秩序并强化西方强权政治秩序。在这一国际秩序变革的关键性历史交汇期,新兴国家之间唯有不断增强彼此之间的交流与合作,建构和增强新兴国家之间的集体身份与价值认同,加强团结协作,才能不断增强话语权,形成合力,进而实现既符合自身利益,又推动国际秩序变革的宏伟目标。新兴大国是多元文明的代表,成员间和谐共处与相互信任对于建设理想的文明间关系具有示范意义。新兴大国有着悠久的历史文化和传统思想精华,如何将这些优势与全球化的世界相结合,产生对解决当代世界重要议题的新启示,需要一定的转化和创新。在这方面,新兴大国树立健康的大国心态很关键,需要摆脱受害者心态、边缘者心态以及更久远的帝国心态,发展出更具国际性、前瞻性和具有担当特质的大国心态。在新型全球化的进程中,向传统寻求智慧固然重要,但更重要的是做好其当代转化工作,根据变化了的条件注入新的时代精神内涵。新兴大国相距遥远、文化各异,国民间对彼此所知甚少,交往的社会基础比较薄弱,加强新兴大国之间的社会、文化交往在近期显得非常迫切。①

尽管其间会充斥着国家间的竞争,特别是大国之间的战略博弈,但通过加强国际合作来推动国际秩序变革,已然成为世界主要战略力量形成共识与合力的唯一路径。在新兴大国群体不断增强凝聚力的过程中,十分重要的是各国能够从战略高度和长远角度出发,化解彼此之间的矛盾与分歧。目前新兴大国之间的关系总体是好的,但也存在一些隐患。例如,中印之间仍然存在领土归属问题、涉藏问题等诸多尚未解决的历史问题,也有经济、安全领域的新矛盾。对这些新老问题,我们应该在坚持原则的前提下,倡导通过对话协调建

---

① 参见牛海彬:《新型全球化中金砖国家的战略选择》,载《国际观察》2014年第3期,第84页。

立新的战略互信框架,积极寻求解决问题的新途径,争取利益碰撞的良性互动,以合作代替无序对抗,以互利促进共同发展。① 我们应该看到,"中印两国的共同利益是全局性的、战略性的、长远的;而两国之间存在的问题则是局部的、次要的、暂时的"②,中印关系的好坏是中国西部边境稳定与否的重要因素。因此,应该从战略的高度寻求和扩大两国利益交汇点,构建起全方位、多层次、平等合作的新模式。除此之外,新兴大国之间还存在着许多历史及现实问题,为了在国际格局中提升新兴大国群体的话语权和影响力,各方应该探索在地区安全、经济合作、促进航运、通信安全、打击海盗活动、保护海洋环境等各领域的双边和多边合作,突出新兴大国在维护正当权益方面的共同利益,以协商与对话方式解决领土和管辖权方面的争端;对于存在着历史遗留问题的国家,应积极提倡彼此之间尽快消除隔阂、恢复并保持高层对话,增进政治互信。新兴大国的政治家应站在全局和战略的高度,将彼此之间的关系放在地区乃至全球的大框架内来审视,弘扬传统友好,拓展和深化双边合作,加强在国际和地区事务中的协调与合作,共同为世界的和平与发展做出应有的贡献。

  新兴大国参与全球治理的一个重要层面是加强内部的机制性合作。当前新兴大国之间的合作项目主要是基于各自比较优势,围绕初级产品、原材料、能源资源和基础设施的大项目合作比较突出。然而,仅仅着眼于这种互补性无疑是短视的,也是缺乏可持续性的。提升经济合作的水平需要认真审视新兴大国的产业,实际上过于突出新兴大国某一方面的比较优势会流于简单,忽视了其在先进制造业、通讯、航天等领域的合作成绩与前景。实际上,巴西在支线飞机制造、热带农业、生物制药,俄罗斯在军工产业,印度在医药、服务业以及南非在金融服务业等方面都有着较强的国际竞争力;中国申报专利的数

---

① 孟宪生等:《大战略之战:整体战》,北京:中国青年出版社,2014年,第295页。
② 蔡春林:《中俄、中印、中巴经贸合作》,载蒋斌、田丰主编:《广东社会科学年鉴2009—2011年合卷》,广州:广东人民出版社,2013年,第248页。

量也已经位居世界前列。基于这些被忽视的比较优势,新兴大国相互之间有望更好地合作,从而更好地将新兴大国的内部活力与相互合作结合起来。①

三、把握历史机遇、重塑世界秩序

新兴大国虽然保持高于西方发达经济体的经济增长势头,但在经济结构和创新能力上仍然处于弱势。在目前的国际结构中,新兴大国已经成为一支重要的政治力量,但在国际规则和关键议题上仍缺乏足够塑造能力;金融危机的爆发进一步凸显了新兴大国的战略地位,但这主要缘于西方国家地位的相对下降,而非自身实力的绝对提升。这些因素决定了新兴大国将潜在实力转换成实际影响力的难度。更为重要的是,新兴大国内部普遍面临着诸如政治转型、贫富差距、腐败滋长等一系列治理挑战。内部的制度变革和国家社会关系调整决定了新兴大国的发展态势和未来政策选择。② 新兴大国应把握国际秩序变迁的历史机遇,发挥新兴大国群体的独特作用。

国际上的一些政治家出于不同的立场和角度,对新兴大国的国际地位和作用做出过不同的评价。"无足轻重论"鼓噪于前,"中国威胁论"等恶意揣测散布在后。究竟应该如何准确地认识新兴大国与世界的关系呢? 第一,毋庸置疑,新兴大国已经成为具有世界性影响的大国。早在1990年3月,邓小平同志同中央几位负责同志谈话中就曾说:"所谓多极,中国算一极。中国不要贬低自己,怎么样也算一极。"③中国和俄罗斯都是联合国安理会常任理事国,巴西、印度、南非等国则具备主导地区事务的意愿和能量。随着综合国力的不断提高,新兴大国参与国际事务能力的不断增强,再加上人口众多,国土辽阔,

---

① 参见牛海彬:《新型全球化中金砖国家的战略选择》,载《国际观察》2014年第3期,第83页。
② 金灿荣、刘世强:《告别西方中心主义——对当前国际格局及其走向的反思》,载《国际观察》2010年第2期,第9页。
③ 《邓小平文选》第三卷,北京:人民出版社,1993年,第353页。

战略资源较为丰富,毋庸置疑,新兴大国已具备影响国际局势的能力,而且由于新兴大国彼此之间的合作与共同发展,更是产生了不可忽视的"溢出效应",有着一加一大于二的效果。第二,新兴大国是维护世界和平与稳定的积极因素和重要力量。当前,新兴大国均处于发展的关键时期,与世界的互动明显增强,因此,需要有一个长期稳定的国际和平环境。而保持着稳定、发展和强盛态势的新兴大国必然会抵制霸权主义、干涉主义等强权政治,积极协调各方势力之间的矛盾与分歧,对地区和世界的和平做出更大的贡献,成为维护世界和平的积极因素和坚定力量。新兴大国在努力实现本国快速发展的同时,也在积极倡导和推动具有鲜明时代特征的国际新秩序思想。这一顺应时代潮流、符合全人类共同利益的主张,在国际社会获得了较大反响,为新兴大国树立负责任大国形象、提高国际地位起到了重要作用。当然,新兴大国在处理国际事务时也应该量力而行。总之,新兴大国必须客观地认识国际形势,准确把握自身的国际地位和作用,制定既符合人民根本利益又兼顾全人类共同利益的外交战略和长期目标。

国际秩序变革需要国际社会共同努力,有效的全球治理符合各国共同的利益诉求。然而,西方国家作为既有全球治理机制的主导者,缺乏足够的变革意愿和胸怀气度;新兴大国作为后来者尚需足够的实力和担当。因此,全球治理变革是一个长期目标,在实现这一目标的过程中,处理好守成大国与新兴大国的关系,增强全球治理机制的合法性与有效性,将成为实现国际体系和平转型、共同应对全球挑战的优先选择。[①] 新兴大国群体在综合国力、国际地位、国际影响力等方面均处于发达国家与发展中国家之间,因而在推动国际秩序变革的过程中能够也应该起到桥梁与纽带的作用,最大限度地平衡和兼顾三

---

① 吴志成、董柞壮:《国际体系转型与全球治理变革》,载《南开学报(哲学社会科学版)》2018年第1期,第133页。

类不同需求,使国际秩序能够在总体稳定的前提下不断完善,最终形成公平合理的国际新秩序。

国际秩序变革的前景如何?能否在和平变革的道路上继续前行?这取决于西方国家与非西方国家这两股力量的博弈和战略选择。对非西方国家来说,在西方国家仍然居强势地位并力图维护现行秩序的情况下,不可能对现行秩序进行破旧立新式的变革,进而建立全新的秩序。可行的路径是通过同西方国家的合作并辅以必要的斗争来渐进地改革现行秩序,不断增大在国际秩序中的话语权,并推动国际秩序朝着更有利于自己利益的方向和更加公正合理的方向发展。对西方国家来说,应认识到国际格局的演进方向是不可逆转的,要想实现"和平地衰落""体面地衰落"并尽可能长时间地维护自身在国际秩序中的地位,也应当审时度势,顺应潮流,接受新兴大国"和平地崛起"以及与此相伴随的合理诉求。在国际秩序变革问题上,西方与非西方只有合作才能达到共赢,否则必定是双输。基辛格在谈世界秩序时称,在这个秩序下,"所有国家都需要合作,而不是对抗"。由此可以推论,在变革现行秩序时,所有国家也需要合作,而不是对抗。美国政府虽然将维持美国所领导的国际秩序视为其全球战略的重要目标,但在一般情况下却也在与主要对手竞争的同时,将合作视为其实现目标的重要途径,特别是同大国的合作。[①] 这反映了西方大国理性务实的一面。但是,让西方大国降下身段同非西方国家平等合作,绝非易事,非西方国家对此应当有充分的心理准备。新兴大国可以充分发挥其在国际经济秩序、国际政治秩序中的独特作用,既为发展中国家发声,也在一定程度上尊重发达国家的利益,通过为全世界提供更多的公共产品来赢得支持与拥护,进而不断增强推动国际秩序变革的斡旋能力,成为世界发展的全新动力与全球安全稳定的重要保障。

---

① 刘建飞:《中国国际关系现代化》,北京:国家行政学院出版社,2016年,第62页。

第二章
和谐共生：中国的国际秩序新理念及其战略实践
（王守都　官欣欣）

第一节　中国国际身份与发展目标的历史变迁

一个国家的国家身份不仅是由其内在属性所决定的，亦在国际体系内部的国家行为体间的互动过程中得到体现。它既指一个国家相对于国际社会的角色，又反映着一个现代意义上的主权国家与主导国际社会的认同程度。[①]无论是作为四大文明古国中唯一的一个文化没有断流的国家，还是作为世界上最大的发展中国家；无论是作为联合国安理会常任理事国之一，还是作为全世界国土面积第三、人口数量第一的大国；无论是世界经济总量第二，还是地区及全球热点问题解决中不可或缺的重要力量，中国作为新兴大国群体中的代表性国家，其国际身份正发生着举世瞩目的历史性变迁，中国的发展目标将

[①] 秦亚青：《国家身份、战略文化和安全利益——关于中国与国际社会关系的三个假设》，载《世界经济与政治》2003年第1期，第10页。

对整个世界产生不可忽视的深远影响。

一、中国和平发展战略的基本内涵及其深远意义

自改革开放以来,中国的和平发展战略经由历代国家领导人确立、调整、更新、完善,在坚守核心价值的同时,内容也在随着不断变化的国内外环境而不断补充完善。这一战略指导我们党和国家在各种复杂形势下,始终努力通过争取和平的国内外环境以求发展,并以自己的发展来维护和促进世界和平,并从中积累了丰富的经验,创造性地开辟了一条充分体现中国国情、带有鲜明中国特色的独特道路——和平发展道路。①

中国的和平发展战略有着深厚的历史文化积淀。中华民族在绵延五千多年的悠悠历史长河中,创造了光辉灿烂的中华文化,中国传统文化更是博大精深、源远流长,对当代中国的政治思想、外交战略、经济发展乃至社会核心价值观的构建都有着巨大影响。"和合"文化自古有之,并且早在商周使用甲骨文、金文之时,在书写上就已经将两者区别开来。② 春秋战国时期,百家争鸣,当时的几大主要流派的思想中也不乏"和"的身影。例如,儒家孔子主张"礼之用,和为贵";孟子在论及得道者多助,失道者寡助之时,也有"天时不如地利,地利不如人和"的著名论断;③法家先驱管仲则认为"畜之以道,养之以德。畜之以道,则民和;养之以德,则民合";④自庄子提出"天地人齐一",历经西汉董仲舒天人感应之论,再到两宋时期归纳出的"天人合一"思想,也体现出人与自然的统一,道德与自然的协调一致,用当下的话语则是指一种人与人,人与自

---

① 郑必坚:《思考的历程——关于中国和平发展道路的由来、根据、内涵和前景》,北京:中共中央党校出版社,2006年,第3页。
② "和"原意是指声音的协调,后衍生出和谐、和平之意;"合"原指人上下唇的合拢,后延伸出融合、汇合、合作之意。有关"和合学"的具体研究,请参见张立文:《和合学》,北京:中国人民大学出版社,2006年。
③ 出自《孟子·公孙丑上》。
④ 出自《管子》。

然,人与社会、国家以及世界之间的和谐,这样一种强调万物和谐的世界观和价值观。① 由此可见,"和"的思想深植于历史悠久的中华传统文化,中国所走的珍视和平、相互尊重、互利互助与和平发展之路,恰是这些中华民族历史文化积淀在新时代再次发出其耀眼光辉的具体表现。

  中国的和平发展战略也是立足于中国外交长期实践的丰富与宝贵经验。在步入近代之前,中国历代政权一直都是以"大国"自居,一是认为自己幅员辽阔,资源丰富,谓之体量之大,二是彰显出封建王朝以"天朝"为中心的自傲心态。② 古代中国建立的区域性秩序是以朝贡制度为核心,以中华先进文化为纽带来维系的柔性霸权秩序。③ 但是自鸦片战争之后,西方通过坚船利炮在腐朽的清帝国之上凿开了一个缺口,随之将西方的商品、资本、技术、制度、思想、文化通过这一缺口倾泻而入,帝国随后迅速地从内部土崩瓦解。西方通过强硬武力手段打开中国门户,不仅暴露了西方列强残暴的侵略本性,客观上也将中国强行拉入到了世界体系之中,并深刻地改变了当时中国人的国际观和国际秩序观。自鸦片战争之后,中国经历了逐步沦为半殖民地半封建国家的过程,并在与英、法、美、日、俄、德等列强的交往中因为实力差距而占据下风,割地赔款接踵而至,民族自信丧失殆尽,这一切都让中国人民深刻意识到和平的宝贵和来之不易。新中国成立之后,中国政府相继提出"一边倒""一条线""和平共处五项原则""三个世界"等外交理论和方针。这一方面是美苏冷战、

---

  ① 严格意义上说,道家的"天人合一"说和董仲舒的"天人感应",两宋程朱理学的"天理"说在内涵概念上还是有些许差别,有些学者认为关于"天"和"人"的概念的理解,几种流派存在本体论和方法论的区别,对于该话题的辨析不在本书涉及范围之内,不做过多讨论。
  ② 关于中国封建王朝在面对来访西方人的态度,有一个被常提及的事例:在法国大革命之际,中国正值清朝政府乾隆年间,在马戛尔尼勋爵的率领之下,大英帝国派遣了一支庞大的使团来华,希望参见乾隆皇帝,但是就参见的礼节(主要是关于如何行跪拜之礼)双方发生了分歧。结果乾隆拒绝接见英国使团。参见[法]阿兰·佩雷菲特:《停滞的帝国——两个世界的撞击》,北京:生活·读书·新知三联书店,2013年。
  ③ 门洪华:《中国和平发展与国际秩序变革:国家实力、国际目标与战略设计(1985—2015年)》,载《中国战略报告》第3期,第251页。

两极主导的霸权格局之下新中国出于当时自身的政治经济实力的考量,对于国际秩序的构建所能提出建议的话语权十分有限,另一方面则是基于历史的经验教训,新中国政府较之以往各个政权更加珍惜来之不易的和平环境,再加上考虑到战后新中国的政治经济文化建设,倡导平等互惠、和平共处无疑是符合中国的国家利益的。

在二十世纪七八十年代,面对当时苏美主导的两极格局的复杂变化,中国政府对于当时以及今后世界政治经济形势的发展做出了明智的判断,认为今后时代的主题是"和平和发展"。邓小平发展了毛泽东的"三个世界"理论,提出了东西南北问题。[①] 1982年中国共产党第十二届全国代表大会上确立了"反霸维和、祖国统一、现代化建设"的三大任务;1985年3月4日,在会见日本代表团时,邓小平认为:"现在世界上真正大的问题,带全球性的战略问题,一个是和平问题,一个是经济问题或者说发展问题。"[②]

步入21世纪以来,中国的和平发展战略不断顺应国际政治经济格局的新变化,继续深入发展。2002年,江泽民在党的十六大报告中阐明中国的主张:各国政治上应"相互尊重、共同协商,而不应把自己的意志强加于人;经济上应相互促进,共同发展,而不应造成贫富悬殊;文化上应相互借鉴,共同繁荣,而不应排斥其他民族的文化;安全上应相互信任,共同维护,树立互信、互利、平等和协作的新安全观,通过对话和合作解决争端,而不应诉诸武力或以武力相威胁"。[③] 2004年4月24日在博鳌亚洲论坛的开幕式上,胡锦涛做了《中国的发展,亚洲的机遇》重要演讲,正式提出中国的发展要走"和平发展道路",指出"中国的发展离不开亚洲,亚洲的繁荣也需要中国。中国将坚持和平发展的道路,高举和平、发展、合作的旗帜,同亚洲各国共创亚洲振兴的新局面,努力为

---

① 《邓小平文选(第三卷)》,北京:人民出版社,1993年,第105页。
② 《邓小平文选(第三卷)》,北京:人民出版社,1993年,第105页。
③ 《中国共产党第十六次全国代表大会文件汇编》,北京:人民出版社,2002年。

人类和平与发展的崇高事业做出更大的贡献"。① 2005年12月22日,国务院新闻办公室发布的《中国的和平发展道路》白皮书中,对和平发展道路做出了全面阐释,通过对"和平发展是中国现代化建设的必由之路"、"以自身的发展促进世界的和平与发展"、"依靠自身力量和改革创新实现发展"、"实现与各国的互利共赢和共同发展"、"建设持久和平与共同繁荣的和谐世界"等五个方面的论述,更坚定了中国走和平发展道路的决心。② 2011年9月6日,国务院新闻办公室发布的《中国的和平发展》白皮书,进一步明确了中国和平发展道路的对外方针和总体目标,并再次指出和平发展是历史的必然选择,进而表明了中国和平发展的重要意义。③

自十八大以来,在以习近平同志为核心的党中央的领导下,和平发展在中国政府的外交思想中的核心地位日益稳固。2013年3月,习近平访问俄罗斯时,在于莫斯科国际关系学院的演讲中指出:"近代以来,中国人民蒙受了外国侵略和内部战乱的百年苦难,深知和平的宝贵,最需要在和平环境中进行国家建设,以不断改善人民生活。中国将坚定不移走和平发展道路,致力于促进开放的发展、合作的发展、共赢的发展,同时呼吁各国共同走和平发展道路"。④ 在2017年中国共产党第十九次全国代表大会上,习近平在题为《决胜全面建成小康社会,夺取新时代中国特色社会主义伟大胜利》的报告的第十二部分"坚持和平发展道路,推动构建人类命运共同体"中指出,中国"将高举和平、发展、合作、共赢的旗帜,恪守维护世界和平、促进共同发展的外交政策宗旨,坚

---

① 胡锦涛:《中国的发展,亚洲的机遇》,光明网,2004年4月25日,http://www.gmw.cn/01gmrb/2004-04/25/content_17425.htm。
② 中华人民共和国国务院新闻办公室:《中国的和平发展道路》白皮书,新华网,2006年8月23日 http://news.xinhuanet.com/politics/2006-08/23/content_4999339.htm。
③ 《国务院新闻办发表"中国的和平发展"白皮书(全文)》,中华人民共和国中央人民政府网,2011年09月06日,http://www.gov.cn/jrzg/2011-09/06/content_1941204.htm。
④ 《习近平在莫斯科国际关系学院的演讲》,新华网,2013年3月24日 http://news.xinhuanet.com/world/2013-03/24/c_124495576.htm。

定不移在和平共处五项原则基础上发展同各国的友好合作,推动建设相互尊重、公平正义、合作共赢的新型国际关系",①并强调"中国坚定奉行独立自主的和平外交政策,尊重各国人民选择发展道路的权利,维护国际公平正义,反对把自己的意志强加于人,反对干涉别国内政,反对以强凌弱",而且指出中国的发展"不对任何国家构成威胁。中国无论发展到什么程度,永远不称霸,永远不搞扩张"。②

坚定不移走和平发展道路,是中国顺应时代发展潮流并结合国家根本利益做出的重大战略选择。习近平主席明确指出,"没有和平,中国和世界都不可能顺利发展;没有发展,中国和世界也不可能有持久和平。只有坚持走和平发展道路,只有同世界各国一道维护世界和平,中国才能实现自己的目标,才能为世界做出更大贡献"。③ 中国走和平发展之路,不是权宜之计,更不是外交辞令,而是结合历史经验、客观现实,以及对于国际形势今后走向的预测所凝结成的宝贵思想结晶。近代中国曾经长期处于列强的欺凌侵略之下,作为被侵略者的惨痛回忆更加坚定了中国人民追求、维护和平的决心。

中国的和平发展战略对于中国和世界都有着深远的意义。对中国自身而言,和平发展道路不仅继承并发扬了中华传统文化的精髓,也丰富了中国的外交理论以及实践,为中国今后的政治经济发展指明了道路,更有利于中华民族伟大复兴事业的顺利进展;对国际社会而言,追求和平发展的中国必将成为世界一支重要的稳定力量,在维护和平稳定、追求自身发展的同时,也进一步促进区域性乃至世界性的政治经济局势的稳定,构建以合作共赢为核心的、"相

---

① 习近平:《决胜全面建成小康社会,夺取新时代中国特色社会主义伟大胜利——中国共产党第十九次全国代表大会上的报告》(2017 年 10 月 18 日),北京:人民出版社,2017 年,第 58 页。
② 同上,第 59 页。
③ 中共中央宣传部编:《习近平总书记系列重要讲话读本(2016 年版)》,北京:学习出版社、人民出版社,2016 年,第 263 页。

互依存、休戚与共"的人类命运共同体。①

2021年11月中国共产党第十九届中央委员会第六次全体会议通过《中共中央关于党的百年奋斗重大成就和历史经验的决议》,再次强调和平发展战略在对外交往工作中的重要意义:只要我们坚持和平发展道路,既通过维护世界和平发展自己,又通过自身发展维护世界和平,同世界上一切进步力量携手前进,不依附别人,不掠夺别人,永远不称霸,就一定能够不断为人类文明进步贡献智慧和力量,同世界各国人民一道,推动历史车轮向着光明的前途前进。②

二、从革命到建设:中国国际身份与角色的历史变迁

一个国家的国际身份,常常会因为所处的内外部环境的变化而不断改变,因此具有明显的时代烙印。关于中国的国际身份的界定,国内外学者在关注点、研究意图、观察层次上都存在差异。③ 不仅如此,行为体存在于交互关系之中,所以一国的国际身份还取决于其与国际社会之间关系的互动,即关系改变,其身份也会随之改变,因为在变化的过程中关系和身份都具有流动属性。④ 国家身份指一个国家相对于国际社会的角色。结合当下国际政治的话

---

① 中共中央宣传部编:《习近平总书记系列重要讲话读本(2016年版)》,北京:学习出版社、人民出版社,2016年,第264页。
② 《中共中央关于党的百年奋斗重大成就与历史经验的决议》,载《光明日报》,2021年11月17日,07版,https://epaper.gmw.cn/gmrb/html/2021-11/17/nw.D110000gmrb_20211117_2-01.htm。
③ 一般说来,国外学者较为重视整体实力、中国的经济总量以及国际影响这些指标,而国内则通常关注个体层面如人均经济水平,请参见牛新春:《中国国际身份刍议——国际横向比较视角》,载《现代国际关系》2014年第12期。
④ 秦亚青:《作为关系过程的国际社会——制度、身份与中国和平崛起》,载《国际政治科学》2010年第24期,第11页。另外,国际社会理论是英国学派给国际关系理论研究做出的主要贡献,有关详情,参见Hedley Bull, "Notes on the Modern International System" in *Inventing International Society: A History of English School*,以及石斌:《"英国学派"国际关系理论概观》,载《历史教学问题》2005年第2期,第9-16页。

语,一国的国际身份就是一个现代意义上的主权国家与主导国际社会的认同程度,是从世界的视角来看待主权国家在国际社会中的实力地位与文化认同。① 并且,鉴于国家国际身份的动态属性,研究其发展轨迹就有了理论与现实意义。

在新中国成立之前,尤其是在步入近代以来,中国对于自己国际身份认知的变化主要取决于外部因素。19世纪之初、鸦片战争之前,当时中国的国民生产总值仍然处于世界第一的位置。② 古代中国辨华夷、设五服、推朝贡,形成了以中国为中心,呈同心圆向外扩散的独特的东亚区域性秩序。③ 这种区域性秩序的特点是等级秩序松弛并且制度化程度较低。④ 然而,随着西方列强通过战争与强制资本输出打开中国门户之后,中国被纳入以民族国家为主体的、以西欧国家为中心的体系之中。该体系以国际分工的完成、世界市场和世界货币体系的出现、殖民体系的建立为主要标志,是一个世界性的国际政治经济体系,其中欧洲列强成为拥有先进技术制度,并且有着强烈殖民扩张实力与愿望的现代化民族国家。⑤ 面对新的体系、文化、技术的冲击,当时的晚清政府在抵御外敌上节节败退,且不说在军事交锋上不敌欧美列强,甚至当时亚洲第一、世界第四的北洋舰队在甲午海战中也大败于东亚的后起之秀日本,给

---

① 秦亚青:《国家身份、战略文化和安全利益——关于中国与国际社会关系的三个假设》,载《世界经济与政治》2003年第1期,第10页。另外,关于一国国际身份的定义,也有学者从语言学的视角进行切入,认为身份是"自我向世界呈现的""自我被呈现出来的"以及"自我被世界所承认的"。身份的构建是通过叙述达成的,并通过叙述身份将行为体展现在公共领域,并呈现出一种政治角色。请参见孙吉胜主编:《国际政治语言学:理论与实践》,北京:世界知识出版社,2017年,第五章"叙述、身份与国际合作";另外也有从建构主义的角度对身份进行分析,注重"观念"和"认同"的构建力量,认为国家观念在确定国家身份、影响国家行为和实现国家利益方面具有决定性作用,请参见[美]亚历山大·温特:《国际政治的社会理论》,上海:上海人民出版社,2000年。
② [美]保罗·肯尼迪:《大国的兴衰》,北京:中国经济出版社,1989年,第285页。
③ [美]费正清编:《剑桥中国晚清史(下卷)》,北京:中国社会科学出版社,1985年,第35页。
④ 周方银:《中国的世界秩序理念与国际责任》,载《国际经济评论》2011年第3期,第41-45页。
⑤ 门洪华:《中国和平发展与国际秩序变革:国家实力、国际目标与战略设计(1985—2015年)》,载《中国战略报告》第3期,第246-247页。

了清政府残存的尊严—记响亮的耳光。开阜通商、割地赔款、签订不平等条约,当时中国的国际地位可谓一落千丈,中国对于自己国际身份的认知就是处于世界体系边缘,在技术、制度、观念上落后的没落帝国。中国自踏入近代之后,在国际社会上发挥的作用越来越小,更多的是以一个受到侵略的、落后的失败国家的形象出现。究其原因,除了西方文明凭借制度以及技术上的优势迅速发展、一马当先的外部因素之外,也包括国内之前"闭关锁国"思想封闭、制度落后、资源分配不合理等诸多因素。①

随后,中国进入了对于自身国际身份认知的重塑阶段,而这一阶段的主题是"革命"。破而得以立,中国的封建帝制在飞速变幻的国际环境之中,同时受到来自内部寻求改变的作用力,很快就土崩瓦解了。从民主主义革命到新民主主义革命,当时的中华大地就如同重新翻耕过的试验田一般,来自外部的各种思想都希望种下自己的种子,并且能够生根发芽。最终,民主主义从形式上结束了封建帝制,中华民国的建立可以说是中国在被迫接受西方主导的全球体系之下做出的最初尝试:学习、模仿西方的政治制度和思想文化。这也可以被视作重塑自身国际身份的重要尝试——将自己作为世界体系中的一员并寻求制度认同。模仿西方建立民主政体对于中国而言是一种勇敢的政治实践,而这种政治实践,在除去国内复杂社会和文化因素的考量之外,实际上是为了寻求自己新的国际身份的承认的一种身份拓展。②

新中国的成立标志着以反对帝国主义、封建主义、官僚资本主义为主要任务的新民主主义革命的胜利。随着对农业、手工业和资本主义工商业三个行业的社会主义改造于1956年底顺利完成,中国步入了社会主义的初级阶段,但是在重塑国际身份的过程当中,"革命"的标记仍未完全消除,这具体表现在

---

① 任剑涛:《中国的国际身份辨认》,载《学海》2016年第1期,第145页。
② 有关"叙述—参与实践—身份承认"的理论模型,请参见孙吉胜主编:《国际政治语言学:理论与实践》,北京:世界知识出版社,2017年,第246页。

新中国成立之后到改革开放之间的中国外交思想和政策之中。从1949年至改革开放之前,中国总体上奉行的是"革命外交",对于西方主导的国际体系和秩序持反对态度。①

从新中国成立至20世纪50年代中期,新中国确定奉行独立自主的和平外交政策,实行"另起炉灶""打扫干净屋子再请客"和"一边倒"三项对外基本方针。20世纪50年代中后期,国际形势出现了一些新的变化。进入60年代,美苏两国既对抗又妥协,既争夺又勾结。苏联走上霸权主义道路,社会主义国家间控制与反控制的矛盾突出;帝国主义阵营也矛盾重重,西欧、日本自主发展倾向明显;与此同时,亚非拉民族民主解放运动蓬勃发展,第三世界崛起。中国历来把支援各国人民的反帝、反殖斗争看成是自己分内的责任。毛泽东冷静分析国际形势的发展,提出了"两个中间地带"的战略思想,依靠第一中间地带(亚非拉各国),争取第二中间地带(西欧国家和日本等),反对两个超级大国的霸权主义。

20世纪50年代末至60年代末,中国外交将"一边倒"调整为"两个拳头打人",着重发展与第三世界的关系,顶住美苏两个超级大国的压力。20世纪60年代中后期,随着苏联军事实力的迅速膨胀,美苏争霸出现了苏攻美守的态势。尼克松入主白宫后,为摆脱深陷的越战泥潭和被苏联步步紧逼的被动处境,进而制约苏联,不得不采取主动行动谋求对华关系的改善。与此同时,苏联霸权主义构成了对中国安全的严重威胁。中国抓住美国寻求接近的时机,力图摆脱腹背受敌、面临反美和反苏两条线作战的态势。从20世纪60年代末至70年代末,中国改善与西方大国的关系,集中力量对付苏联的威胁。1973年2月,毛泽东主席提出了"一条线、一大片"的国际反霸统一战线,团结

---

① 石斌:《秩序转型、国际分配正义与新兴大国的历史责任》,载《世界经济与政治》2010年第12期,第95页。

一切可以团结的力量集中对付威胁。通过中国外交政策的这一重大调整,中国的国际环境有了很大改善,有力地牵制了苏联的扩张主义势力,中国同第三世界、西方国家和东欧社会主义国家的关系都有了新的发展,极大地扩展了中国的对外关系格局。中国寻求在不稳定的国际环境之中寻找身份认同,并在万隆会议、日内瓦会议等一系列重要国际会议上提出并不断强调"互相尊重主权和领土完整、互不侵犯、互不干涉内政、平等互利、和平共处"的和平共处五项原则,在主张不结盟、不对抗、和平共处的同时,实际上也是在向当时苏美以意识形态划分阵营的冷战格局的一种挑战,这种"革命"意识在70年代由毛泽东提出的"三个世界"理论中更加清晰地表现出来。

进入70年代,两个重要的历史事件让中国对于自己国际身份的认知发生了改变:分别是1971年10月25日中国重返联合国和1979年中美正式建交。可以说,1971年10月中国在联合国安理会常任理事国席位的恢复,标志着中国赢得了更广阔的国际空间,但中国对联合国和其他国际组织的怀疑并没有立即消除;①1979年见证了中国与国际社会发生的第一次真正意义上正面相遇,并使得中国获得了成员身份,从而开始了紧密的互动。② 从改革开放至今,中国的角色转变为国际秩序以及相应国际规范的参与建设者,实行负责任的大国外交,并开始全面融入国际政治经济体系之中。这一时期的主题是注重和平发展、平等互利的"建设"。十一届三中全会以来,党中央将重心转移到经济建设上,不仅深入推进国内的经济、社会体制改革,也在不断参与国际政治经济秩序的改革建设,尝试提出建议,并"有所作为"。十六大以来党中央进一步提出,新世纪新阶段的外交工作要始终服从服务于经济建设这一个中心,

---

① 门洪华:《中国和平发展与国际秩序变革:国家实力、国际目标与战略设计(1985—2015年)》,载《中国战略报告》第3期,第253页。
② 秦亚青:《作为关系过程的国际社会——制度、身份与中国和平崛起》,载《国际政治科学》2010年第24期,第17页。

要统筹好国际国内这两个大局,要高举和平、发展和合作这三面旗帜,要总揽大国外交、周边外交、发展中国家外交和多边外交这四大外交布局,为维护并用好国家重要机遇期营造良好的国际环境、周边环境、合作环境、安全环境以及舆论环境。这不仅进一步发展了关于国际战略与对外关系的思想,也为国内的快速、平稳发展营造了良好的国内外环境。

担当"建设者"这一国际身份的中国,在2001年加入世界贸易组织之后,在经济发展、区域政治经济制度构建、全球重要议题的参与上都发挥了积极作用。自2010年,中国的年度国民生产总值超越日本,首次成为仅次于美国的世界第二大经济体,中国的发展脚步进一步加速。2017年,中国在与周边国家的经济交流中,与东盟的双边贸易总额达5 148.2亿美元,与日本的双边贸易额达3 029.9亿美元,与印度的双边贸易总额达844.11亿美元,并连续第八年成为俄罗斯的第一大贸易伙伴国;在与世界第一经济体美国的对话中,中国在2017年与美国高层进行了3次会晤以及10次通话,中美双边贸易总额达到5 837亿美元,并在公共外交领域建立了49对友好省州以及218对友好城市;2017年,在中国所参与的区域性经济合作中,有58个国家和28个国际组织签署"一带一路"合作协议,中国对"一带一路"沿线国家进出口达6.67万亿人民币;亚洲基础设施投资银行的成员数达84个;丝路基金的总投资额也达到800多亿美元。①

中国国际身份与角色经历了从"革命"到"建设"这样一个发展的过程。关于当今中国的国际身份的定位,国内外的不同学者和专家都提出了自己的看法。沈大伟(David Shambaugh)将中国国内对于中国国际身份的不同认知分

---

① 上述数据取自中国人民大学重阳金融研究院,http://www.rdcy.org/index.php。

成了从本土主义(Nativism)到全球主义(Globalism)的七大不同谱系;①坎贝尔(Kurt M. Campbell)、拉特纳(Ely Ratner)以及林德(Jennifer Lind)则认为,作为全球前两大经济体的美国和中国将在国际经济、政治以及环境领域展开激烈的话语竞争,而中国在不断融入美国主导的国际秩序的同时也在为建立自己的秩序而努力;②金灿荣和刘世强认为,当今中国的自我定位就是四句话:"大国中唯一坚持走社会主义道路的国家、面临繁重发展任务的发展中国家、具有一定世界影响的东亚地区大国、尚未实现统一并面临着民族分裂的国家";③牛新春则认为中国是"政治相对稳定、政府效率高、政府在经济中发挥较大作用、经济发展快,意识形态上同西方及体制僵化的第三世界国家都有差异"的新兴政治体;④石斌则认为中国作为新兴大国,这种身份将中国与发达国家和一般的发展中国家区别开来,使中国在国际政治经济体系中处于某种"中间"位置。⑤ 事实上,结合上述观点,我们可以认为,自20世纪90年代初冷战结束、两极格局瓦解之后,世界就一直在向多极化的趋势发展,其最终结构尚未定型,但总的来看呈现出这样一种发展趋势:政治上日益多极化,经济

---

① 请参见 David Shambaugh,"Coping with a Conflicted China" in *Washington Quarterly*, 2010。原文中政治谱系(spectrum)上的七种分类自左到右分别是 Nativism、Realism with Chinese Characteristics、The Major Powers School、Asia First、The Global South School、Selective Multilateralism and Globalism。

② 可分别参见 Jennifer Lind, "Life in China's Asia: What Regional Hegemony Would Look Like", *Foreign Affairs*, February 13th, 2018, https://www.foreignaffairs.com/articles/china/2018-02-13/life-chinas-asia; Kurt M. Campbell, Ely Ratner, "The China Reckoning: How Beijing Defied American Expectations", *Foreign Affairs*, February 13th, 2018, https://www.foreignaffairs.com/articles/china/2018-02-13/china-reckoning。

③ 金灿荣、刘世强:《中国该如何与世界打交道》,载《时事报告》2011年第3期,第50页。

④ 牛新春:《中国国际身份刍议——国际横向比较视角》,载《现代国际关系》,2014年第12期,第12页。

⑤ 石斌:《秩序转型、国际分配正义与新兴大国的历史责任》,载《世界经济与政治》2010年第12期。

上日益三元化(由发达国家、发展中国家以及新兴大国所组成的三元化结构)。① 中国作为一个负责任的发展中大国,既有着发展中国家经济发展水平不高、发展不全面的特点,也具备发达国家经济体量大,部分领域发展水平高的特征,是处于两者之间的新兴大国。

三、国际秩序转型时期中国的国际身份、目标与责任

在很大程度上,国家的身份认同反映或决定了该国的利益诉求,进而通过内部(国内政策)和外部(外交政策)的调整来影响该国与外部体系的互动关系,只有在理解了国家在国际体系中的身份认同的基础之上,才能进一步明确其在与外部互动的过程中所应该承担的重任。② 并且在此过程中,国家身份与其国际责任的建构是相互的,形成构成性的相互依存关系,换言之,国家身份可以定义相应的国际责任,而承担国际责任的同时又反过来重新定义了国家身份。③ 那么按照这样一种理论思路,处在国际秩序转型时期的中国,必须要对自己国际身份的定位有一个清晰的认识,并在此基础上明确自己的内政与外交目标,并积极参与国际社会的政治经济互动中,果断、合理地承担起自己的责任。

---

① 关于当今世界格局的论断,有学者认为"一超多强"的世界格局一时难以改变(邵峰),也有认为未来的世界格局不会一直保持"一超多强"的状态,而会向"两超多强"的新格局发生转变(金灿荣、孙西辉)。笔者认为,未来世界格局不论是"一超多强""两超多强"抑或是"多极三元",有几点是可以肯定的,就是世界政治正在进入新阶段。例如王缉思认为,虽然和平与发展仍然是时代主题,但是民粹主义和民族主义合流并同时上升,且威权主义和强人政治回潮,地缘政治竞争加剧,战争危险冒头,这无疑加剧了新阶段世界政治中的"分化和分裂"。见王缉思:《世界政治进入新阶段》,载《国家战略研究简报》第62期,2018年5月25日,第1—4页。关于"多极三元"结构的具体论述笔者将在后续部分加以详细说明。其他文献请参见邵峰:《"一超多强"的世界格局一时难变》,载《人民论坛》2016年第20期,第31—33页;金灿荣、孙西辉:《中国"双构建"应对世界格局变化》,载《参考消息》2018年3月26日,http://ihl.cankaoxiaoxi.com/2018/0326/2259726.shtml。

② 罗建波:《负责任的发展中大国:中国的身份定位与大国责任》,载《西亚非洲》2014年第5期,第28—30页。

③ Alexander Wendt, *Social Theory of International Politics*, Cambridge: Cambridge University Press, 1999.

对于当代中国国际身份的界定,如果说"社会主义大国"是表述这一身份的名词短语的核心主干,那么最为重要的限定词部分,应该就是"负责任"。1997年爆发的亚洲金融危机是中国负责任大国理念全面形成的重要契机和关键推动力。亚洲金融危机发生之后,中国政府向世界承诺,保持人民币不贬值,并在外汇储备并不充裕的情况下向东南亚国家提供了总额超过40亿美元的援助,正式提出做国际社会负责任的大国的战略理念。① 自20世纪90年代末,中国开始将"负责任大国"作为国际身份的标示,并进一步关注自身国际形象的塑造。2007年,时任中国外交部副部长王毅在《求是》中撰文指出:"中国坚持走和平发展道路,有必要履行应尽的国际责任。中国历来是国际社会的负责任一员,始终以认真、负责的态度处理地区和国际事务"。② 十八大报告强调,中国应该"以更加积极的姿态参与国际事务,发挥负责任大国作用……同舟共济,权责共担"。③ 2016年,习近平在第三十五次政治局集体学习时强调:"积极参与全球治理,既主动承担国际责任,也尽力而为、量力而行,才能务实求进、收到实效。"④作为对当代中国国际身份的界定,"负责任"一词作为中国融入国际社会体系、参与国际制度构建的基石,是有必要放在这一系列限定词的最前面。

作为一个负责任的社会主义发展中大国,首先要对自己负责。中国作为一个拥有13亿人口、幅员辽阔、民族众多的国家,其社会治安稳定、经济发展良好、政治文化和谐对于维护世界和平稳定以及持续发展起到举足轻重的作

---

① 李慧明:《国际社会的负责任大国——当代中国的身份诉求与实践建构》,载《国际关系学院学报》2008年第1期,第26页。
② 王毅:《始终不渝走和平发展道路》,载《求是》2007年第12期。
③ 胡锦涛:《坚定不移沿着中国特色社会主义道路前进为全面建成小康社会而奋斗!——在中国共产党第十八次全代表大会上的报告(2012年11月8日)》,北京:人民出版社,2012年。
④ 《让中国力量推动全球治理体系变革——学习习近平总书记在中央政治局第三十五次集体学习时的重要讲话》,新华社,2016年9月28日,http://www.xinhuanet.com/politics/2016-09/28/c_1119642701.htm.

用。改革开放之初,邓小平就在明确了以和平和发展为主题的国家大环境之下,指出中国"既是大国,又是小国","我们在国际事务中起的作用大小,要看我们自己经济建设成就的大小。如果我们国家发展了,更加兴旺发达了,我们在国际事务中起的作用就会大"。① 时任中国外交部副部长王毅也对中国"发展中国家"的定位非常清晰:"我们清醒地意识到,发展不平衡仍然是中国的基本国情,发展中大国仍然是中国的基本定位。中国还并非富国强国,要让13亿中国老百姓真正过上幸福生活,我们还有很长的路要走"。② 习近平总书记指出:"解决好民族性问题,就有更强能力去解决世界性问题;把中国实践总结好,就有更强能力为解决世界性问题提供思路和办法。这是由特殊性到普遍性的发展规律。"③做好国内的发展工作,向中国人民负责,这是中国作为社会主义发展中大国所要担负的最本质的责任,也是其进一步承担国际责任的出发点和落脚点。

在对自身负责的情况之下,中国还应该合理选择和承担相应的国际责任。④ 2005 年 9 月 12 日,时任美国副国务卿罗伯特·佐利克(Robert B. Zoellick)在美中关系全国委员会上做题为"中国往何处去:从成员到责任"的演讲。在演讲中他说道,中国已经不是美中建交时的中国,因此美国的对华政策应该"超越引导中国加入国际社会的融入政策",变为鼓励中国成为国际社会中"负责任的利益攸关方(responsible stakeholder)"。2006 年 10 月 24 日,欧盟委员会发表题为《欧盟与中国:更紧密的伙伴、增长的责任》的对华政策文件;同年 12 月,欧盟理事会发表的《欧中战略伙伴关系的结论》,明确表示

---

① 《邓小平文选》第 2 卷,北京:人民出版社,1993 年,第 251 页。
② 王毅:《探索中国特色大国外交之路》,载《人民论坛》2013 年第 22 期,第 8 页。
③ 《习近平谈治国理政》第二卷,北京:外文出版社,2017 年,第 340 页。
④ 请参见石斌:《重建"世界之中国"的核心价值观》,载《国际政治研究》2007 年第 3 期,第 15 页;吕晓莉:《"中国责任论"语境下"负责任大国"外交理念浅析》,载《当代世界与社会主义》2009 年第 4 期,第 16 页。

支持中国成为国际社会的负责任成员,呼吁中国在人权保护、政治改革、援助政策、对外贸易、知识产权保护、气候变化、地区安全等领域承担更多的国际责任。一时之间出现了诸如 G2、中美国(Chimerica)、"中国责任论"等一些观点。国内外关于中国是否应该承担责任,在多大程度上承担责任,应该承担什么样的责任,展开了激烈的讨论。例如,金灿荣就认为在中国面对的国际舆论环境中,存在着四种基本的论调:中国威胁论、中国责任论、中国机遇论和中国崩溃论,而自 2005 年佐利克的演讲之后,"中国责任论"大有取代"中国威胁论"之势;陈岳则将所谓"中国威胁论"的相关言论概括为"中国军事威胁论""中国经济威胁论""中国生态威胁论""中国意识形态威胁论"以及"中国文明威胁论";①也有学者如胡键认为,这是西方企图让中国承担更多责任的"阴谋"。② 时任中国外交部副部长王毅指出,"中国将依据肩负的国际义务履行相应的责任,将考虑自身的能力做力所能及的贡献。尤其重要的是,中国将根据事情本身的是非曲直来确定自己的立场,将在中国自身的利益与世界人民利益的结合中做出政策选择,将把自己所承担的国际责任与时代发展潮流和历史前进方向一致起来。中国坚持和平发展的初衷是既要对自己负责,也要对世界负责,更要对未来负责"。③ 不管是"责任论"还是"阴谋论",中国在积极参与全球治理,承担国际责任之时,需带有选择性和针对性,并以自身利益

---

① 陈岳:《"中国威胁论"与中国和平崛起》,载《外交评论》2015 年 5 月 8 日。文中还通过对沃尔兹"层次分析法"的回顾与批判,指出"中国威胁论"的论据大都聚焦于国际体系的结构和单元特点,却忽略了国际体系的进程,即所谓的"国家间互动的通常模式",一针见血地指出了"中国威胁论"理论根源之缺陷。

② 国内有些学者认为西方是将国际责任作为中国承担更多责任的阴谋,请参考胡键:《中国责任与和平发展道路》,载《现代国际关系》2007 年第 7 期,第 43-47 页;刘建飞:《"中国责任论"考验和平发展》,载《现代国际关系》2007 年第 4 期,第 22-26 页;刘鸣:《中国国际责任论评析》,载《毛泽东邓小平理论研究》2008 年第 1 期,第 50-55 页。另有一些学者则认为承担适当国际责任是中国融入国际社会的前提条件,请参见金灿荣,刘世强:《崛起的中国如何面对"大国责任"》,载《中国经贸》2011 年第 6 期,第 14-17 页;李宝俊、徐正源:《冷战后中国负责任大国身份的建构》,载《教学与研究》2006 年第一期,第 49-56 页。

③ 王毅:《始终不渝走和平发展道路》,载《求是》2007 年第 12 期。

为基点,要"尽力而为、量力而行"。①

确立了当代中国"负责任的社会主义发展中大国"的国际身份定位之后,中国才能更加合理、有效地融入国际社会,参与全球治理的整个过程当中。习近平指出:"我们参与全球治理的根本目的,就是服从服务于实现'两个一百年'奋斗目标、实现中华民族伟大复兴的中国梦。"②早在2012年11月29日,习近平率领中央政治局常委和中央书记处的同志参观国家博物馆《复兴之路》展览时,就曾提出,"实现中华民族伟大复兴,就是中华民族近代以来最伟大的梦想";③党的十九大报告清晰地描绘出全面建成社会主义现代化强国宏伟蓝图,确立了"两个一百年"奋斗目标,即到第一个一百年,是到中国共产党成立100年时(2021年)全面建成小康社会;第二个一百年,是到新中国成立100年时(2049年)建成富强、民主、文明、和谐的社会主义现代化国家。习近平自党的十八大以来的历次公开讲话与文章中,"两个一百年"出现超过上百次,其重要性非同一般。党的十九大报告清晰擘画全面建成社会主义现代化强国的时间表、路线图:在2020年全面建成小康社会、实现第一个百年奋斗目标的基础上,再奋斗15年,在2035年基本实现社会主义现代化。从2035年到本世纪中叶,在基本实现现代化的基础上,再奋斗15年,把我国建成富强、民主、文明、和谐、美丽的社会主义现代化强国。④"中国梦"向世界宣示,中国坚持和平发展、实现民族振兴,选择了一条与传统的大国崛起道路迥然不同的发展道路。中国在明确自己国际身份,积极参与全球治理的过程中,始终牢记并努力

---

① 《让中国力量推动全球治理体系变革——学习习近平总书记在中央政治局第三十五次集体学习时的重要讲话》,新华社,2016年9月28日,http://www.xinhuanet.com/politics/2016-09/28/c_1119642701.htm。
② 中共中央宣传部编:《习近平总书记系列重要讲话读本(2016年版)》,北京:学习出版社、人民出版社,2016年,第274页。
③ 中共中央宣传部编:《习近平总书记系列重要讲话读本(2016年版)》,北京:学习出版社、人民出版社,2016年,第5页。
④ 《深刻把握分"两步走"的新目标》,新华社,2018年7月3日。

实现这一目标。建党100周年之际,2021年11月党的十九届六中全会通过《中共中央关于党的百年奋斗重大成就和历史经验的决议》,肯定了党的十八大以来,以习近平同志为核心的党中央领导全党全军全国各族人民砥砺前行,全面建成小康社会目标如期实现,党和国家事业取得历史性成就、发生历史性变革,彰显了中国特色社会主义的强大生机活力,党心军心民心空前凝聚振奋,为实现中华民族伟大复兴提供了更为完善的制度保证、更为坚实的物质基础、更为主动的精神力量。中国共产党和中国人民以英勇顽强的奋斗向世界庄严宣告,中华民族迎来了从站起来、富起来到强起来的伟大飞跃。在实现了第一个一百年奋斗目标的同时,中国将以新的姿态参与国际社会事务,以新的目标来规划自身的国际责任,更从容地参与全球治理。

在明确了自己的国际身份和目标之后,如何合理地、有选择地承担国际责任则成为这一行动链上最后也是非常关键的阶段。从国际责任产生的角度来看,国际责任产生的本质是国际社会行为体的相互构建,产生的直接依据基于以下三个因素:一是基于外界压力而被动产生的国际责任;二是基于自身在国际社会中的国际权力地位;三是基于自身道义的国际责任。[①] 布尔(Hedley Bull)曾经指出,"在无政府状态的国际关系中,国家拥有权力就要负起相应的责任"。[②] 王逸舟认为,中国外交在21世纪具有三项最为基本的利益与需求:发展利益及需求、主权利益及需求和责任利益及需求,这三种基本需求呈现一种自内而外、轻重不等的顺序。其中,责任需求是中国大国风范的体现;而作为一种近些年才逐渐显露的一种需求,责任需求同时也是最不容易界定,并且弹性最大的一种需求。[③] 由此可见,在国际社会之中,权利与责任相伴而生。

---

① 吴兵:《从"天下责任"到"负责任大国"——身份视角下的中国国际责任观历史嬗变研究》,载《当代亚太》2015年第4期,第99页。
② Hedley Bull, *The Anarchical Society: A Study of Order in World Politics*, London: Macmillan, 1977.
③ 王逸舟:《三大需求:发展、主权、责任》,载《世界知识》2000年第5期。

近几十年来，中国确实取得了举世瞩目的成就。特别是自国际金融危机爆发以来，整个世界经历了"阿拉伯之春""欧洲之夏""美国之秋"，甚至有这样一句顺口溜："美国病了，欧洲老了，日本熊了，中国醒了。"美国虽得的不是绝症，但病得不轻。在此背景下，西方对中国的赞誉和热捧，实际上是中国综合实力增强和国际地位提升的一种必然结果和反映。此外，"被需要"也是中国"负责任大国"身份不断得到广泛认可的重要背景。在半岛局势中，中国提出的"双暂停""双轨并进"等理念为和平解决朝鲜核问题起到了重要作用；中国提出的全球治理新理念对应对全世界共同面临的金融危机、恐怖主义、环境问题、网络安全等各方面的威胁与挑战起到了积极的作用；中国在国际舞台中展现出的原则性、一致性等值得信赖的大国形象对于地区及世界和平起到了重要作用；中国经济的稳定发展本身就是世界经济的积极因素与重要动力，仅"一带一路"倡议就使沿线70多个国家得到了直接的经济利益及发展机遇。现在中美间相互依存度已不断加深，可以说已是"谁也离不开谁"。相比而言，美国退出巴黎协定、伊朗核协议、TPP、联合国教科文组织、联合国人权理事会等一系列国际组织和协定，在中美贸易谈判以及地区热点问题上一再出尔反尔，这不仅是对其大国形象、大国信誉的挥霍，更进一步反衬了中国在国际舞台中的"负责任大国"形象。世界对中国的希望多了，借重多了，同时要求多了，防范多了，制约也多了。西方大国看中国，更是五味杂陈，羡慕嫉妒皆存，对华政策也越来越具有两面性。因此对于刚刚尝试深入国际社会、经验尚不充足的中国而言，对于自身承担责任的"量""度"以及"面"的把握可能还稍欠火候，还有很大的提升空间。

梁启超曾将中国的身份按照层次的不同概括为"中国之中国""亚洲之中国"和"世界之中国"这三个阶段。回顾历史，这三个阶段也精炼地概括了中国自步入近代进来，逐步融入世界的层次变化过程。当今之中国，迎改革开放之东风，顺和平发展之浪潮，在经济发展日益深化、社会发展日益稳定、制度建设日益完善的情况下,已然跨入"世界之中国"这第三阶段。但是在深入国际体系的过程中,也出现诸如观念冲突、权责难辨、能力与意愿错位等一系列问题。① "打铁还需自身硬",想要在万国之林中不迷失方向,需要充实"世界之中国"的价值内涵。

要达成这一目标,首先要树立正确的义利观。我国传统文化一向强调正确处理"义"和"利"的关系,百家之中,孔子认为"君子义以为上";孟子说,"生亦我所欲也,义亦我所欲也;二者不可得兼,舍生而取义者也";墨子则提出"义,利也"等等。可以说,"重义轻利、先义后利、取利有道,是中华民族数千年来一以贯之的道德准则和行为规范"。② 自十八大以来,习近平提出的"树立正确的义利观",是在应对国际局势变化、结合中国当代内政与外交的需求的大背景之下产生的。正确的义利观是从人类命运共同体的价值理念出发,以建立共同繁荣的和谐世界的伦理价值观为目标,是充实"世界之中国"的价值内涵的一块重要基石。

其次,要坚持社会主义道路。自改革开放以来,坚持"一个中心""两个基本点"成为党的路线的核心内容,其中"两个基本点"包括"改革开放"和"四项基本原则",而"四项基本原则"的首位就是坚持社会主义道路。中国特色社会主义道路,历经时代的考验与历史的洗礼之后,在新的时期和阶段中展现出惊人的生命力和创造力。习近平曾说过:"通过不断改革创新,使中国特色社会主义在解放和发展生产力、解放和增强社会活力、促进人的全面发展上比资本主义更有效率、更能激发全体人民的积极性、主动性和创造性,更能为社会发展提供有利条件,更能在竞争中赢得比较优势,把中国特色社会主义制度的优

---

① 石斌:《重建"世界之中国"的核心价值观》,载《国际政治研究》2007年第3期,第12页。
② 王毅:《坚持正确义利观积极发挥负责任大国作用——深刻领会习近平同志关于外交工作的重要讲话精神》,载《21世纪》2013年第10期。

越性充分体现出来。"①习近平新时代中国特色社会主义思想尤其关注整个人类的共同需求、共同利益与共同发展问题,这是"世界之中国"在参与全球治理、承担国际责任的过程中所不可避免的重要任务。中国人民的梦想与全人类的梦想都是息息相通的,中国人民愿意同各国人民在实现各自的梦想中相互支持、相互帮助。②

"穷则独善其身,达则兼济天下。"处于国际秩序转型时期的中国,需要对自己"负责任的社会主义发展中大国"的当前国际身份有清晰的认识,并明确"实现中华民族伟大复兴中国梦"的宏伟目标;在参与全球治理、融入国际社会的过程中,更是要以民族复兴为根本目标,坚持中国特色社会主义道路、树立正确的义利观,方能作为"世界之中国",在力所能及的范围之内承担国际责任和义务,联通世界各国人民的美好梦想,打造人类命运共同体。

第二节 当代中国的世界观与国际政治新理念

一、现代中国"世界观"与"国际观"的生成和发展

观者,谛视也。③ 简而言之,所谓世界观,即主体基于某种特定环境对于客体世界的一套系统的看法和观点,而这些看法和观点反过来又可以对主体的行为起到指导作用。这种定义反映出世界观连接主客体的重要意义。而国际观作为一种有关外部世界的内在观念,可以体现为决策者(领导人、精英阶

---

① 《习近平谈治国理政》,北京:外文出版社,2015年,第93页。
② 中共中央宣传部编:《习近平总书记系列重要讲话读本(2016年版)》,北京:学习出版社、人民出版社,2016年,第16页。
③ 出自《说文》。

层)以及普通民众对世界及其他国家的印象、对本国的国际政治取向,以及对该国的对外政策的总体全面的看法。①

例如在20世纪90年代,苏联解体之前,来自肯塔基大学的马克·佩服里(Mark Peffley)以及匹兹堡大学的乔恩·赫尔维兹(Jon Hurwitz)就以改变中的美苏关系为例,研究了苏联之于美国民众的形象的改变在静态意义上确实制约了美国民众的政策态度,进而影响了部分美国人的国际观(对苏联的观念作为国际观的一部分)。② 金灿荣认为,所谓国际观,就是指在某个阶段某个国家的主流人群对外部世界的共同认识,包括特定的集体心态、对外部世界的知识水平、与外部世界互动的热情等等。③ 中国社会科学院世界历史研究所研究员马龙闪则认为,国际观"是在特定历史阶段、历史时期,站在对本国国情认识的基点上,对周边世界、周边国家进行观察、认识的一套总体观点和由此所持的一种态度"。④ 如果将行为主体上升到国家层面,国际观则是一种国家自我认知的观念,在国际结构作用和建构的影响之下,表现为对周边国家、世界等外部关系的总体观点及其态度,⑤而且这也是国家之间通过价值互动和共享进而形成的共有观念。结合前面有关"世界观"的概念,国家行为体的国际观则是该国的世界观与当时客观国际环境互动后的综合产物,而且当该观念反作用于国家时,则具体表现为对于国家长期宏观战略、中期外交政策、短

---

① J. P. Robinson, Phillip R. Shaver and Lawrence S. Wrightsman, *Measures of Political Attitudes*, San Diego: Academic Press, 1999, pp. 533 - 578.
② Mark Peffley and Jon Hurwitz, "International Events and Foreign Policy Belief: Public Response to Changing Soviet-U. S. Relations", in *American Journal of Political Science*. Vol. 36, No. 2, 1992, pp. 431 - 461。
③ 《今天,我们需要确立什么样的国际观》,北京日报,2012 - 03 - 19,http://www.aisixiang.com/data/51433.html。
④ 《今天,我们需要确立什么样的国际观》,北京日报,2012 - 03 - 19,http://www.aisixiang.com/data/51433.html。
⑤ 张煜麟:《学术信息商品化潮流中台湾学术传播的困境与应对》,载《中国科技期刊研究》2014年第2期。

期外交活动产生指导性的影响。并且,基于此定义,主体的世界观必然会随着客观的物质环境变化而产生相应的改变。所以国际观,不仅体现为一国对于国际事务、国际关系以及国际局势的基本看法、态度和理念,是其"世界观"与国际社会互动之后的抽象产物,亦是国家确立对外政策、开展对外交流的基本依据。

中国的国际观自古以来就处在不断地变化与发展之中。来自哈佛大学的汉学家、历史学家费正清指出,"中国人与其周围地区,以及与一般'非中国人'的关系,都带有中国中心主义和中国优越的色彩,中国人往往认为,外交关系就是向外示范中国国内体现于政治秩序和社会秩序的相同原则"。[①] 步入近代之前,中国形成的"天下"世界观,正体现了当时统治者认为自己身处世界之巅,以自我为中心的自信。"普天之下,莫非王土;率土之滨,莫非王臣。"[②] 华夷之辨、五服之设、朝贡之立,还有自先秦就屹立而起的,横贯边域的万里长城,皆是古典中国世界观的物象化的集中体现。

然而,外部环境的迅速变化不断冲击着古老中国的国际观。在"西洋"的"坚船利炮"摧枯拉朽式的攻势之下,中国以自我为中心的"天下"世界观与列强以西方为中心的世界观发生了激烈碰撞。自鸦片战争打开中国门户之后,中国的仁人志士出于民族救亡的忧患意识,也出于对于当时西方先进的科学技术的赞叹折服,开始主动引入来自欧美的语言文字、异域文化以及科学技术,从而使得中国古典的、狭隘的世界观从内部开始崩陷。从编写《海国图志》、"开眼看世界"的第一人魏源,到后来力主"西学东渐",大力引入西方"奇巧淫技"并发展国内工商业的洋务派,再到新文化运动中倡导"德先生""赛先生"的骨干们,种种西方观念大量涌入,中国传统的世界观在外来冲击之下分

---

① 费正清:《中国的世界秩序——传统中国的对外关系》,北京:中国社会科学出版社,2010年,第2页。
② 出自《诗经·小雅·谷风之什·北山》。

崩离析之时，原本的自信与雄心也逐渐让位于自省与谦逊。

这种弥漫着不自信并略带悲情的世界观一直主导着1949年之前的中国。即使在新中国成立之后，从我国一再坚持的和平外交战略之中也可以看出，古典的以自我为中心的盲目自信消失殆尽。毛泽东在新中国成立之初关于新中国的外交政策就提出"另起炉灶""打扫干净屋子再请客""一边倒"，倒向社会主义阵营的总方针。[1]究其背后之原因，除去美苏冷战的大背景，也是中国基于自己当时的相对薄弱的综合实力，所以选择了通过结盟来强化自身的外部安全环境，而结盟这种方式是古代作为"天朝大国"的中国最不可能选择的外交战略。随后在60年代，随着不结盟运动的兴起，亚非拉广大地区的殖民地国家、半殖民地国家以及附属国的民族解放运动呈不可阻挡之势席卷环宇。毛泽东在1974年2月与来访的赞比亚总统卡翁达会面时说："我看美国、苏联是第一世界。中间派，日本、欧洲、加拿大，是第二世界。咱们是第三世界……第三世界人口很多。亚洲除了日本都是第三世界。整个非洲都是第三世界，拉丁美洲是第三世界。"[2]这种将自己同其他国家归类为第三世界国家，即经济上落后、政治上弱小的发展中国家和欠发达国家的做法，也反映出当时中国谦逊的世界观，其内核与"一边倒"外交战略所反映出的新中国世界观内核相差无异。周恩来作为新中国杰出的外交领导人于1953年12月底在会见来访的印度代表团时提出"和平共处五项原则"的蓝本，后经过措辞上的调整之后，最终成为如今官方五项原则的最终版本，即"互相尊重主权和领土完整、互不侵犯、互不干涉内政、平等互利、和平共处"。[3]这种以国家之间平等交往为前提的求同存异的外交思想，在1963年周恩来会见外宾时也有所概括："要等

---

[1] 《毛泽东外交文选》，北京：中央文献出版社、世界知识出版社，1994年。
[2] 《毛泽东第一次提出"三个世界"的概念》，光明网，http://www.gmw.cn/03zhuanti/2004-00/jinian/50zn/50yj/yj-02.htm。
[3] 中华人民共和国外交部，http://www.fmprc.gov.cn/web/ziliao_674904/wjrw_674925/2166_674931/t24737.shtml。

待,不要将己见强加于人";"中国有句古话,'来而不往,非礼也'。你对我不好,欺侮我,逼得我不得不有所准备,要进行回击。否则,你就会把我们看成为懦弱可欺"。① 可以说,自新中国成立至80年代之前中国的国际观显露出的也不再是泱泱"天朝大国"的唯我独尊的盲目自信,更多的则是表现出中国当时作为后发国家的小心谨慎与审时度势。

随着改革开放的到来,现代中国的国际观开始逐渐成形。邓小平时期,"韬光养晦,有所作为"成为中国外交政策的重心,②同时强调要"加强同社会主义国家的团结……加强同第三世界各国的团结……结成最广泛的统一战线,反对苏美两个超级大国的霸权主义"。③ 20世纪90年代之后,苏联解体,苏美争霸的两极格局彻底瓦解,同时国内的改革开放政策继续深入,为中国经济实力以及政治力量的增长提供了稳定的外部条件和内部环境。1997年召开的中国共产党第十五次全国代表大会上,会议报告指出"当前国际形势总体上继续趋向缓和。和平与发展是当今时代的主题。多极化趋势在全球或地区范围内,在政治、经济等领域都有新的发展……要致力于推动建立公正合理的国际政治经济新秩序。这种国际新秩序是以和平共处五项原则为基础的,符合联合国宪章的宗旨和原则,反映了和平与发展的时代潮流……中国人民愿意同世界各国人民一道,为促进和平与发展的崇高事业,为开创人类更加美好的未来,做出不懈的努力。"④20世纪初,胡锦涛于2005年提出"和谐世界",明确了与各国人民携手努力,推动建立持久和平、共同繁荣的和谐世界的长远目标,同时也为全球国际政治伦理与国际秩序的建立提供了指导原则。2013年

---

① 中华人民共和国外交部、中央文献研究室编:《周恩来外交文选》,北京:中央文献出版社,1990年,第327页。
② Yan Xuetong, "From Keeping a Low Profile to Striving for Achievement", *The Chinese Journal of International Politics*, 2014.
③ 杨鸿玺:《中国的"世界观"与国际观的科学发展》,载《当代世界》2009年3月,第7页。
④ 《江泽民在中国共产党第十五次全国代表大会上的报告》,中国共产党新闻网,1997年9月12日, http://cpc.people.com.cn/GB/64162/64168/64568/65445/4526290.html。

3月,习近平在当选国家主席后的首次出访时就提出:"这个世界,各国相互联系、相互依存的程度空前加深……越来越成为你中有我、我中有你的命运共同体。"①随后在2015年的博鳌亚洲论坛上,习近平发表了题为"亚洲新未来:迈向命运共同体"的主题演讲,并主张"共同营造对亚洲、对世界都更为有利的地区秩序,通过迈向亚洲命运共同体,推动建设人类命运共同体"。可见,在经历过历史的考验与岁月的洗礼之后,现代中国的"世界观"与"国际观"经历了从自负狭隘、以自我为中心的"天下"观,到包容开放、以世界为中心的国际观。②

二、当代中国的世界政治新观念

当代中国,尤其是十八大以来在以习近平同志为核心的党中央领导下,在顺应当前复杂多变的外部环境的前提之下,逐步形成了崭新的、包容开放的国际观,并在此过程中,形成了新时代观、新安全观以及新型国际关系论这些与其相匹配的世界政治新观念。

(一) 新时代观

时代观反映了作为行为体的国家对于当前国际局势的判断以及对未来走向的预测,而且正确洞察国际社会发展走向,顺应国际局势变化趋势的积极的时代观对于引领国内的经济生产以及社会发展都起到重要作用。2013年3月17日,习近平在第十二届全国人民代表大会第一次会议上的讲话中指出,"中国人民爱好和平。我们将高举和平、发展、合作、共赢的旗帜,始终不渝走和平发展道路,始终不渝奉行互利共赢的开放战略,致力于同世界各国发展友

---

① 《习近平人类命运共同体思想的深刻内涵与时代价值》,中国共产党新闻网,2017年12月12日,http://theory.people.com.cn/n1/2017/1212/c40531-29702035.html。

② 也有学者认为,目前中国世界观的发展仍处于过渡阶段,并且之前还经历过从悲情地看待世界跳跃到孤傲地审视世界的世界观的跳跃,今后将有望发展成基于国家理性的、超越西方话语的中国世界观,但这个过程中仍需克服许多困难。请见任剑涛:《走向理性:近代以来中国世界观的嬗变》,载《中央社会主义学院学报》2017年第2期,第12—18页。

好合作,履行应尽的国际责任和义务,继续同各国人民一道推进人类和平与发展的崇高事业"。① 2014年11月28日至29日在北京召开的中央外事工作会议上,习近平在会上发表重要讲话强调要"高举和平、发展、合作、共赢的旗帜,统筹国内国际两个大局,统筹发展安全两件大事,牢牢把握坚持和平发展、促进民族复兴这条主线,维护国家主权、安全、发展利益,为和平发展营造更加有利的国际环境,维护和延长我国发展的重要战略机遇期,为实现'两个一百年'奋斗目标、实现中华民族伟大复兴的中国梦提供有力保障"。②

"和平、发展、合作、共赢"的新时代观的提出并非空穴来风,而是中国政府基于客观的国际环境,结合时代发展主题,顺应历史演进潮流提出的崭新的时代观。第一,我们必须认识到,当今世界,促进和平的力量不断增强。首先,受经济全球化深入发展的广泛影响,今天的世界已经是一个你中有我,我中有你,全球利益深度融合的整体。在这种情况下,任何国家在处理国际关系时都必然会更加谨慎。处于全球化的时代,国家间处理关系的方式与过去相比有了明显变化,尽管有争吵、有矛盾,但至少大家都能坐下来用谈判的方式解决问题而不是用战争的方式解决问题,这本身就是一种进步。经济全球化客观上制约了与世界生产力状况不相适应的国际关系紧张局面的扩展,推动了世界和平进程。20世纪70年代到20世纪80年代多极化初现,资本主义世界经济格局从美国一国独霸转变为美日欧三足鼎立;苏联经济实力相对于美国大大缩小;发展中国家的总体经济实力成长壮大。20世纪90年代至今,多极化加强。冷战结束后,经济因素在国际关系中作用空前突出,综合国力的竞争成为焦点,世界几大经济力量中心的发展出现了明显的不平衡性。美、日、欧

---

① 《习近平在第十二届全国人民代表大会第一次会议上的讲话》,中国共产党新闻网,2013年3月17日,http://cpc.people.com.cn/n/2013/0318/c64094-20819130.html。

② 《习近平在中央外事工作会议发表重要讲话强调:高举和平、发展、合作、共赢旗帜》,载《人民日报海外版》2014年12月01日,第01版。

三大经济中心的竞争直接推动北美、西欧、亚太三大区域经济集团出现。其次,文化多样化持续推进。目前世界上有200多个国家和地区、2 500多个民族、6 000多种语言。不同国家和地区的人民共同创造了丰富多彩的世界文化。如何处理文化差异,将成为影响时代主题的重要因素。当前,越来越多的国家对于不同文化更加包容。联合国曾把2001年确定为"不同文明对话年",倡导不同文化平等交流、对话与良性发展。再次,社会信息化突飞猛进。从20世纪七八十年代开始,信息技术的浪潮迅速席卷全球。一直到今天社会信息化都在飞速发展,它使整个世界不再受国界限制,消除了时空阻隔,进一步推动了经济全球化、世界多极化、文化多元化的向前发展。另外,随着社会信息化的不断推进,人类社会逐步进入了信息社会,信息成为核心要素,智力成为重要推动力量,经济发展进入到了知识经济的阶段。对智力资源的掠夺难以通过战争来实现。因此,传统现实主义眼中的安全困境尤其是大国安全困境虽然没有从根本上被消除,但得到了一定程度的纾解。军事对抗、军备竞赛等极易激化矛盾、加剧冲突的较量方式,在信息化条件下,逐渐为国际社会所摒弃。可以说,随着社会信息化以及知识经济的发展,避免世界性战争的可能性有所增加。

  第二,谋求发展仍然是各国的战略重心。首先,发展中国家的核心任务是发展。目前,世界经济仍存在地区发展不平衡,部分国家经济落后等发展顽疾。广大发展中国家在保持较快速度发展的同时,所面临的经济形势依然严峻,地区局势、大国干涉、全球疫情以及不同的发展理念冲突均会对国家的发展路径产生重要影响,迟滞甚至阻断一国的发展进程。因此,当前发展问题的核心,是发展中国家平稳、有序、高效发展的问题。其次,发展问题是人类共同问题。发展问题也不仅仅是发展中国家的问题,更是世界各国共同关注的问题。因为南北经济有很强的相互依存度和互补性,经济全球化的联动联通下,一国、一个地区的发展对其他国家、地区乃至世界整体发展态势影响深远。

2004年,时任哈佛大学校长的萨默斯提出了"金融恐怖平衡"的概念,用来描述美国与中国等新兴国家经济体的相互依赖关系。而区域内一体化程度和经济相互依存程度的加深加强,也对各国发展提出新的要求,发展不仅是一国内政,也对区域内外力量的排列组合产生重要影响。再次,发展问题是推动多极化日益深化的关键问题,特别是新兴大国的发展对国际政治多极化产生积极的推动作用。2020年9月时任国务委员兼外交部部长在出席中俄印外长会晤时谈到,面对百年变局和全球疫情,三国应当加强互信,共同促进世界的和平与稳定。……中俄印三国均致力于民族发展振兴,三国发展互为机遇,应相互扶持,相互促进,在发展道路上结伴前行……多极化是不可阻挡的世界潮流,当前形势下应努力维护多边主义[①]。发展问题关系到世界各国,是人类面临的共同问题,也是多级化潮流下的应有之义。最后,发展问题也不仅仅是经济问题,在某种程度上它更是政治与社会问题。贫困和经济落后是社会不稳定的重要因素之一。在国际社会,因经济落后、发展不平衡带来的不稳定因素日益成为影响国际社会的重要因素之一。由经济问题引发的国内政治动乱,以及蔓延世界的毒品问题、恐怖主义问题等等,均与发展问题关涉颇深。没有整体的繁荣和世界各国的经济发展,就不可能有国际社会的稳定与世界和平。中国以自身的发展经验推而广之,为解决世界经济问题提出切中要害的有益建议,反映了中国高瞻远瞩的新时代观。

第三,合作共赢成为当前国际关系的主旋律。党的十七大报告曾提出"高举和平、发展、合作的旗帜",在党的十八大报告中增加了"共赢",成为继续"高举和平、发展、合作、共赢的旗帜",目的是坚定不移致力于维护世界和平、促进共同发展。之所以要强调合作共赢,一方面是因为更加紧密地把中国的和平

---

① 《王毅谈中俄印三国的共同利益》,新华网,2020年9月11日,http://www.xinhuanet.com/world/2020-09/11/c_1126479684.htm。

与发展同整个世界的和平与发展联系在一起,另一方面也是由于和平与发展日益成为全人类的共同愿望。21世纪初,为顺应时代发展的要求,联合国发布了关于"维护世界和平与发展"的时代宣言:"全世界爱好和平的人们,面对人类社会此起彼伏的诸多矛盾和问题,战争一次又一次把人类自己推向苦难的深渊。全世界人民都渴望持久和平,渴望安宁的生活,渴望公正合理的国际新秩序,渴望国际关系的民主化,渴望人类社会共同的发展和繁荣。可以说,和平与发展已成为各国人民的共同愿望!是当今时代的主题!"而《联合国宪章》的宗旨和原则以及联合国的相关体制,也为"和平、发展、合作、共赢"的时代观提供了重要的理论依据与制度保障。习近平在联合国成立75周年纪念峰会上发表重要讲话,他指出,世界问题多得很、大得很,全球性挑战日益上升,应该也只能通过对话合作解决;国际上的事大家商量着办,同舟共济已经成为国际社会广泛共识。当今世界正经历百年未有之大变局,突如其来的新冠肺炎疫情对全世界是一次严峻考验。他还强调,人类已经进入互联互通的新时代,各国利益休戚相关、命运紧密相连。全球性威胁和挑战需要强有力的全球性应对。靠冷战思维,以意识形态划线,搞零和游戏,既解决不了本国问题,更应对不了人类面临的共同挑战。我们要做的是,以对话代替冲突,以协商代替胁迫,以共赢代替零和,把本国利益同各国共同利益结合起来,努力扩大各国共同利益汇合点,建设和谐合作的国际大家庭。① 可以说这反映了全世界人民的共同心愿。

习近平所倡导的新时代观,其核心在发展,而发展的前提是和平稳定的国际环境,而实现发展的途径则是通过鼓励、引导、促进各国际行为体之间的相互合作,最终目的是达到共赢。这种新时代观不仅清晰地表明保持国际政治

---

① 《习近平在联合国成立75周年纪念峰会上发表重要讲话》,新华网,2020年9月22日,http://www.xinhuanet.com/world/2020-09/22/c_1126522712.htm。

经济局势和平稳定的重要性,强调发展是当下各国关注的重心,更明确指出取得发展的路径是相互合作、互利共赢。和平发展道路,是中国共产党顺应时代潮流提出的国家发展战略,它是一条中国与世界共赢、共荣、共享之路。几十年来,中国在和平发展的征程上已经取得了举世瞩目的成就。今天,中国仍然必要而且有条件在国际社会大力宣传"和平发展"战略的时代特征与意义,用科学理论与有效实践相结合的建设成果,来展示新的历史条件下国家崛起的全新道路与模式,为广大新兴发展中国家提供榜样。

和平发展是人心所向、大势所趋。首先,和平发展道路是和平与发展时代主题背景下的产物。一方面,世界格局多极化趋势推动了国际关系民主化进程,为世界的和平与发展奠定了基础。另一方面,由领土、民族、宗教等矛盾造成的地区冲突局限在一定范围之内,对整个世界的和平与发展大局没有根本改变。因此,和平与发展仍是当今时代的主题。在这样的时代背景下,对每个国家来说,坚持和平发展的道路就必然是大势所趋、人心所向。其次,和平发展是一条以自身的和平发展来维护世界和平、促进共同发展,同时争取国际和平环境来发展自己的道路。这完全区别于 20 世纪早期某些国家把经济实力转化为军事实力进行帝国主义扩张,或把自己的发展与繁荣建立在掠夺别人的基础之上的崛起方式,是符合人类文明发展的新的国家成长模式。再次,在非传统安全领域,恐怖主义、全球环境污染、资源短缺等问题已逐渐成为世界和平与发展的新威胁,这些威胁的出现也必然促使国际社会走上新的合作道路。显而易见,在当前条件下,任何国家要想在国际舞台上得到更广泛的支持,就必须坚持和平发展的道路,从而赢得其他国家及国际组织的认可与尊重,进而实现共同发展。

(二) 新安全观

"安全"的概念,一直与国际关系研究有着密不可分的关系,甚至早在最初的国际关系理论出现之前,安全问题与安全概念就一直是人类社会关切的话题。修昔底德所著《伯罗奔尼撒战争史》记录了雅典与斯巴达两个城邦的相互争斗,但记录战争的本质反映的恰恰是对于安全问题的关注;希罗多德的《希波战争史》,中国先秦时代"春秋三传"①中的《左传》亦是如此,而中国古代杰出的军事家孙武则在《孙子兵法》中通过对于战略战术战法的记录,反映出许多值得深思的有关国家安全问题的哲理性思考。② 而在国际政治的话语体系当中,安全问题是行为体之间一定关系的产物,并且对于安全关系的不同的解释则最终导致形成了不同的安全观念。③ 所以传统的国家安全观可以按照传统的国际政治学的几大理论范式而分别形成对应的现实主义安全观、新现实主义安全观,以及新自由主义安全观等等。④ 随着时代的发展,安全观的内涵以及外延也在不断扩大深入。纵向上,根据对应不同安全主体的分析层次,自上而下可以划分为世界安全、区域安全、国家安全、社会安全、个人安全等等;横向上,以国际关系领域中的主要行为体国家为单位,即国家安全为例加以展开,又可以涵盖以政治安全、军事安全、经济安全三者为核心,并且又可以包括信息安全、文化安全、农业安全、生态安全等其他安全种类。这样一来,就形成了一个全方位、宽领域、立体式的安全价值分类,包括了传统安全与非传统安全。⑤

国家安全观是国家安全战略的思想基础,集中反映了一个国家的国家安全客观现实和历史趋势,引领着一个国家的国家安全战略和国家安全实践活

---

① 即《春秋左氏传》《公羊传》《谷梁传》。
② 关于具体内容本章不过多讨论,请参见孙吉胜主编:《国际政治语言学:理论与实践》,北京:世界知识出版社,2017年,第二章"话语、视觉与国际安全"。
③ 李少军:《国际政治学概论》,上海:上海人民出版社,2009年,第166页。
④ 关于传统国际安全观分类的名称,不同学者所采取的用词不尽相同,本章采用李少军在《国际政治学概论》中的分类,有关另一种不同的分类标准,请见吴成志、朱丽丽:《当代安全观的嬗变:传统安全与非传统安全比较及其相关思考》,载《马克思主义与现实》2005年第3期。
⑤ 秦亚青:《国家身份、战略文化和安全利益——关于中国与国际社会关系的三个假设》,载《世界经济与政治》2003年第1期,第13页。

动的发展。① 伴随国家整体发展观念的变化、国家实力的消长和对世界局势判断的不断调整，国家安全观也在不断调试、转型与更新。

1. 从传统国家安全观到总体国家安全观

自新中国成立到改革开放之前，基于历史与现实考虑，无论是应对国际形势还是处理内政事务，以毛泽东为核心的党的第一代领导集体始终怀有强烈的忧患意识，坚持一种斗争策略，准备迎接国际国内面临的诸多风险与挑战。彼时，国家安全的主要任务始终围绕维护国家独立、主权、安全和领土完整，保卫中国人民的革命成果和合法权益，捍卫党的领导和社会主义制度，确保人民民主专政，反映在安全观上即坚持以军事和政治安全为核心的传统国家安全观。②

20世纪70年代末，在明确世界局势总体表现为"和平与发展"后，中国的国家安全观重心不断转移，逐步实现由传统国家安全观到综合国家安全观的转向。十三大报告（1987年）和十四大报告（1992年）将和平与发展概括为"当今世界"的"两大主题"，十五大报告（1997年）和十六大报告（2002年）又将和平与发展概括为"当今时代的主题"。此后的党代会报告不再写入"世界大战"字样，转而深入阐释中国的"和平发展道路"和"促进人类和平与发展的崇高事业"目标。十七大报告（2007年）和十八大报告（2012年）继续强调"和平与发展仍然是时代主题"。③ 伴随时代观的转向，以维护自身稳定发展的整体环境和推动人类和平进步为核心价值的综合安全观进入中国政府和领导人的语境。自改革开放至进入21世纪，中国政府国家安全观念不断拓展，除了传统的政治安全，经济安全、生态安全、文化安全等非传统安全领域被不断提及。1996年7月，原外长、时任国务院副总理钱其琛在东盟地区论坛大会上发表

---

① 钟开斌：《中国国家安全观的历史演进与战略选择》，载《中国软科学》2018年第10期，第24页。
② 和晓强：《建国以来"国家安全观"的历史演进特征分析》，载《情报杂志》2020年第2期，第45页。
③ 钟开斌：《中国国家安全观的历史演进与战略选择》，载《中国软科学》2018年第10期，第26页。

讲话,他谈到,我们主张通过对话与协商,增进相互了解和彼此信任,通过扩大和深化经济交往与合作,共同参与和密切合作,促进地区安全,巩固政治安全。他还说,中国作为亚太的一员,对本地区安全环境高度重视、十分关注,始终致力于发展与各国的对话与合作。中国经济的发展不构成对任何国家的威胁,相反,如果有12亿人口的中国陷入贫困和混乱,这将对地区的稳定构成不利的影响。① 钱其琛在强调政治安全的基础上,将经济安全摆在地区安全的重要位置,传统安全观开始转向。2002年7月31日,在东盟地区论坛外长会议上,中国代表团发表了《中国关于新安全观的立场文件》。文件在分析冷战后国际形势发展变化后指出,安全的含义已演变为一个综合概念,其内容由军事和政治扩展到经济、科技、环境、文化等诸多领域;寻求安全的手段趋向多元化,加强对话与合作成为寻求共同安全的重要途径,②标志中国新型综合国家安全观的系统化。

伴随中国自身实力的不断增长和参与国际事务能力的不断提高,2014年4月15日,习近平总书记主持召开中央国家安全委员会第一次会议,首次明确提出了"总体国家安全观"这一概念。习近平提出的总体国家安全观的概念,具有丰富的内涵与外延,其内容包含"十一个安全""五大要素"和"五对关系"。③ 这种崭新的安全观念反映了党和政府对于安全类型与安全层次的精

---

① 《钱其琛在东盟地区论坛会议上发表讲话》,载《中国外交》1996年第7期。
② 刘跃进:《中国官方非传统安全观的历史演进与逻辑构成》,载《国家安全研究》2014年第2期,第123页。
③ "十一个安全":政治安全、国土安全、军事安全、经济安全、文化安全、社会安全、科技安全、信息安全、生态安全、资源安全、核安全。"五大要素":以人民安全为宗旨,以政治安全为根本,以经济安全为基础,以军事、文化、社会安全为保障,以促进国际安全为依托。"五对关系",既重视发展问题又重视安全问题,既重视外部安全又重视内部安全,既重视国土安全又重视国民安全,既重视传统安全又重视非传统安全,既重视自身安全又重视共同安全。请参见张然、许苏明:《习近平总体国家安全观战略思想探析》,载《中国化马克思主义研究》2017年第1期,第54页。关于习近平总体国家安全观的主要内容,刘跃进归纳为"六个总体设计新思路""一条中国特色国家安全道路""五个既重视又重视""十二个国家安全要素""四个国际安全理念",参见李敏:《"总体国家安全观"解读——专访国际关系学院教授、国家安全政策委员会特邀研究员刘跃进》,载《高端访谈》2014年12月,第11页。

准判断,而且已经认识到"国际安全的内涵在当今已经变得异常庞大和复杂。不仅在国际关系方面而且在人类跨国联系,甚而人类同自然的关系当中一切包含威胁、危险甚或非正义的问题几乎都被囊括进这个概念"。① 总体国家安全观超越传统国家安全观的局限,在"互信、互利、平等、协作"的新安全观的基础之上,开拓了新的视野,不仅形成了国家安全观、亚洲安全观、世界安全观三位一体的安全战略思维格局,也在强调国家安全民本性上体现了非传统思维,是"以人民安全为宗旨"的新安全观。②

2015年7月1日颁布实施的《中华人民共和国国家安全法》以法律的形式确立了总体国家安全观的指导地位,将每年4月15日设立为全民国家安全教育日。党的十九大将坚持总体国家安全观纳入新时代坚持和发展中国特色社会主义的基本方略,并写入修改后的《中国共产党章程》。总体国家安全观不仅体现了中国共产党在国家安全理论上的历史性飞跃,为国家安全工作提供了根本遵循,并且成为习近平新时代中国特色社会主义思想的重要组成部分,为其他基本方略的实施提供了重要指引。③

2."互信、互利、平等、协作"的国际安全观

与传统的国家安全观不同,进入21世纪的中国国家安全观既开始出现了向非传统安全观的转向,并且在路径上更加强调互利合作,追求共同安全。在参与国际治理的深入和国际角色的日益凸显,以及与其他国家羁绊的加深的要求下,中国国家安全观不再只关注自身安全,其眼光更加宽广。江泽民在党的十六大的报告中明确指出:"安全上应互相信任,共同维护,树立互信、互利、

---

① 请参见时殷弘:《国际安全的基本哲理范式》,载《中国社会科学》2000年5月,第177-187页。时殷弘在文中从英国学派现实主义、理性主义、革命主义三大传统的理论视角,为国际安全的基本哲理范式提供了出发点和总框架。
② 刘跃进:《非传统的总体国家安全观》,载《国际安全研究》2014年第6期,第3页。
③ 陈文清:《牢固树立总体国家安全观在新时代国家安全工作中的指导地位》,载《求是》2019年第8期,第19页。

平等、协作的新安全观,通过对话和合作解决争端,而不应诉诸武力或以武力相威胁"。① 国务院新闻办于 2011 年 9 月 6 日发表的《中国的和平发展》白皮书,对外正式宣布自己的核心利益,即国家主权,国家安全,领土完整,国家统一,中国宪法确立的国家政治制度和社会大局稳定,经济社会可持续发展的基本保障。② 其中指出,中国倡导"互信、互利、平等、协作"的新安全观,寻求实现综合安全、共同安全、合作安全。"互信、互利、平等、协作"也成为当代中国新安全观的核心内容。这种新安全观突破了长期笼罩国际社会的冷战思维模式,致力于建立合理的国际政治新秩序,并强调了参与多边外交活动和多边合作的重要意义。

随着中国日益走进世界舞台的中央,中国与世界的互动日益频繁,世界的不安定因素对中国影响日益明显。同时,中国国家利益向海外拓展,维护海外市场、海外能源资源和战略通道,及海外机构、人员和资产安全等海外利益安全的需求日益迫切。在这种背景下,在旧有国际治理体系框架下被动地维护国家利益的缺陷和不足日益显露,前瞻性地塑造国家安全与国际安全环境显得愈发迫切。③ 如果说传统安全观,或者关注自身的国家安全观是对国家安全的维护,那么倡导"互信、互利、平等、协作"的国际安全观则是对国家安全环境的主动塑造,体现了中国建立在道路自信、制度自信基础之上的理论自信,是中国以自身发展经验积极参与国际社会治理的具体表现。

3. "共同、综合、合作、可持续"的全球安全观

全球化改变着世界体系的运作规则,使得既有国际秩序的民主赤字愈加凸显,既给各国发展带来了新的机遇,同时也必然产生破坏性力量。国家既有

---

① 《中国共产党第十六次全国代表大会》,载《人民日报》2002 年 11 月 18 日。
② 和晓强:《建国以来"国家安全观"的历史演进特征分析》,载《情报杂志》2020 年第 2 期,第 47 页。
③ 同上,第 49 页。

参与全球化的渴望,又有着鞭长莫及的恐惧,各国深刻认识到,在全球化和地区一体化并行不悖的时代,各国的繁荣只有在其所属地区的整体共同繁荣之中才能得到保障。基于此,地区合作向着一体化的方向转化,地区一体化愈发受到国家的重视,在各国的秩序目标上,国际秩序与地区秩序建设均体现出重要价值。① 中国作为亚洲地区主导性国家,对建设稳定的地区秩序与实现地区安全和繁荣责无旁贷。

亚洲当前面临的安全问题可谓错综复杂。从东北亚的朝核问题到中东的伊朗核问题和巴以冲突,从阿富汗的安全局势到中亚、西亚、南亚地区面临的恐怖主义威胁、跨国贩毒、跨国有组织犯罪,等等,都是十分棘手、牵一发而动全身的难解之题。亚洲国家各自所面临的安全威胁既有共通之处,也有特殊性。此外,受自身经济社会发展水平的制约,亚洲国家应对传统和非传统安全威胁的能力也存在巨大差异。而在应对安全挑战方面,除上海合作组织和东盟之外,亚洲缺乏全面对话的平台。与此同时,区域外大国等通过双边安全机制,频繁插手本地区事务,试图利用亚洲目前高度分散的局面来主导地区安全。这在一定程度上无疑使原本十分复杂的安全领域变得更加难以控制。②

面对区域内复杂的安全局势,中国身先士卒,率先提出"一带一路"倡议,通过帮助沿线欠发达地区实现经济发展和繁荣,带来区域的稳定和和平。③ 同时在提供区域公共产品,满足地区合作理念需求的同时,中国积极参与地区安全事务,在维护地区安全方面展示自身的领导力。在 2014 年 5 月 21 日举行的亚洲相互促进与信任措施会议第四次峰会上,习近平主席在讲话中倡导"共同、综合、合作、可持续"的亚洲安全观,倡导亚洲各国"努力走出一条共建、

---

① 门洪华:《中国与国际秩序:国家实力、国际目标与战略设计》,载《黄海学术论坛》2016 年第 1 辑,第 103 页。
② 人民论坛编:《大国治理:大智慧与大视野》,北京:北京联合出版公司,2015 年,第 331 页。
③ 何亚非、陈奕平主编:《暨南观天下:华人华侨与国际关系评论第 1 辑》,北京:中国经济出版社,2017 年,第 313 页。

共享、共赢的亚洲安全之路"。① 同年8月王毅出席在缅甸内比都举行的第21届东盟地区论坛(ASEAN Regional Forum, ARF)外长会议,进一步阐释了亚洲安全观这一全新理念。他指出在全球化深入发展的今天,要维护亚洲长治久安,需要与时俱进,树立21世纪安全理念。这一新安全观立足于亚洲国家结成命运共同体的历史潮流,顺应各方合作应对安全挑战的迫切需求,汇聚了各国智慧和共识,为亚洲安全合作开辟了新的广阔前景。王毅表示,亚洲安全观倡导协商对话,而不是武力威胁;开放包容,而不是互相排斥;合作共赢,而不是零和博弈。各方应深化安全对话,维护共同安全;加强非传统安全合作,推进综合安全;促进大国良性互动,突出合作安全;探索构建新安全架构,保障可持续安全。② 中国政府提出的亚洲安全观得到了域内各国的支持。如果说以"共同、综合、合作、可持续"为特征的新型亚洲安全观为域内各国提供共同的安全理念,那么参与亚信峰会、建立上海合作组织、开展湄公河联合执法、参与打击海盗、派遣维和部队等则是为区域安全治理提供机制、贡献能力③。中国政府可谓知行合一,从理念和行动上为维护亚洲安全、区域和平发展贡献自己的力量。

"共同、综合、合作、可持续"的新安全观,不仅适用于亚洲地区,同样也适用于整个世界,是新时代中国新安全观的集中体现。习近平在诸多国际场合多次倡导各国秉持"共同、综合、合作、可持续的安全观",为共建人类安全共同体提供了行动指南。2014年亚信上海峰会上,习近平首次提出并全面阐述了共同、综合、合作、可持续的安全观。2017年12月1日,习近平在中国共产党与世界政党高层对话会上的主旨讲话中指出,"面对日益复杂化、综合化的安

---

① 《习近平谈治国理政》,北京:外文出版社,2014年,第354页。
② 《王毅:践行亚洲安全观维护地区和平发展》,人民网,2014年8月11日,http://politics.people.com.cn/n/2014/0811/c70731-25438359.html。
③ 人民论坛编:《大国治理:大智慧与大视野》,北京:北京联合出版公司,2015年,第331页。

全威胁,单打独斗不行,迷信武力更不行。我们应该坚持共同、综合、合作、可持续的新安全观,营造公平正义、共建共享的安全格局。"2019年3月26日,习近平在中法全球治理论坛闭幕式上的讲话中指出,"我们要秉持共同、综合、合作、可持续的新安全观,摒弃冷战思维、零和博弈的旧思维,摒弃弱肉强食的丛林法则,以和合作谋和平、以合作促安全,坚持以和平方式解决争端,反对动辄使用武力或以武力相威胁,反对为一己之私挑起争端、激化矛盾,反对以邻为壑、损人利己,各国一起走和平发展道路,实现世界长久和平。"①在2022年11月15日二十国集团领导人第十七次峰会上,习近平再次强调,"全球发展离不开和平稳定的国际环境。为此,我提出全球安全倡议,目的是同大家一道,弘扬联合国宪章精神,本着安全不可分割原则,坚持共同、综合、合作、可持续的安全观,倡导通过谈判消弭冲突,通过协商化解争端,支持一切有利于和平解决危机的努力。"②

  中国的总体国家安全观,非常强调共同安全观(全球安全观)对解决全球性安全问题的重要作用。自十九大以来,中国高举构建人类命运共同体的旗帜,坚定捍卫多边主义和自由贸易,为充满不确定性的国际社会注入强大正能量。推动建设相互尊重、公平正义、合作共赢的新型国际关系,打破非友即敌、结盟或对抗的冷战思维,为引领国家间关系提供了新思想、新模式。中国树立共同、综合、合作、可持续的全球安全观,坚持通过对话谈判解决朝鲜半岛核问题,积极参与阿富汗、伊朗核、叙利亚、南苏丹、缅甸等问题解决进程,加强维和部队建设,同各国合力应对恐怖主义、网络安全、公共卫生、难民等非传统安全挑战,为推动解决地区热点和全球性安全问题发挥建设性作用。同时坚持共商、共建、共享,推动"一带一路"快速成长为开放包容的国家合作平台、各方普

---

① 习近平:《习近平著作选读(第二卷)》,北京:人民出版社,2023年,第252页。
② 习近平:《共迎时代挑战 共建美好未来——在二十国集团领导人第十七次峰会第一阶段会议上的讲话》,中国政府网,http://www.gov.cn/gongbao/content/2022/cotent-5729412.htm。

遍欢迎的全球公共产品,为促进世界共同发展、以可持续发展促进可持续安全提供了更多合作契机。中国倡导国际共同安全,以世界眼光积极引领全球安全治理体系变革方向。①

(三) 新型国际关系论

在新时代观、新安全观的指导下,就国际社会如何共同建设顺应历史潮流、推动人类和平发展的国家间关系,中国提出了"新型国际关系"这一崭新途径。不言而喻,由于大国在国际体系与国际关系中的重要地位,要建设新型国际关系,首先要建设"新型大国关系"。江泽民时期就提出了建立以"不结盟、不对抗、不针对第三方"为特色的新型大国关系;在2010年举行的第二轮中美战略经济对话中,时任国务委员戴秉国再次提出新型大国关系的概念,并呼吁中美双方"开辟一条发展以互信、互敬、双赢,以及和平共处为基础的新型大国关系"的新路;②2012年2月,习近平在出访美国时,倡议"努力建立二十一世纪的新型大国关系";③同年五月,在第四轮中美战略经济对话中,胡锦涛提出,尽管国际政治格局变化无常,中美双方应该"坚定推进合作伙伴关系建设,努力发展让两国人民放心、让各国人民安心的新型大国关系";④2013年习近平主席在莫斯科国际关系学院发表演讲指出,面对国际形势深刻变化和各国同舟共济的客观需求,各国应该推动建立以合作共赢为核心的新型国际关系;2014年11月,习近平主席在中央外事工作会议上指出:"我们要坚持合作共赢,推动建立以合作共赢为核心的新型国际关系,坚持互利共赢的开放战略,

---

① 陈文清:《牢固树立总体国家安全观在新时代国家安全工作中的指导地位》,载《求是》,2019年第8期,第21页。

② 戴秉国:《坚持走和平发展道路》,中国新闻网,2010年12月7日,http://www.chinanews.com/gn/2010/12-07/2704985.shtml。

③ 《如何理解习近平一再强调的中美新型大国关系?》,人民网,2015年5月19日,http://cpc.people.com.cn/xuexi/n/2015/0519/c385474-27021248.html。

④ 《推进互利共赢合作 发展新型大国关系》,人民网,2012年,http://politics.people.com.cn/GB/1024/17804148.html。

把合作共赢理念体现到政治、经济、安全、文化等对外合作的方方面面"①;在十九大报告第十二部分,习近平主席指出,"中国积极发展全球伙伴关系,扩大同各国的利益交汇点,推进大国协调合作,构建总体稳定、均衡发展的大国关系框架,按照亲诚惠容理念和与邻为善、以邻为伴周边外交方针深化同周边国家关系,秉持正确义利观和真实亲诚理念加强同发展中国家团结合作"。② 从新型大国关系到新型国际关系,其实质是由点向面的延展,倡导"平等""合作""互利"的基本内涵不但没有改变,反而逐步深入。新型国际关系的基础在于坚持和平发展,核心是合作共赢,实质是顺应历史发展的客观规律,充分尊重国际社会中每个行为体的内部与外部需求,以包容开放的姿态真诚面对相互之间的合作。

  从中国自身发展的角度看,推动建设新型国际关系,必须高举和平、发展与合作的旗帜,以更加开放的姿态走向世界,坚持和平发展道路,坚持与世界共赢共荣、共同发展,努力通过实现开放的发展、合作的发展、共同的发展来促进世界的和平、安全与发展。推动建设和谐世界,要求我们以世界大家庭重要一员的积极姿态,肩负起维护世界和平、促进共同繁荣的责任,以实际行动向世界表明,中国的发展并不谋求霸权,而是和平的发展;不是自私自利、损人利己或独善其身的发展,而是与世界各国互利、合作、开放、共赢的共同发展;不是破坏性的发展,而是建设性的发展。中国的发展必然会在国际上引发一些疑惑和不解,也难免会产生一些摩擦。这就需要我们以足够的耐心和智慧去解疑释惑,以取得共赢、多赢。其中的关键,在于必须努力寻求和积极拓展与世界各国的利益共同点。当今世界,特别是在全球性问题日益突出的情况下,

---

  ① 《习近平在中央外事工作会议发表重要讲话强调:高举和平、发展、合作、共赢旗帜》,载《人民日报》(海外版)2014年12月1日,第一版。
  ② 习近平:《决胜全面建成小康社会,夺取新时代中国特色社会主义伟大胜利——中国共产党第十九次全国代表大会上的报告》(2017年10月18日),北京:人民出版社,2017年,第59-60页。

各国间的共同利益不仅客观存在,而且往往大于分歧。我们要努力通过交流对话和互利合作,实现各国共谋、共享世界和平、安全和发展。为此,在政治上,要致力于同世界各国相互尊重、和谐共处,在国际事务中坚持国际法准则,坚持和平共处、和平解决争端,不以武力相威胁,不干涉别国内政,谋求国际重大问题的妥善解决,改善国际关系,缓和国际紧张局势,促进世界和平。在经济上,要致力于深化合作、互利共赢,兼顾自身利益和别国利益,既要坚定不移地争取和维护我国的正当权益,又要妥善处理同其他国家的利益关系,顾及别国特别是发展中国家的利益和关切,加强互利合作和共同开发,促进自身发展和共同发展。在文化上,要致力于加强交流、取长补短,提倡包容精神,主张不同文明求同存异,鼓励文明对话,以化解不同文明之间的误解和冲突。在安全上,要致力于加深互信、增强合作,坚持多边主义和共同安全,强调以集体安全机制来防范冲突和战争,任何国家都不能只考虑自己的安全利益而不顾他国的安全利益。

从人类共同发展的角度看,推动构建相互尊重、公平正义、合作共赢的新型国际关系是在对当今时代主题以及历史发展大势准确判断基础上提出的,为国际社会应对全球治理的诸多挑战,促进人类和平持续发展提供了中国智慧与中国方案。中国不仅是新型国际关系的首倡者,也是重要实践者,更是构建方案的提供者。而推动构建新型国际关系与推动构建人类命运共同体密不可分。十九大报告明确提出中国特色大国外交要推动构建新型国际关系,推动构建人类命运共同体。建立新型国际关系,就是要以共赢取代独占。共赢是构建新型国际关系的目标。2013年9月,习近平在20国集团领导人峰会第一阶段会议上关于世界经济形势的发言中强调:"各国要树立命运共同体意识,真正认清'一荣俱荣、一损俱损'的连带效应,在竞争中合作,在合作中共赢。在追求本国利益时兼顾别国利益,在寻求自身发展时兼顾别国发展。"①

构建新型国际关系的新理念,超越了零和博弈、冷战思维等旧观念,主张在国际关系中尊重各国自主选择的社会制度和发展道路,坚持正确义利观,在维护自身利益的同时兼顾各方利益,在谋求自身发展的同时促进共同发展,致力于实现双赢、多赢、共赢。新型国际关系论符合各国人民的共同愿望,有助于推动国际秩序朝着更加公平合理的方向发展。②

第三节 改革开放以来中国国际秩序观念的演进

"秩序"一词,在英文的习惯表达中对应了"order"一词。在《牛津高阶英汉双解字典(第七版)》中,当"order"作为名词表示秩序的含义时,字典的解释是"当人们尊重法律、规则或者权威时的状态"。③ 沈大伟(David Shambaugh)在描述区域秩序的时候采用了如下表述:"多种多样的特性构成了多层次的体系结构,并且当将这些纳入一体,不同的元素则构成了区域性秩序"。④ 根据这种定义,国际秩序是以国家行为体为主的单位基于自身政治经济实力的考量,基于某种特定的规则、规范、原则而形成的行为体之间的客观联系与交往方式。国际秩序观则是行为体(国家、国家集团或者国际组织)对于这种秩序

---

① 《习近平谈治国理智》,北京:外文出版社,2014年,第336页。
② 陈积敏:《人类命运共同体视阈下构建新型国际关系论析》,载《内蒙古师范大学学报(社会科学版)》2018年第5期,第12-13页。
③ 英文解释为"the state that exists when people obey laws, rules or authority"。
④ David Shambaugh, "International Relations in Asia: A Two-level Game," in Shambaugh, David, and Michael Yahuda, eds. *International Relations of Asia*, Rowman & Littlefield, 2014, p.9. 摘录的英文原文为"multiple properties constituted a multilayered architecture and when taken together, separate elements constitute a regional order"。

的主观认识以及建立自身认为是理想秩序的设想的综合。①

简而言之,国际秩序主要是指作为互相独立行为体的国家之间相互作用产生的一系列规范和原则,一定程度上反映了行为体单元在国际体系中的位置,是维持国际政治格局基本形态的主要机制。② 主体或行为体对于当下现行国际秩序的认知及其对于国际秩序的主观偏好与价值选择则形成了对于国际秩序的观念认知与价值取向,也就是通常所说的国际秩序观。③ 一个体系外的国家的异质身份与秩序观念决定了它更倾向于推翻或重塑国际体系,其基本方式是对抗、斗争乃至革命;一个体系内的成员与它所处的社会共同享有基本的价值体系与利益体系,同质性大大超过异质性,所以是国际体系与国际秩序的维护者,其更进一步的诉求是推动国际秩序朝着更加公正合理的方向发展,其基本方式是合作和改革。④

学界普遍认为,现行国际秩序源于战后国际秩序,目前正处于转型之中。虽然战后国际秩序尤其是以联合国体制和《联合国宪章》为核心的最初设计一定程度上反映了各国对主权平等、集体安全、大国协调等重大原则的普遍期待和认同,但在西方强权政治和垄断资本共同作用下,战后国际秩序的许多原则在实践中被架空或遭到破坏,从而导致现行国际秩序出现了诸多弊端。⑤

与此同时,国家的身份与国际秩序观念也是在实践过程中不断发展变化的。面对着不断变幻的内部以及外部形势以及基于自身的具体外交实践,中

---

① 关于秩序的定义,除国际秩序之外,还有世界秩序(world order),全球秩序(global order)的概念,本章不做过多讨论。有关这组概念的详细的联系与区别的分析,请参见 Stanley Hoffman, *Primacy or World Order* 以及 Hedley Bull, *The Anarchical Society: A Study of Order in World Politics*。

② 有关国际秩序、国际格局的区别与联系,请参见陈岳:《国际政治学概论(第三版)》,北京:中国人民大学出版社,2009年,第73页。

③ 董贺、袁正清:《中国国际秩序观:形成与内核》,载《教学与研究》2016年第六期,第45页。

④ 秦亚青:《关于构建中国特色外交理论的若干思考》,载《外交评论》2008年总第101期,第15—16页。

⑤ 姚遥:《中国的新国际秩序观与战后国际秩序》,载《国际问题研究》2020年第5期,第7—10页。

国的国家身份与国际秩序观也在不断地与时俱进,逐步发展。1978年中共十一届三中全会之后,以邓小平为核心的第二代中央领导集体带领中国人民进入了改革开放的新时期,中国的国际秩序观也因中心任务的改变而发生很大变化。① 经过改革开放40余年的发展,随着中国自身政治经济方面综合实力的不断提高,中国的国际秩序观在坚持和平发展内核的同时,根据自身发展需要及世界形势的变化不断调整,从主张建立世界新秩序,到推动国际秩序朝着更加公正合理的方向发展,乃至作为现行国际秩序改革的积极倡导者,先后提出"和谐世界"和"人类命运共同体"等世界秩序重构的"中国方案"。总体上,中国的国际秩序观在实践中不断进行调适。中国在尊重联合国体制和以《联合国宪章》为核心的战后国际秩序规则与规范的同时,正以闪耀着中国智慧的新型大国外交理念积极参与全球治理体系与国际秩序的变革之中。

一、基于和平共处原则的国际新秩序

和平共处五项原则是中国处理国际关系的基本准则。和平共处五项原则诞生于第二次世界大战后亚非拉蓬勃发展的非殖民化运动中,由中国率先提出,并得到印度、缅甸等国的响应,成为亚洲乃至世界其他国家处理国际关系的主要原则,是与《联合国宪章》并行不悖的国际关系指导性原则和准则。②

和平共处五项原则是指互相尊重主权和领土完整,互不侵犯,互不干涉内政,平等互利,和平共处。提出伊始,和平共处五项原则便成为中国倡导建立国际政治经济新秩序的指导原则,直至今日仍是中国国际秩序观念的重要内容。"和平共处"始终贯穿中国对外交往的理念与实践之中。

20世纪80年代末,经过十年的改革开放,中国国内经济发展取得显著成

---

① 叶自成、蒋立群:《新中国国际秩序观的变迁》,载《党的文献》2011年第6期,第74页。
② 苏长和:《和平共处五项原则与中国国际法理论体系的思索》,载《世界政治》2014年第6期,第4页。

果。为了改变在国际体系中的不利地位,为自身发展争取更好的外部环境,中国领导人以发展的理念,从发展中国家的视角出发,主张建立国际新秩序。1988年9月22日,邓小平在会见斯里兰卡总统普雷马达萨时,提出需要建立国际政治新秩序。同年底,他在会见日本国际贸易促进会访华团时又进一步指出,应该提出一个建立国际政治新秩序的理论,以使它能同国际经济新秩序相适应。在当时国际形势发生剧烈变化的大环境下,邓小平同志以一个战略家的眼光和气魄,多次提出建立国际政治经济新秩序的倡议。他说:"世界上现在有两件事情要同时做,一个是建立国际政治新秩序,一个是建立国际经济新秩序。"①鉴于当时的国际形势,中国推动建立国际政治经济新秩序,主要是强调西方强权主导国际经济秩序和掌握国际秩序话语权的不平等性质,争取国际舆论力量的同情和支持;进而把握战略主动权,团结和争取更多国际合作的力量,推动国际环境向着有利于自身的方向发展。②故而,不同于建国初期对立、斗争的外交思想和实践,基于"和平与发展"的新时代观,邓小平认为应该在和平共处五项原则的基础上,建立平等、稳定、公正、合理的国际政治经济新秩序。他说:"我们应当用和平共处五项原则作为指导国际关系的准则。我们向国际社会推荐这些原则来指导国际关系。"③这种国际秩序观的转向与进步同样体现在和平共处五项原则的内涵变化之中。这一时期倡导的和平共处五项原则与改革开放前的和平共处五项原则,在字面上没有任何变化,但在内涵上略有不同。前一时期的和平共处五项原则,受到国际主义、反对帝国主义、反对修正主义和支持世界人民革命斗争观念的影响。改革开放后则不以意识形态划线,真正同所有国家都做到平等交往。④改革开放后中国强调以

---

① 《邓小平文选》第3卷,北京:人民出版社,1993年,第282页。
② 门洪华:《中国与国际秩序:国家实力、国际目标与战略设计》,载《黄海学术论坛》,2016年第1辑,第119页。
③ 《邓小平文选》第3卷,第283页。
④ 叶自成、蒋立群:《新中国国际秩序观的变迁》,载《党的文献》2011年第6期,第75页。

和平共处五项原则为基础建立国际政治经济新秩序,一定程度上体现了中国的发展需求以及主张改良国际秩序的强烈意愿,同时这种意愿还建立在新的时代观念的基础之上,故而更加积极也更加灵活。

作为中国外交工作的指导原则,和平共处五项原则成为中国与一百多个国家建交文件中不可或缺的内容,也成为国际社会处理国与国关系公认的准则。四个"互"字,一个"共"字集中体现了国际法中主权、正义、民主、法治的价值观。2014年6月,在和平共处五项原则发表60周年纪念大会上,习近平在讲话中指出,"和平共处五项原则已经成为国际关系基本准则和国际法基本原则。和平共处五项原则精辟体现了新型国际关系的本质特征,是一个相互联系、相辅相成、不可分割的统一体,适用于各种社会制度、发展水平、体量规模国家之间的关系。"①就各种社会制度、发展水平、体量规模而言,指的是中国在国际交往中,无关是与大国还是小国、富裕还是贫穷、姓资还是姓共,只认国际关系的基本准则和国际法。在2018年博鳌亚洲论坛上,习近平又一次谈到了和平共处五项原则和国际秩序问题,他强调,"我们要相互尊重、平等相待,坚持和平共处五项原则,尊重各国自主选择的社会制度和发展道路,尊重彼此核心利益和重大关切,……我们要对话协商、共担责任,秉持共同、综合、合作、可持续的安全理念,坚定维护以联合国宪章宗旨和原则为核心的国际秩序和国际体系。"②时至今日,和平共处五项原则仍是中国对外交往的理论基础,并不断焕发新的活力,为中国参与国际治理、国际秩序变革奠基与赋能。

二、建立"和平稳定、公正合理"的国际新秩序

进入21世纪前后,伴随中国改革开放的深入发展和国际形势的变化,中

---

① 习近平:《弘扬和平共处五项原则 建设合作共赢美好世界——在和平共处五项原则发表60周年纪念大会上的讲话》,北京:人民出版社,2014年,第5页。
② 《习近平在博鳌亚洲论坛2018年年会开幕式上的主旨演讲》,人民网,2018年4月10日,http://cpc.people.com.cn/n1/2018/0410/c64094-29917187.html。

国政府为了争取自身发展的良好环境,维护和平稳定的国际秩序,以建立国际新秩序作为外交工作的核心任务,提出了建立"和平稳定、公正合理"的国际新秩序的外交理念。

总的来看,这一新的国际秩序观因应了迅速发展的国内外形势。从国际形势看,世界格局处于向多极化发展的重要时期。冷战结束后一段时期国际战略力量对比严重失衡的局面有所改变,维护和平、制约战争、牵制霸权的因素不断增长。大国之间既相互牵制和竞争,又相互协调、彼此借重和务实合作。一些发展中大国加速兴起,区域集团实力增强,发展中国家整体力量上升。经济全球化趋势深入发展,科技发展突飞猛进,国际分工体系深刻变动,全球和区域经济合作生机勃勃,国家间相互依存的利益关系逐步加深。传统安全领域的对话不断增多,非传统安全领域的合作深入发展。各国更加重视通过国际协调合作和多边机制解决发展和安全问题。联合国在国际事务中的地位和作用也得到了维护和加强。对此,中国按照"大国是关键、周边是首要、发展中国家是基础、多边外交是舞台"的外交总体布局,积极开展全方位外交,成效显著。中国同各主要大国都建立了不同形式的战略合作关系,不断加强大国之间的协调、沟通与友好合作,推动了大国关系的健康稳定发展。

但另一方面,国际社会面临的安全威胁日趋综合化、多样化和复杂化,天下仍不太平。世界正处于大变动、大调整时期,综合国力竞争日趋激烈,争夺战略资源、战略要地和战略主导权的斗争加剧。国际政治、经济、安全矛盾以及地缘、民族和宗教等矛盾错综复杂,霸权主义和强权政治仍是影响国际安全的重要因素,局部战乱时起时伏,一些地区热点问题短期内难以消解。经济全球化的影响从经济领域向政治、安全和社会领域扩展,世界经济发展不平衡,南北差距继续扩大,能源资源、金融、信息和运输通道等方面的安全问题上升。国际恐怖势力依然猖獗,重大恐怖事件不断发生。自然灾害、严重疫病、环境恶化、国际犯罪等跨国性问题危害越来越大。传统安全威胁与非传统安全威胁相互交织,影响和平与发展的不稳定、不确定因素增多。可以说,20世纪末以来中国所面临的发展问题更加突出,安全问题更加复杂;传统安全威胁依然严峻,非传统安全威胁不断增加;周边传统热点问题仍未解决,不稳定不确定因素增多;国家利益不断拓展,面临的风险随之增多;维护国家安全统一的斗争更加复杂,维护社会大局稳定的任务十分艰巨。

在机遇与挑战并存的历史时期,建立"和平稳定、公正合理"的国际新秩序成为中国对外政策及理念的重要方面。1992年,江泽民在十四大报告中正式将建立国际新秩序确立为中国对外政策的重要内容,而且对国际新秩序的内涵做了系统阐述:"根据历史经验和现实状况,我们主张在互相尊重主权和领土完整、互不侵犯、互不干涉内政、平等互利、和平共处等原则的基础上,建立和平、稳定、公正、合理的国际新秩序。这一新秩序包括建立平等互利的国际经济新秩序。"十五大和十六大报告都专门用一段来阐述建立国际新秩序问题。

综合来看,这一时期中国所倡导的国际新秩序,在经济层面就是改革现行的由西方主导的国际经济秩序。在政治层面的核心内容有两个:一是反对霸权主义和强权政治;二是以和平共处五项原则为基础构建国际新秩序。这个国际新秩序主张的基本精神与《联合国宪章》的宗旨是相一致而不是相违背的。如果结合冷战结束以来中国对联合国的政策,则可以看出,中国要建立的新秩序,并不是要抛开联合国秩序"另起炉灶"。中国明确提出:中国重视联合国的作用,并且要积极参与联合国事务,支持联合国在维护世界和平等国际事务中发挥积极作用。简言之,中国要建立的国际政治新秩序就是在弱化西方强权秩序的同时强化联合国秩序。[1]

---

[1] 刘建飞:《中国追求什么样的国际秩序》,载《环球时报》2016年4月1日,https://opinion.huanqiu.com/article/9CaKrnJUTRB。

三、建设"持久和平、共同繁荣"的和谐世界

随着中国不断融入国际体系,并获得巨大的经济成功,国际地位不断提升,中国对国际秩序的表述开始发生改变,逐渐淡化建立国际新秩序的表述方式。从党的十七大报告开始,相关表述已调整为"推动国际秩序朝着更加公正合理的方向发展"。进入新时代,中国"前所未有地靠近世界舞台中心,前所未有地接近实现中华民族伟大复兴的目标,前所未有地具有实现这个目标的能力和信心",国际社会对中国"强起来"的走向十分关注。中国政府和领导人在谈及国际秩序时,更加强调自身作为"维护者、建设者、贡献者"的角色定位,表示愿与各国一道,推动国际秩序朝着更加公正合理的方向发展。① 同时,对于如何推动国际秩序变革这一重大问题,中国以自身对世界发展目标的理解,提出了超越西方国际秩序理论的崭新理念。

面对大调整、大变革的世界形势,21世纪初,中国提出了和谐世界的理念,明确了与各国人民携手努力,推动建立持久和平、共同繁荣的和谐世界的长远目标。2005年9月,在联合国成立60周年首脑会议上,胡锦涛主席发表了题为《努力建设持久和平、共同繁荣的和谐世界》的讲话,全面阐述了构建"和谐世界"国际秩序的新构想,"在机遇和挑战并存的重要历史时期,只有世界所有国家紧密团结起来,共同把握机遇、应对挑战,才能为人类社会发展创造光明的未来,才能真正建设一个持久和平、共同繁荣的和谐世界"。② 从追求目标上看,"和谐世界"的国际秩序观有三方面关注:一是共同安全,二是共同发展,三是和谐相处。从行为观念看,"和谐世界"国际秩序观蕴含了三种建

---

① 石斌:《新时代中国国际秩序观:认知、政策取向与实现路径》,载《国际问题研究》2021年第2期,第25—26页。
② 胡锦涛:《努力建设持久和平、共同繁荣的和谐世界》,载《光明日报》2005年9月16日,https://www.gmw.cn/01gmrb/2005-09/16/content_305533.htm。

设世界秩序的新理念：一是新安全观,二是互利合作观,三是文明包容观。

"和谐世界"国际秩序观的提出,是国际秩序理论发展中的一次重大理论创新：提出了一种有别于西方国际秩序的新范式。与西方国际秩序范式立足于单一理论范畴、将目光局限于某一领域的做法不同,"和谐世界"范式由安全、发展与和谐三个关键概念组成,它关注三个层次不断递进的目标。其内在逻辑关系是：通过共同安全实现持久和平稳定,创设国际秩序有序运行的基本条件；通过共同发展和共同繁荣既满足世界各国发展的利益需求,又促进全球安全威胁根源的消除,为国际秩序的有序运行提供保障；通过开放包容实现不同文明和谐相处、共同进步,实现国际秩序的公正与合理。①

"和谐世界"的国际秩序观,体现了中国政府内外兼修的发展理念,代表了广大发展中国家立足和谐、稳定的国际社会,谋求自身发展的强烈诉求与美好愿望。建设和谐世界,使和谐世界从理念变为现实,是一个长期的内政外交互动的历史过程,需要内外兼修,互相促进。要推动和谐世界的建设,关键是把国家内部的和谐社会建设好,同时通过推动世界的和平发展来促进国内社会的和谐发展、和平发展。和谐是国际关系和国际社会的理想状态。和谐世界的实现取决于和平与进步力量的发展,取决于国际力量的对比,取决于世界各国的普遍发展,取决于国际关系民主化的最终实现,需要世界各国长期的共同努力。就中国而言,推动建设和谐世界,是为了维护本国的国家利益和安全,从而为中国的改革开放和现代化建设创造良好的外部环境与条件；是要通过自身的发展,为世界的和平与发展做出贡献。中国的长足稳定发展为推动建设和谐世界提供了充分的说服力和号召力,中国以自身的经济能力和文化感召力推动和谐世界的进一步实现。

---

① 参见王公龙:《"和谐世界":国际秩序的新构想、新范式》,载《现代国际关系》2007年第3期,第56-60页。

"和谐世界"理念和目标的提出,从根本上回应了国际社会对中国今后社会走向的疑问,回击了形形色色的"中国威胁论",回答了人类希望有一个什么样的世界,以及怎么样去构筑这样的世界等中国和国际社会所共同面对的重大命题。构建和谐世界是针对不和谐的世界发出的真诚而正当的呼声,是构建社会主义和谐社会在国际上的延伸,是中国传统文化精髓"和合"思想基础上中国外交的价值回归,是中国和平国际主义的再一次宣示,是对"新安全观"的继承与发展,是崛起的中国重塑国际新秩序的世界责任。构建和谐世界的倡导和理念在求和平、谋发展的国际社会得到了广泛响应,在树立新兴大国形象、提升中国国际影响力、推动国际政治民主化等各个方面,起到观念建构与行为影响的双重作用。

四、"命运共同体"与"和谐共生"的全球秩序观

随着时代观与安全观的不断发展进步,中国对全球秩序未来走向的思考更加深邃广博,不再局限于国家层面,而是将目光扩展到宏观、中观乃至微观的各个层面,以人类共同拥有的家园地球为基点辐射全人类的共同命运。习近平就任党的总书记后首次会见外国人士时就表示,国际社会日益成为一个你中有我、我中有你的"命运共同体",面对世界经济的复杂形势和全球性问题,任何国家都不可能独善其身。"命运共同体"是中国政府吸收中华优秀传统文化与马克思主义共同体思想,继承发展新中国外交思想,并借鉴全球治理等理念的基础上产生的[①],是党和国家领导人反复强调的关于人类社会的新理念。

当前国际形势基本特点是世界多极化、经济全球化、文化多元化和社会信

---

① 吴智成、吴宇:《人类命运共同体思想论析》,载《世界经济与政治》2018年第3期,第11-18页。

息化。粮食安全、资源短缺、气候变化、网络攻击、人口爆炸、环境污染、疾病流行、跨国犯罪等全球非传统安全问题层出不穷,对国际秩序和人类生存都构成了严峻挑战。不论人们身处何国、信仰何如、是否愿意,实际上已经处在一个命运共同体中。与此同时,一种以应对人类共同挑战为目的的全球价值观已开始形成,并逐步获得国际共识。"人类命运共同体"这一全球价值观包含相互依存的国际权力观、共同利益观、可持续发展观和全球治理观,为当今全球治理形势日益严峻的国际社会注入一股正能量。

2017年10月18日,习近平在党的十九大报告中提出,坚持和平发展道路,推动构建人类命运共同体。十九大报告共十三部分,其中第十二部分以"坚持和平发展道路,推动构建人类命运共同体"为标题,专门谈构建人类命运共同体,系统阐述了人类命运共同体思想丰富而深刻的内涵及其时代价值。[①]习近平指出,没有哪个国家能够独自应对人类面临的各种挑战,也没有哪个国家能够退回到自我封闭的孤岛。为此习近平呼吁各国人民同心协力,构建人类命运共同体,建设持久和平、普遍安全、共同繁荣、开放包容、清洁美丽的世界。要相互尊重、平等协商,坚决摒弃冷战思维和强权政治,走对话而不对抗、结伴而不结盟的国与国交往新路。要坚持以对话解决争端、以协商化解分歧,统筹应对传统和非传统安全威胁,反对一切形式的恐怖主义。要同舟共济,促进贸易和投资自由化便利化,推动经济全球化朝着更加"开放、包容、普惠、平衡、共赢"的方向发展。要尊重世界文明多样性,以文明交流超越文明隔阂、文明互鉴超越文明冲突、文明共存超越文明优越。要坚持环境友好,合作应对气候变化,保护好人类赖以生存的地球家园。[②]

[①] 习近平:《决胜全面建成小康社会,夺取新时代中国特色社会主义伟大胜利——中国共产党第十九次全国代表大会上的报告》(2017年10月18日),北京:人民出版社,2017年。

[②] 《习近平提出,坚持和平发展道路,推动构建人类命运共同体》,新华网2017年10月18日,http://www.xinhuanet.com/politics/2017-10/18/c_1121821003.htm。

简言之,建立"人类命运共同体"就是要建立"持久和平、普遍安全、共同繁荣、开放包容、清洁美丽的世界",对此,需要把握五个关键词。

第一个关键词是持久和平。习近平指出,和平犹如空气和阳光,受益而不觉,失之则难存。没有和平,发展就无从谈起。构建持久和平,世界各国都应该坚决摒弃冷战思维和强权政治,以对话解决争端、以协商化解分歧,做和平的维护者和促进者。

第二个关键词是普遍安全。世上没有绝对安全的世外桃源,一国的安全不能建立在别国的动荡之上,他国的威胁也可能成为本国的挑战。"单则易折,众则难摧。"单打独斗搞"独自强大"或者"自扫门前雪"不行;迷信武力损害他人的安全福祉,走殖民主义、霸权主义、结盟对抗的老路更不行。各国应该走合作安全、集体安全、共同安全的新路,着力实现共同(所有的人、所有的国家)、综合(涉及政治、经济、军事、外交、环境、文化等各个领域)、合作、可持续安全。

第三个关键词是共同繁荣。"一花独放不是春,百花齐放春满园。"世界各国在考虑自身利益、做好自己的事的同时,不能损害其他国家利益,必须同舟共济,努力加强政策协调(比如宏观经济政策、财税政策、货币政策、汇率政策等方面的政策协调),减少负面外溢效应,让世界各国实现联动增长,在普惠中追求共赢。

第四个关键词是开放包容。世界各国虽然国情不同、发展阶段不同、面临的现实挑战不同,但推动经济增长的愿望相同,应对危机挑战的利益相同,实现共同发展的憧憬相同。在经济全球化出现波折,保护主义、内顾倾向抬头的时候,多边贸易体制受到冲击。保护主义政策如饮鸩止渴只会是损人不利己。世界各国应该坚决避免以邻为壑,维护世界贸易组织规则,支持开放、透明、包容、非歧视性的多边贸易体制,坚定做开放型世界经济的倡导者和推动者。

第五个关键词是清洁美丽。要坚持环境友好,推动经济、社会、环境协调发展,保护好生态环境,构筑尊崇自然、绿色发展的生态体系,实现人与自然、人与社会的和谐。要落实联合国《2030年可持续发展议程》,合作应对气候变化,保护好人类赖以生存的地球家园。这五个关键词的要旨在于要解决我们这个星球面对的各种全球性挑战与共生性问题,必须建立起崇尚世界大同、人类一家的共同世界,"人类命运共同体"则是关乎人类共同福祉的理念基础。中国政府新时代的全球秩序观,正是建立在以追求持久和平、普遍安全、共同繁荣、开放包容、清洁美丽的"人类命运共同体"的伟大愿景之上,融入了以"平等""互利""和平""发展"这几个关键词为核心的中国特色的时代观与安全观。

"人类命运共同体"理念的提出具有划时代的重要意义。党的十九大在修改《中国共产党章程》时,写入了"推动构建人类命运共同体",使之成为新时代坚持和发展中国特色社会主义的基本方略之一。2018年3月11日,十三届全国人大第一次会议第三次全体会议通过了《中华人民共和国宪法修正案》。宪法序言第12自然段中"发展同各国的外交关系和经济、文化的交流"修改为"发展同各国的外交关系和经济、文化交流,推动构建人类命运共同体"。由此可见,构建人类命运共同体已成为中国的国家意志。这一外交理念既体现了中国共产党人世界观的与时俱进,也反映了中国人民对世界和平与发展的美好追求;既是对五千多年中华优秀传统文化的弘扬创新,也是对新中国70余年外交优良传统的继承发展;既彰显了中国外交的大国担当,也表达了中国勇于在国际事务中占领道德制高点的美好愿望。[①] 同时自习近平提出构建"人类命运共同体"的重要倡议以来,得到国际社会广泛支持。2017年3月,"构建人类命运共同体"首次载入联合国安理会的决议。在2018年的达沃斯论坛上,习近平主席的这一理念得到了来自全球的各国领导人的交口称赞。[②] 以

---

① 江时学:《外交理念的重要意义不亚于国际关系理论》,载《中国社会科学》2018年8月3日,第6版。
② [斯里兰卡]基尼斯·德斯尔瓦:《人类命运共同体》,载《友声》2019年第2期,第19页。

人类命运共同体理念为引领,中国积极同世界各国展开合作,形成共建"一带一路"合力,实现理论与实践的有机结合和相互促进。"人类命运共同体"被相继写入中非合作论坛北京峰会、上合组织青岛峰会、中阿合作论坛部长级会议以及诸多双多边多层交往的成果文件中,汇聚起各方共建人类命运共同体的磅礴之力。①

构建"人类命运共同体"外交理念与和谐共生国际秩序观相辅相成、互为支撑,指导与形塑中国政府外交实践,并在实践中展示其先进性与普适性。在"人类命运共同体"理念的指引下,中国特色大国外交、"真实亲诚"的对非政策理念、"亲诚惠容"的周边外交理念和亚洲安全观等一系列外交新理念陆续提出,这些理念伴随着中国外交实践而不断丰富,日益被世界和国际社会所理解、接受和认同,并逐渐由中国话语转变为世界话语。② 在"人类命运共同体"理念的指导下,中国双边外交关系取得一系列新成绩。当前,中国已经和老挝、柬埔寨、巴基斯坦、缅甸四个周边国家分别建立起双边命运共同体关系,这四对双边命运共同体关系是中国伙伴关系外交的新升级。③ 经过实证检验分析,人类命运共同体理念对近年来中国推动建立以合作共赢为核心的新型国际关系、构建全球伙伴关系网络发挥了积极作用。在人类命运共同体理念的指引下,中国通过外交访问活动推动全方位、多层次的双边外交以及经济发展合作关系,既促进了国际伙伴网络中的行为体为实现共同利益开展合作,发掘中国与他国潜在的共同利益,又能保证双方在国际事务中坚持独立自主的外

---

① 《王毅:在 2018 年国际形势与中国外交研讨会开幕式上的演讲》,中国网新闻中心 2018 年 12 月 11 日,http://http://news.china.com.cn/world/2018-12/11/content_74263453.htm。
② 孙吉胜:《中国国际话语权的塑造与提升路径——以党的十八大以来的中国外交实践为例》,载《世界经济与政治》2019 年第 3 期,第 38 页。
③ 杜哲元:《从战略合作伙伴到双边命运共同体——论中国伙伴关系外交的新升级》,载《太平洋学报》2021 年第 3 期,第 37 页。

交方针,弥合与他国的利益分歧。① 在指导双边外交取得一系列突破的基础上,"人类命运共同体"理念不仅全面系统地回答了当今世界要构建什么样的国际关系、国际秩序和国际体系以及如何构建的问题,还为探索如何完善全球治理结构、推动国际关系民主化和国际治理体系现代化、使国际秩序和国际体系朝着更加公正合理的方向发展提供了指导。② "人类共同体"理念,适应了当前国际秩序变革的迫切要求,代表了国际社会未来发展方向,是综合中国传统优秀文化、马克思主义共同体观念与中国各时期外交思想的集大成之作,为中国参与国际秩序变革与国际社会治理厘清了道路、指明了方向、画定了轨道。中国必将以"人类命运共同体"构建为和谐共生共赢世界的建设贡献积极的力量。

罗马并非一日建成,观念的形成更非如此。现代中国的"世界观"及其与客观国际现实相交互后产生的国际观,经历了四十余年的发展,一脉相承而又不断创新,中国政府在冷静分析世界经济政治发展大趋势之余,通过不断的实践与反思,逐渐形成了当今中国的国际秩序观。

1970年代末,改革开放之初,时任中国领导人邓小平结合当时的国际形势,冷静分析,高瞻远瞩,认为和平和发展将会是时代的两大主题。在联合国第六届特别会议上,邓小平肯定了"三个世界"的理论划分,并抨击了苏美建立的以霸权主义为基础的国际秩序,认为国家之间的政治和经济关系都应当建立在和平共处五项原则的基础之上。在这一时期,冷战的两极格局仍然存在,中国作为刚刚开始经济改革的发展中国家,在苏美霸权影响下的国际秩序之中,开始发出自己的声音。随着90年代的到来,东欧剧变,苏联解体,国际政

---

① 张中元:《人类命运共同体理念对双边外交关系的影响》,载《世界经济与政治》2021年第12期,第26页。
② 张中元:《人类命运共同体理念对双边外交关系的影响》,载《世界经济与政治》2021年第12期,第53页。

治格局开始向多极化飞速发展。1997年4月23日,江泽民在出访俄罗斯的演讲中指出,"世界正在走向多极化,这是当今国际形势的一个突出特点。无论是在全球还是在地区范围,无论是在政治还是在经济领域,多极化趋势都在加速发展。极少数大国或大国集团垄断世界事务、支配其他国家命运的时代,已一去不复返了……必须建立公正合理的国际政治经济新秩序……中国对内一心一意致力于社会主义现代化建设,对外坚持奉行独立自主的和平外交政策,我们内外政策的根本原则决不会改变。我们将一如既往地为维护地区与世界和平作出不懈的努力";[①]2002年4月,江泽民在出访德国时发表的演讲中指出:"积极推动建立公正合理的国际政治经济新秩序。各国政府和人民应该在以下方面共同作出努力:积极推动世界走向多极化,尊重各国和各国人民的意愿和利益"。[②] 2005年,时任中国国家主席胡锦涛提出的"和谐世界"的构想,明确了与各国人民携手努力,推动建立持久和平、共同繁荣的和谐世界的长远目标,同时也为全球国际政治伦理与国际秩序的建立提供了指导原则。

从建立和平稳定、公正合理的国际新秩序,到建立持久和平、共同繁荣的和谐世界的国际秩序观的演进,一方面反映了中国领导层对于国际局势变化动向的良好把握,更反映了随着自身政治、经济实力的增长,中国在国际秩序的构建中的话语更加具有分量。十八大以来,以习近平同志为核心的党中央进一步提出了构建"人类命运共同体"这一具有划时代意义的重要理念,"推动构建人类命运共同体"成为新时代坚持和发展中国特色社会主义的基本方略之一。

从"和平发展""国际新秩序"到"和谐世界",再到"人类命运共同体",全球

[①] 《江泽民:为建立公正合理的国际新秩序而共同努力》,1997年4月23日,http://www.china.com.cn/guoqing/2012-09/10/content_26748240.htm。

[②] 《江泽民思想年编(1989—2008)》,北京:人民出版社,2010年。

秩序观的演变既一脉相承，又结合时代特征有所创新。中国政府在坚持"互信、互利、平等、协作"的新时代观以及"和平、发展、合作、共赢"的国际安全观的基础之上，将发展问题与安全问题相结合，统筹发展和安全，增强忧患意识，做到居安思危，这也是我们党治国理政的一个重大原则。安全和发展是一体之两翼、驱动之两轮。安全是发展的保障，发展是安全的目的。国家安全是安邦定国的重要基础，维护国家安全是全国各族人民根本利益所在，国泰民安是人民群众最基本、最普遍的愿望。综合分析国际国内形势，我国面临对外维护国家主权、安全和发展利益，对内维护政治安全和社会稳定的双重压力，安全和发展环境更趋复杂多变，各种可以预见和难以预见的风险因素明显增多，国家安全内涵和外延比历史上任何时候都要丰富，时空领域比历史上任何时候都要宽广，内外因素比历史上任何时候都要复杂，维护国家安全和社会稳定任务更加繁重艰巨。在习近平总书记的领导之下，我们党要巩固执政地位，要团结带领人民坚持和发展中国特色社会主义，就要积极实践总体国家安全观，坚持国家利益至上，以人民安全为宗旨，以政治安全为根本，统筹外部安全和内部安全、国土安全和国民安全、传统安全和非传统安全、自身安全和共同安全，完善国家安全制度体系，加强国家安全能力建设，坚决维护国家主权、安全、发展利益。

第三章
中国参与塑造全球秩序的战略选择

（王守都　官欣欣）

党的十九大报告指出，中国秉持共商共建共享的全球治理观，将继续发挥负责任大国作用，积极参与全球治理体系改革和建设，不断贡献中国智慧和力量。进入新时代，中国对世界经济的贡献开始由量增到质变，对全球治理的贡献将由硬实力向软实力转变，包括引领全球治理的理论创新、制度创新和实践创新。同时，中国将进一步发挥负责任大国作用，力所能及地为全球提供更多公共产品，与各国人民一道，推动人类命运共同体建设，共同创造人类繁荣和美好未来。

作为全球最大的执政党——中国共产党始终把为人类做出新的更大的贡献作为自己的使命，并向全世界郑重承诺，中国将始终高举和平、发展、合作、共赢的旗帜，始终坚持走和平发展道路，恪守维护世界和平、促进共同发展的外交政策宗旨，推动建设相互尊重、公平正义、合作共赢的新型国际关系。同时，十九大修改后的《中国共产党章程》将坚持正确义利观，推动构建人类命运共同体，遵循共商共建共享原则，推进"一带一路"建设等全球治理的中国方案纳入其中，希望以自身成功的道路、理论、制度、文化，为发展中国家拓展走向现代化的路径，给那些既希望加快发展又希望保持自身独立性的国家和民族提供全新选择,为解决人类问题和全球治理贡献中国智慧和中国方案。

第一节　中国传统价值与西方现代价值:碰撞与调适

纵览人类社会发展史,中华文化与西方文化有所不同。中华文化富有广博的包容性,海纳百川,有容乃大,不同的种族之间的差异可以用文化来包容,这就如同陈寅恪所说的"中国是文化大于种族"。史学家钱穆曾把中国的秦汉王朝与西方同期的罗马帝国相比较,认为罗马帝国就像一个屋子里面悬挂着巨大吊灯,而秦汉就像屋子里的四周有很多的灯,不同灯之间互相映照。罗马帝国是用强光征服各地,只要这盏灯一灭,整个屋子都暗了,而秦汉这些光亮是各地融合起来的,只灭一盏灯,其他灯仍然亮着。罗马帝国曾经与秦汉帝国匹敌,但它很快就消亡了,秦汉帝国虽然经历了很多波折,但华夏作为一个民族延续了下来。正是这种包容共生的"和"文化,成全了中国的格局和风范,形成了协和万邦的国际观。"协和万邦"的目的,是为了"天下和平",是全世界全人类的友好和谐,而达到这种融合的方式只能是以德服人,而非以武力征服。"和"是我们文化的核心,也是中国外交思想的核心,中国提出的和平发展、和平共处都是这一思想的延续。毛泽东曾和英国元帅蒙哥马利有过一段很经典的对话,围绕着50年后中国的命运展开。蒙哥马利说:历史的教训是,当一个国家非常强大的时候,就倾向于侵略。蒙哥马利之问仍然是西方人内心深处的"国强必霸"的逻辑。而毛泽东说,要向外侵略,就会被打回来。① 中国走的是和平之路,践行的是"和"的思想文化。新中国成立以来,从"和平共处五项

---

① 常名:《蒙哥马利与毛泽东的对话:五十年后中国命运会怎样?》,载《人民日报》2010年12月22日,转引自张西立:《"人类命运共同体":基于中国道路的全球伦理》,载《中国井冈山干部学院学报》2020年第13卷第6期,第16页。

原则"到构建和平的新型大国关系的提出,反映的正是这种文化的积淀和驱动,与我们一直贯彻的和平外交思想一脉相承。

正如和平学之父约翰·加尔通所说,有些人总希望有一个暴力选择,但中国以自己独特的视角来观察现实,阴阳平衡、尊重智慧、众生平等理念被视为理所当然,和平关系的普遍原则则是以相互合作、平等互利为起点。和合文化、和平相处,这就是中国文化的精神。无论是"和谐世界"还是"人类命运共同体",都是充满东方智慧的名词,它们频频出现在重大国际场合,所描绘的国际关系的理想状态得到越来越多国家的理解和赞同。这些理念以和谐共生为目标,要解决的是人类社会发展共同面临的突出矛盾和问题,顺应了时代潮流,具有鲜明的时代特征。

大国立于世,不单单是为了人民生活幸福、国泰民安,对于国际社会,它还负有责任,是全球治理不可或缺的重要力量。中国身为政治经济大国,在追求自身发展的同时,也对国际关系的有序、合理、和谐发展始终关注并努力践行。人类社会经历了很多的国际体系,其中每一个体系的建立、发展,都有其时代的烙印。随着当前全球化时代的不断发展,国际体系也在面临着调整与改良。而大国之间的稳定关系不仅属于历史演进中的概念,也是国际秩序与国际制度得以维持的基础。一个很明显的事实就是:非西方国家正在群体性崛起,以美国为代表的传统西方大国相对实力衰落。在这样一个转型期,大国关系的复杂性和不确定性因素也在不断增加,中国作为其中最受瞩目的非西方国家,需要对不确定的大国关系走向有自己的思考,有自己的话语体系。

长期以来,国际关系都被西方话语所主导,而中国自始至终有基于自身价值理想追求的哲学思考与具体实践:与伯罗奔尼撒战争同时期,以孔子学说为核心的儒学在中国已独树一帜;在早于世界地理大发现的明朝时期,郑和下西洋开展的就是和平外交。但是,这些历史并没有成为西方国际关系理论界的主流记忆。撒切尔夫人在她的著作《治国方略——应对变化中的世界》中曾经谈到：中国不会成为超级大国，因为"今天中国出口的是电视机而不是思想观念"，这句话至少在一定程度上揭示了中华文化在国际影响力上的短板。从文化传播的角度来说，文化安全的维护不能只是严防死守，而是应该主动出击，使中国文化在与其他文化切磋交流中获得新的生命力。

中国对外的政治、经济、文化的交流，实际上也是中国传统价值与西方现代价值的碰撞与调适的过程，这个过程伴随着中国社会核心价值体系的重建、世界多元价值的体现，以及"人类命运共同体"的构建。中国在与世界的互动中，注重自身核心价值体系建设的同时，也要致力于与国际社会一起，改革国际社会的评价体系，确立一套有利于中国与世界互识以及世界和平发展的共同价值体系。[①]

一、中国社会核心价值体系的衰颓与重建

在任何时空下，任何社会的存在与发展都有赖于价值体系的维系和维持。[②] 价值体系是在一定社会生产方式制约下，由社会崇尚和倡导的一系列价值观所构成的逻辑体系。特定历史时期和社会时代的核心价值体系，则反映了统治阶级和集团的基本价值准则、价值目标，是经过制度化建构后的理论学说或思想体系。[③]

中国社会核心价值体系，在伴随着国内社会发展与国际局势变幻的过程

[①] 苏长和：《在新的历史起点上思考中国与世界的关系》，载《世界经济与政治》2012年第8期，第10页。

[②] 徐艳玲：《中国社会主义核心价值体系研究结题成果简介》，载《思想政治教育研究》2015年4月第2期，第127页。

[③] 王立胜、聂家华：《当代中国社会核心价值体系的建构逻辑——基于历史经验的分析》，载《社会科学》2009年第8期，第10页。

中,大致经历了四个发展阶段和六次历史性转变。① 尤其是在近代以来,随着封闭局面的打破,中国在外部武力的强迫之下开始接触国际体系,初步融入国际社会。但是,由于之前长时间的故步自封,当时的中国在面对来自西方的崭新的文化、制度、技术面前显得手足无措,自身的传统价值体系受到了外来强烈的冲击。鸦片战争之后,中国在与列强的不平等对话的过程中,见证了自身社会核心价值体系的衰颓。中华民国成立之时,孙中山曾说:"识者谓非实行革命,不足以荡涤旧污,振作新机。今幸义旗轩举,大局垂定,吾中华民国全体,用敢以推倒满清专制政府,建设共和民国,布告于我诸友邦"。② 在其看来,暴力革命是"荡涤旧污"的必要手段,而坚守"三民主义"的国民政府只是在制度上扫除了封建帝制,但是在文化建设和社会核心价值体系的建设上成效不足,遂不能"振作新机"。

新中国成立之后,中国政府开始了对于中国社会核心价值体系漫长、艰辛的重建道路。自1978年底之后,中国共产党调整指导思想以及基本路线,逐步摆脱苏联模式的影响,在中国社会核心价值体系的构建上愈发自主,而中国社会主义核心价值体系,最早是在2006年10月中国共产党的第十六届六中全会提出的。十六届六中全会通过了《中共中央关于构建社会主义和谐社会若干重大问题的决定》,郑重提出了建设中国社会主义核心价值体系。③ 社会

---

① 四个发展阶段:以宗法礼制为主要内容的上古社会核心价值体系,以儒家思想为主要内容的中古社会核心价值体系,近代中国社会核心价值体系和以中国化的马克思主义理论为基本内容的现当代中国社会核心价值体系。六次历史性转变:第一次转折是从殷周时期宗法礼制一元统摄到春秋战国时期众多价值学说并存;第二次转折是从春秋战国时期的多元并存到秦汉时期的一元统摄,经学最终成为社会核心价值体系;第三次转折是魏晋以至隋唐,社会核心价值体系从一元渐次演化为"以儒为本,三教并存"的多元并存状态;第四次转变是宋明"新儒学"的形成及其独尊地位的确立;第五次转折是近代之后以救亡图存为主题的对于传统社会核心价值体系的修复和重建;第六次是毛泽东思想被确立为社会核心价值体系。参见王立胜、聂家华:《当代中国社会核心价值体系的建构逻辑——基于历史经验的分析》,载《社会科学》2009年第8期,第10-11页。
② 出自孙中山:《临时大总统宣告各友邦书》。
③ 高放:《中国社会主义核心价值体系的提出与内涵》,载《中共宁波市委党校学报》2011年第1期,第9页。

主义核心价值体系的基本内容包括马克思主义指导思想、中国特色社会主义共同理想、以爱国主义为核心的民族精神,以及以改革创新为核心的时代精神和社会主义荣辱观。这四个方面的内容,相互联系、相互贯通、相互促进,是一个有机统一的整体,都是社会主义意识形态最重要的组成部分,是从我们党领导人民在长期实践中形成的丰富思想文化成果中提炼和概括出来的精华,是对社会主义核心价值体系深刻内涵的科学揭示。胡锦涛同志在党的十七大报告中提出"社会主义核心价值体系是社会主义意识形态的本质体现"这一重要论断,深刻阐述了社会主义核心价值体系在社会主义意识形态中的地位和作用,对于加强社会主义核心价值体系建设、增强社会主义意识形态的吸引力和凝聚力、全面推进中国特色社会主义伟大事业,具有重大而深远的意义。①

党的十八大以来,由习近平提出的"倡导富强、民主、文明、和谐,倡导自由、平等、公正、法治,倡导爱国、敬业、诚信、友善"的二十四字纲领,从国家、社会与公民三个不同的层次阐述了培育和践行社会主义核心价值观的目标与路径,是中国特色核心价值体系在当代的具体体现。习近平主席指出:"人类社会发展的历史表明,对一个民族、一个国家来说,最持久、最深层的力量是全社会共同认可的核心价值观","要用社会主义核心价值观凝魄聚力,更好的构筑中国精神、中国价值、中国力量,为中国特色社会主义事业提供源源不断的精神动力和道德滋养"。② 2017 年 10 月 18 日,习近平在十九大报告的第七部分中指出,"社会主义核心价值观是当代中国精神的集中表现,凝结着全体人民的共同追求……把社会主义核心价值观融入社会发展各方面,转化为人们的

---

① 房宇、熊安锋、史明艳主编:《毛泽东思想和中国特色社会主义理论体系概论》,苏州:江苏大学出版社,2018 年,第 238 页。
② 中共中央宣传部编:《习近平总书记系列重要讲话读本(2016 年版)》,北京:学习出版社、人民出版社,2016 年,第 189-190 页。

情感认同和行为习惯"。① 习近平主席提出的"富强、民主、文明、和谐、自由、平等、公正、法治、爱国、敬业、诚信、友善"这凝练有力的二十四个字,将涉及公民、社会、国家这三个层面的价值要求凝聚成一体,深入地回答了培育什么样的公民、建设什么样的社会、建设什么样的国家这样的重大问题。这二十四个字寄托着近代以来中国人民上下求索、历经千辛万苦确立的理想和信念,也承载着中国人民的美好愿景,更是中国文化实力和竞争力的生动体现。遵循二十四字纲领,将社会主义核心价值观内化于心、外化于行的引导与重塑,是中国社会核心价值体系的重建过程中的重大进步。这个既结合了时代精神,又融入了中华民族文化传统内核,同时坚持中国特色社会主义核心内涵的社会主义核心价值体系,将给当前正在面对全球秩序变化机遇与挑战并存的中国打上一针强心剂。

以社会主义核心价值体系为核心,中国社会的核心价值体系得以重建。在中国共产党的领导下以国家发展、民族复兴为基本纲领,以社会有序健康运行为重要旨归,以人民幸福生活为首要标准的核心价值体系重建,符合最广大人民的根本利益,有利于建立最广泛的社会认同,为中国的和平发展,为中国继续坚持中国特色社会主义道路,成为地区与世界范围内负责任的大国提供精神指引。同时中国核心价值体系的重建除了依靠马克思主义先进原理,中华优秀传统文化亦为其提供了充足的精神养分。

民族传统文化是一个民族的思想灵魂,它积淀了一个民族和国家的文化创造和文明成果,蕴含未来的可持续发展的精神基因。我国的传统文化是屹立于世界民族之林之中并且唯一没有断流的文化,为人类文明的发展做出巨大贡献。然而,旧中国半封建半殖民地的现实,不免让一些国人对中华文化的

---

① 习近平:《决胜全面建成小康社会,夺取新时代中国特色社会主义伟大胜利——中国共产党第十九次全国代表大会上的报告》(2017年10月18日),北京:人民出版社,2017年,第42页。

合理性产生怀疑,批判糟粕的同时也摒弃了一些精华,削弱了我们的文化自信。再加上当今时代经济全球化大潮和西方文化的冲击,传统与现代、本土与外来的激荡,使中国传统文化的意义和价值受到了前所未有的挑战和拷问。此外,西方国家进行的文化渗透还会在一定程度上侵蚀中国的优秀传统文化资源。有些发达国家传统文化资源并不丰富,但是他们能够借全球化这个契机充分利用别国的优秀传统文化,比如美国利用中国的传统文化元素,并在这些文化资源中注入"美国精神"和西方的价值观销往世界各国,通过这种文化掠夺的形式赚取极大经济收益的同时也成功进行了文化渗透。文化渗透也侵蚀了中国文化所占的市场份额,甚至还会使得中国的文化市场面临被瓜分的危险和挑战。接踵而来的网络恶搞、微博谣言、书报杂志的噱头等等无不以娱乐化吸引着大众的眼球,甚至还有对传统文化的颠覆和否定,比如"杜甫很忙"、雷锋日记再现、抗日神剧等等,这都将使人们价值观扭曲,传统文化的影响力弱化。西方大量各种形式的文化涌入我国市场,势必会占领一定比例的市场,正常的竞争会促进市场和文化的活力,但是肆意的侵入和干扰就需要政府去进行规范和调节以保护我国的文化市场。

对于传统文化的重要性,习近平主席讲得非常透彻:"文运同国运相牵,文脉同国脉相连。""一个抛弃了或者背叛了自己历史文化的民族,不仅不可能发展起来,而且很可能上演一幕幕历史悲剧。"[①]2017年春节前夕,在中国人最重要的传统佳节来临之际,旨在弘扬中华优秀传统文化的《关于实施中华优秀传统文化传承发展工程的意见》印发实施,这是我国第一次以中办、国办的名义,全面部署中华优秀传统文化传承发展工作,为文化繁荣发展注入了生机与活力。中华文化博大精深、源远流长,浩如烟海的文化遗产是中华民族最独特的

---

① 《习近平:在中国文联十大、中国作协九大开幕式上的讲话》,转引自何英:《马克思主义文艺理论在当前中国的实践:问题与解决路径》,上海:上海大学出版社,2018年,第215页。

精神标识和文化基因。十九大报告强调:"深入挖掘中华优秀传统文化蕴含的思想观念、人文精神、道德规范,结合新时代要求继承创新,让中华文化展现出永久魅力和时代风采。"①十九届六中全会决议再次强调传统文化的重要性,"中华优秀传统文化是中华民族的突出优势,是我们在世界文化激荡中站稳脚跟的根基,必须结合新的时代条件传承和弘扬好"。②凝结于中华优秀传统文化中的中华民族孜孜不倦、前赴后继的核心追求,构成了中国核心价值体系的基础。

一个国家的对外政策及其行为的基础,是来自该国核心价值体系所界定的国家利益,在某种程度上表现为意识形态与客观的财富、权力意义上的国家利益之间的张力。③ 由中国社会主义核心价值体系为生发和指导,中国在实现内部健康有序发展的同时,其国际秩序观念与实践同样植根于中华优秀传统文化的涵养之中,为人类的和平发展提供新的思想启迪。在参与国际交往的过程中,中国始终"以和为贵",追求"和谐共生",努力实现国际社会的平等、公正、合作、互助,同各国一道推进国际秩序的改革与完善。在几十年的国际秩序实践中,中国吸收中华传统文化之精髓,总结新中国成立以来国际秩序实践的宝贵经验,以国家发展战略与外交政策为表现形式,不断推进本国国际秩序观的成熟与完善。和平、发展、共赢作为中国国际秩序观的三大内核,在其国际秩序实践中发挥着重要的指导作用。求和平、谋发展、促共赢不仅是中国国际秩序观的核心理念,也表明了中国向世界贡献中国智慧与中国力量的坚定决心。④

---

① 习近平:《决胜全面建成小康社会夺取新时代中国特色社会主义伟大胜利——在中国共产党第十九次代表大会上的报告》,北京:人民出版社,2017年,第42页。
② 《中共中央关于党的百年奋斗重大成就和历史经验的决议》,载《人民日报》2021年11月17日,第001版。
③ 赵俊:《国际关系中的承认:合法性与观众成本》,载《世界经济与政治》2011年第4期,第83页。
④ 董贺、袁正清:《中国国际秩序观:形成与内核》,载《教学与研究》2016年第7期,第48页。

二、物之不齐物之情:多样的世界与多元的价值

在漫长的历史发展进程中,世界不同民族在各自的发展历史上都形成了独特的文化,由于地域、历史、传统的差异,以及各种现实因素的影响,不同民族和国家的文化之间存在着明显的差异,具体表现在生产方式、生活方式、宗教信仰、语言文字、伦理道德等各个方面,表现出不同程度的独特性。这些不同的文化在相当长一段时间里,各自独立发展,各不相关。随着资本主义的出现和全球体系的形成,全球各种文明的联系日益增多,既有冲突,也有融合。① 文明多样性是人类社会的客观现实,是当今世界的基本特征,也是人类进步的重要动力。正如一个音符无法演奏出优美的旋律,一种颜色难以描绘出多彩的画卷一样,只有各种文明既竞相展示自己的独特魅力,又加强对话和交流,在竞争比较中取长补短,在求同存异中共同发展,全人类的地球家园才能更加丰富多彩、充满活力,人类文明的百花园才会更加争奇斗艳、姹紫嫣红。但是,在全球化深入发展的今天,维护文明多样性却成为全人类共同面临的迫在眉睫的问题。全球化在加强不同文明之间接触和交流的同时,也不可避免地带来文明之间的摩擦甚至冲突。究其原因,既有不同文明之间的误解,更重要的是西方文明对其他文明的傲慢与轻侮,以及霸权主义和强权政治在不同文明间造成的隔阂。

世界各国参与塑造全球秩序过程当中所遇到的另一个重要的、不可回避的问题就是自身价值与世界的多元价值发生的激烈碰撞。换言之,这就是特殊性与普遍性的对立与转化问题。二战之后,虽然冷战阴影笼罩全球,但是战后国家基础设施重建、国际政治经济秩序重构,可谓百废待兴。伴随着新技术革命所带来的信息通信等领域的革命性动力,过去广阔的环宇如今却成了一

---

① 王毅:《国家间权力妥协:概念、历史和作用》,北京:中国社会出版社,2013年,第168页。

个小小的"地球村",全球化的趋势已成不可阻挡之势,影响至今。全球化所带来的除了资本的流通和制度的构建,更为重要的是思想、观念、价值理念的激烈对撞。

中国历来主张尊重世界文明多样性,倡导不同文明之间求同存异、共同发展。胡锦涛在1995年联合国成立50周年特别纪念会上的讲话中指出:"大家只有彼此尊重,求同存异,和睦相处,互相促进,才能创造百花争妍、万紫千红的世界。"和谐世界思想正是基于尊重世界文明多样性思想发展而来。构建多元一体的和谐世界,而不是单一世界,其本身就意味着必须尊重和维护世界的多样性,尊重各国不同的社会制度和发展模式,尊重不同国家、民族的文化和生活方式,不同文明之间应该互信合作,取长补短,和谐相处。[1] 2015年,习近平在第70届联合国大会一般性辩论时发表讲话,提出"不同文明凝聚着不同民族的智慧和贡献,没有高低之分,更无优劣之分。文明之间要对话,不要排斥;要交流,不要取代。人类历史就是一幅不同文明相互交流、互鉴、融合的宏伟画卷。我们要尊重各种文明,平等相待,互学互鉴,兼收并蓄,推动人类文明实现创造性发展。"[2]

在尊重世界多元的同时,全球治理要走向良治,国际社会要从不和谐走向和谐,需要一套共同的价值体系。当今世界乱象丛生,是与国际社会的价值评价体系的混乱不无关系的。但问题不在于评价体系一定要有个唯一标杆,更不在于将个别国家的价值体系放之四海,来规训其他所有国际社会成员。文明的多样性特质决定了人类各大文明地区都有自己独特的核心价值。西方评价体系的问题就在于总是以自己的标准来绝对且抽象地刻画他者,以致改造

---

[1] 杨志编:《引领航向 16 大以来党的执政理论的历史性创新》,北京:国家行政学院出版社,2012年,第 349－350 页。

[2] 习近平:《论坚持推动构建人类命运共同体》,北京:中央文献出版社,2018年,第 256 页。

他者。① 二战以来的所谓自由主义世界秩序,主要是试图在美国这一霸权国家的统领下实现"美国治下的和平",在这一价值认识下,西方文明或曰评价体系被鼓吹为"普世价值",成为放诸四海皆准的唯一标准,各国的发展路径受到这一价值体系的规训,世界文明多样性因而受到极大打击。面对多元文化的发展需求,在尊重世界文明多样性的同时,探寻人类共同的价值共识成为国际社会治理的重中之重。

习近平主席所提出构建新型国际关系、打造人类命运共同体的前提,就是对于"全人类共同价值"的认同。习近平提出,"'大道之行也,天下为公'。和平、发展、公平、正义、民主、自由,是全人类的共同价值……我们要继承和弘扬联合国宪章的宗旨和原则,构建以合作共赢为核心的新型国际关系,打造人类命运共同体"。② 这里所说的"共同价值"是全人类的共同价值,有别于主要体现西方价值观霸权的"普世价值"之说。"普世价值"是基于西方政治文明标准和社会价值观而提出的概念,其中诸如"人权""民主""自由""平等"之类的几个主题,是早在西方启蒙运动中宣传人本主义、理性主义光辉之时就已出现,客观上符合了当时资本主义生产力迅速发展对于先进资产阶级文化的需求。而且鉴于近代以来形成的以西方资本主义为中心的国际秩序是由西方话语占主导地位,并通过战争、殖民、强迫开放市场等手段将上述价值传播于其他国家,使得这种话语霸权更加根深蒂固。但是西方所谓的"普世价值"具有鲜明的阶级、时代、地理上的局限性,并非是放之四海皆准的。③ 而"人类共同价值"首先源于全人类的共同需求。随着全球化进程的加快,人类面临困扰自身

---

① 苏长和:《在新的历史起点上思考中国与世界的关系》,载《世界经济与政治》2012 年第 8 期,第 10 页。

② 习近平:《携手构建合作共赢新伙伴,同心打造人类命运共同体——在第七十届联合国大会一般性辩论时的讲话》,新华网 2015 年 9 月 28 日,http://www.xinhuanet.com/world/2015-09/29/c_1116703645.htm。

③ 参见姚庐清:《论马克思主义人权思想的普适价值与资产阶级人权思想的"普世价值"的区别》,载《苏州科技大学学报(社会科学版)》2017 年 9 月,第 13-17 页。

生存与发展的全球性问题,如气候变化、区域冲突、恐怖主义等等,在如何解决人类共同面对的问题的过程中,不同国家在某些方面会达成一些共识,形成共同价值。"物之不齐,物之情也"。[①] 世界上没有完全相同的政治模式。一个国家实行什么样的政治制度,走什么样的发展道路,必须与该国的国情和性质相适应。[②] 在文化、社会制度的选择上亦是同理。中国在提出构建人类命运共同体的同时,也强调与世界各国不断增进互信、巩固友好、加强合作、促进共同繁荣,共同打造人类命运共同体。中国政府所倡导的以"和平、发展、公平、正义、民主、自由"为主题的"人类共同价值",充分考虑了普遍性与特殊性的对立统一关系,同时统筹兼顾全球与地区的层次关系,因此具备了"普适"而非西方"普世"的深刻的价值内涵,对于构建发展中国家的价值观话语体系,提升中国在当今世界的话语权无疑具有重要的现实价值与深远的历史意义。

三、"天下主义"升级版:"命运共同体主义"

语言,作为区别人类与地球上其他生物的重要标志,可以看作是人类文明最为伟大的智慧结晶之一。语言亦是文明进步与文化发展的重要载体。自19世纪末20世纪初在哲学领域发生语言学转向以来,很多学者对于文学、哲学、逻辑学上的语言研究都做出了杰出的贡献,并提出一系列的关于此话题的观点,诸如维特根斯坦的"语言游戏"、德里达的"一切皆文本",以及福柯的"权力即话语"的论断。奥努弗(Nicholas Onuf)强调"言语行为演绎出规则,规则形成制度,制度构建社会";克拉托赫维尔(Friedrich Kratochwil)则认为言语行为本身就包括规范的含义;海德格尔则特别强调语言是人类存在的家园。

---

① 出自《孟子·滕文公上》。习近平主席在2015年3月28日举行的博鳌亚洲论坛开幕式上的主题演讲中曾引用此句。
② 中共中央宣传部编:《习近平总书记系列重要讲话读本(2016年版)》,北京:学习出版社、人民出版社,2016年,第164页。

而话语体系,则可以看作思想理论体系和知识体系以语言为主要途径的外在表达形式。全球秩序处在变革时期,中国若想要拓展参与国际治理的深度与广度,就必须要有意识地强化自身国际话语体系的建设。然而,无政府状态下的国际体系就如同一个巨型竞技场,来自不同国家、地区、民族的声音都在此大展拳脚、相互竞争。想在这场话语体系的竞争中取得主动地位,其基础就是对于共识性价值的建构与维护。而当代中国国际话语体系建设的基本价值基础就是"和平、发展、公平、正义、民主、自由"的全人类共同价值。

中华民族历史悠久、文化厚重,其世界观也随着时代的变化而不断演进,并不断增添符合时代特征的新内容。大体而言,若将中国自古至今的对于世界的观念绘制成一张自左到右的系谱图,那么最左边的是"天下",而最右边的便是"人类命运共同体"。"天下"观始于古代中国,并且作为一种理念模式影响着当时中国的政治与外交实践。创造了光辉灿烂的青铜文明的商朝所建立的仍然是酋邦盟约体系,这是一种严格意义上的前政治的自然秩序。[1] 西周所建立的天下体系,开创了"天下"观运用到政治实践领域的先河,并且这种构建世界秩序的观念也影响了之后自汉朝延续至清朝的朝贡制度。[2] "天下"的概念大体可以分为三个层次:首先是中国人认知世界的地理性概念;其次是中国与周边民族所建立的联系体系;再次是最高精神层面和价值层面的"情怀"。[3] "天下"对于当代中国外交的思想与实践的影响,如今也仅限于第三层面。囿于其历史、地域方面的局限性,当代中国需要给这幅古旧躯体重新注入新时代的活力。

---

[1] 赵汀阳、任剑涛、许章润、关凯:《"新天下主义"纵论(笔谈)》,载《文史哲》2018年第1期,第7页。

[2] 关于朝贡制度是否成为一种体系,中外学者有不同观点:费正清认为朝贡作为一种对外政策,形成了一种"朝贡体系";国内学者如赵汀阳则认为朝贡制度不具有一个体系所谋求的政治、军事、经济的控制和支配目的,而仅仅具有作为象征的文化楷模和怀柔抚远的和平功能,所以不能称作是一个体系。

[3] 任剑涛:《"天下":三重蕴含、语言载体与重建路径》,载《文史哲》2018年第1期,第9页。

这股彰显全人类共同价值的新时代活力,便是"人类命运共同体"。正如17世纪英国著名的玄学学派诗人约翰·多恩(John Donne)在四个世纪之前就写下的诗篇中所描述的那样,任何个体都是全体人类的一部分,都是与自然紧密相连的一部分。① 任何人的财产的损益、土地的减少、生命的消逝都与"我"有联系,因为"我与人类息息相关"("I am involved in mankind")。这种关于人类命运共同体的思想自世界步入近代以来就开始影响着人类的思维方式与价值取向,是不同时代、不同国家、不同地区的人民所共享的价值观念。正如习近平主席所说,"没有哪个国家能够独自应对人类面临的各种挑战,也没有哪个国家能够退回到自我封闭的孤岛"。

习近平主席所倡导的以"和平、发展、公平、正义、民主、自由"为主题的"人类共同价值"和构建人类命运共同体的伟大构想,以及在十九大报告中提出的"坚持人与自然和谐共生"的发展理念,正是这一由全人类共享的价值观念在当代社会的升华和体现。从"天下主义"到"命运共同体主义"的发展,反映的是中国在当下参与全球治理、构建中国特色的话语体系的尝试。

于2011年9月6日发表的《中国的和平发展》白皮书中,在谈及中国和平发展的对外方针政策中,提及了"坚持独立自主的和平外交政策""推动建设和

---

① 出自约翰·多恩(John Donne)的著名玄学诗作《No man is an Island》,全文如下:
No man is an island,
entire of itself;
every man is a piece of the continent,
a part of the main;
if a clod be washed away by the sea,
Europe is the less,
as well as if a promontory were,
as well as if a manor of thy friend's or of thine own were;
any man's death diminishes me,
because I am involved in mankind,
and therefore,
never send to know for whom the bell tolls;
it tolls for thee.

谐世界""倡导互信、互利、平等、协作的新安全观"等几大核心政策,并在"和平发展是顺应世界潮流的选择"的小标题下指出"经济全球化成为影响国际关系的重要趋势。不同制度、不同类型、不同发展阶段的国家相互依存、利益交融,形成'你中有我、我中有你'的命运共同体"。① 2013年3月,习近平在莫斯科国际关系学院发表演讲时指出"这个世界,各国相互联系、相互依存的程度空前加深,人类生活在同一个地球村里,生活在历史和现实交汇的同一个时空里,越来越成为你中有我、我中有你的命运共同体";2015年,习近平主席在博鳌亚洲论坛年会上发表主旨演讲,主张"共同营造对亚洲、对世界都更为有利的地区秩序,通过迈向亚洲命运共同体,推动建设人类命运共同体";②2017年1月,在联合国总部日内瓦的演讲中,习近平主席先是强调了人类所共同面对的,在政治、经济等领域的传统全球性问题,并进一步指出构建人类命运共同体,关键在于坚持对话协商,建设一个持久和平的世界;同年2月10日,联合国社会发展委员会通过"非洲发展新伙伴关系的社会层面"决议,将"构建人类命运共同体"理念正式写入联合国决议;在2017年10月18日至10月24日期间召开的中国共产党第十九次全国代表大会上,大会在明确"不忘初心,牢记使命,高举中国特色社会主义伟大旗帜,决胜全面建成小康社会,夺取新时代中国特色社会主义伟大胜利,为实现中华民族伟大复兴的中国梦不懈奋斗"③主题的前提之下,由习近平代表党的十八届中央委员会向中国共产党第十九次全国代表大会进行报告,其中第十二部分指出中国要"坚持和平发展道路,推动构建人类命运共同体","构建人类命运共同体"写入中国共产党党章,

---

① 《国务院新闻办发表"中国的和平发展"白皮书(全文)》,中华人民共和国中央人民政府网2011年09月06日,http://www.gov.cn/jrzg/2011-09/06/content_1941204.htm。
② 《习近平人类命运共同体思想的深刻内涵与时代价值》,中国共产党新闻网2017年12月12日,http://theory.people.com.cn/n1/2017/1212/c40531-29702035.html。
③ 《习近平说,中国共产党人的初心和使命就是为中国人民谋幸福为中华民族谋复兴》,新华网2017-10,http://news.xinhuanet.com/politics/19cpcnc/2017-10/18/c_1121819598.htm。

成为习近平新时代中国特色社会主义思想的重要内容;①2018年2月25日,中共中央建议在修改宪法部分内容时,在宪法序言第十二自然段增加"推动构建人类命运共同体",最终补充为"中国坚持独立自主的对外政策,坚持互相尊重主权和领土完整、互不侵犯、互不干涉内政、平等互利、和平共处的五项原则,坚持和平发展道路,坚持互利共赢开放战略,发展同各国的外交关系和经济、文化交流,推动构建人类命运共同体"。②

党的十九大报告提出推动构建新型国际关系、构建人类命运共同体总目标,是中国共产党人在深刻分析国际国内形势,统筹国内国际两个大局,着眼发展安全两件大事的基础上提出的,有着深刻的历史渊源和时代背景。命运共同体的构建顺应了时代发展的需要。世界正处于大发展大变革大调整时期。首先,世界多极化、经济全球化、社会信息化、文化多样化深入发展,全球治理体系和国际秩序变革加速推进。同时,世界面临的不稳定性、不确定性突出,世界经济增长动能不足。过去,世界经济保持4%以上的高速增长。现在,很多发达国家和地区,如欧洲、日本等经济增长乏力,而发展中国家在经过前一轮的快速增长之后,受到环境制约、资源制约、人才制约,人口红利、对外贸易红利、资源环境红利已经被大量消耗,因此也出现了经济增速减缓的趋势。这样一来,世界经济增长就出现了动能不足的问题。全球化是一把双刃剑。一方面,一些国家充分利用全球化实现了经济增长;另一方面,部分国家也因为全球化越来越贫穷。贫富分化日益严重,地区热点问题此起彼伏,恐怖主义、网络安全、重大传染性疾病、气候变化等非传统安全威胁持续蔓延,人类面临着诸多的挑战。实践已经证明,单边主义、零和博弈的全球扩张即使能得

---

① 《中国共产党第十九次全国代表大会在京开幕习近平代表第十八届中央委员会向大会作报告李克强主持大会》,新华网2017-10,http://news.xinhuanet.com/politics/19cpcnc/2017-10/18/c_1121821145.htm。

② 《中国共产党中央委员会关于修改宪法部分内容的建议》,新华网2018年2月25日,http://www.xinhuanet.com/2018-02/25/c_1122451187.htm。

利于一时,也终究不能抵抗"历史兴亡周期律"。没有哪个国家能够独自应对人类面临的各种挑战,也没有哪个国家能够退回到自我封闭的孤岛。必须顺应时代发展潮流,顺应全球化的潮流。所以习近平同志强调,"我们不能因现实复杂而放弃梦想,不能因理想遥远而放弃追求"。我们追求的是什么?就是要构建新型国际关系,构建人类命运共同体。

其次,构建人类命运共同体也是中国共产党的使命及责任。过去,国际体系是由发达国家和西方世界主导的。虽然发达国家和西方世界在推动产业和技术革新、塑造由西方国家主导的"文明高地"方面取得了巨大成就,但也带来了诸多问题。比如,利益分配不均,造成有的国家越来越富,有的国家越来越穷。阶层分配严重失衡,引发了民族主义、国家主义、极端主义等思潮合力推动的"逆全球化"潮流,出现了反全球化运动。这与时代发展潮流是背道而驰的,世界追求和平与繁荣的探索遭受了重大挫折。"世界怎么了,我们怎么办"成为国际社会共同关注的内容。党的十九大报告亮明了中国共产党人的使命担当,指出,"中国共产党是为中国人民谋幸福的政党,也是为人类进步事业而奋斗的政党。中国共产党始终把为人类作出新的更大的贡献作为自己的使命。"这种气魄凸显了中国共产党的历史自觉、国际视野和世界关怀。中国共产党不仅是要为中国人民谋福利,也要给世界人民谋福利。这既是中国共产党同其他国家政党的重要区别,也是中国共产党树立起的国际形象。

最后,国际国内发展形势也为实现"人类命运共同体"这一目标提供了客观可能。从国际层面来看,和平与发展仍然是时代的主题。世界各国相互联系日益紧密,相互依存日益加深,国际力量对比更趋平衡,和平发展大势不可逆转。坚持和平发展道路,构建人类命运共同体,超越了国别、党派和制度的异同,反映了大多数国家的普遍期待,符合国际社会的共同利益。从国内层面来看,中国经济总量已经位居世界第二,中国经济增长保持世界经济增长的引擎地位,对世界经济增长贡献率超过百分之三十,中国的国际地位显著提升,中国日益走近世界舞台中央,中国有能力做更大的贡献。中国可以为发展中国家走向现代化提供新的路径,为探索更好的社会制度提供中国方案,为解决人类问题贡献中国智慧。

自改革开放以来,从"国际新秩序""和谐世界",到"人类命运共同体"的全球秩序观的演变表明,中国国际秩序观念不断适应国际政治经济形势的复杂变幻,通过自身的不断实践开拓出具有鲜明的中国特色的国际秩序建构路径,而且与以和平共处原则为基础,尊重各国差异,旨在共同发展的核心理念是一脉相承的。

第二节 内政与外交的关联:从国家治理到全球治理

"治理"(Governance)一词源于西方的政治话语,其原意是指引导、控制和操纵。自1989年世界银行在报告中提出"治理危机"(Crisis in Governance)的概念之后,"治理"由于与诸如"公民社会"等概念有着密切的联系而迅速成为政治学界的热词。这自然吸引不少国内外学者对"治理"进行定义。斯托克(Gerry Stoker)总结出了治理的五种意义;①英国学者罗茨(R. Rhodes)则将治理归纳为六种形态;②全球治理委员会则将治理描述为"各种公共的或私人的机构管理其公共事务的诸多方式的总和,它是使相互冲突的或不同的利益

---

① 这五种意义包括:治理意味着一系列来自政府但又不限于政府的社会公共机构和行为者;治理意味着在为社会和经济问题寻求解决方案的过程中存在着界限和责任方面的模糊性;治理明确肯定了在涉及集体行为的各个社会公共机构之间存在着权力依赖;治理意味着参与者最终将形成一个自主的网络;治理意味着办好事情的能力并不仅限于政府的权力,不限于政府的发号施令或运用权威。请参见[英]格里·斯托克:《作为理论的治理:五个论点》,载《国际社会科学》1999年第1期,第20—21页。

② 即作为国家的治理、作为公司管理的治理、作为新公共管理的治理、作为"善治"的治理、作为社会控制系统的治理和作为自组织网络的治理。请参见R. Rhodes:"The New Governance:Governing Without Government?"in *Political Studies*,1996,44(4),pp. 652-667。

得以调和并且采取联合行动的持续过程,这既包括有权迫使人们服从的正式制度和规则,也包括各种人们同意或以为符合其利益的非正式的制度安排";①国内学者如王诗宗,认为"治理是一种趋势,这一趋势必定意味着国家(政府)—社会关系的调整;调整的目的在于应对原先政治社会格局中的不可治理性;在调整中,政府之外的力量被更多地强调,国家中心的地位可能在一定程度上被国家、社会和市场的新的组合所替代;同时,治理也是对国家—市场两分法的否弃"。②笔者认为,国内外对于"治理"这一概念的研究文献虽然数量繁多,但是都有其领域的局限性,或是专注于某些方面的定义。笔者将上述文献加以概括,通过分类学的方法,从宏观视角尝试给"治理"下一个定义:治理反映了政府或非政府行为体与治理对象的互动过程。在横向上可以从政治、经济、社会、环境等多个维度进行治理;纵向上可以在全球、地区、国家、非政府行为体、个人等各不同治理层次进行治理互动。

2017年,习近平主席在出席世界经济论坛时,曾表示"全球经济治理体系变革紧迫性越来越突出,国际社会呼声越来越高"。③ G20杭州峰会上,中国向世界提出的"中国方案"得到了世界广泛的认同。"中国智慧""中国方案"似乎都在向我们传递着这样信号,那就是:随着全球化的发展,人类面临着许多新形势、新课题,而如何应对这些挑战,国际社会越来越期待听到中国声音、看到中国力量。党的十九大报告中,提出"中国秉持共商共建共享的全球治理观,将继续发挥负责任大国作用,积极参与全球治理体系改革和建设,不断贡献中国智慧和力量。"习近平总书记指出,要高举构建人类命运共同体旗帜,推

---

① 范逢春:《全球治理、国家治理与地方治理:三重视野的互动、耦合与前瞻》,载《上海行政学院学报》,2014年7月刊,第55页。
② 王诗宗:《治理理论及其中国适用性》,杭州:浙江大学出版社,2009年。
③ 习近平:《论把握新发展阶段、贯彻新发展理念、构建新发展格局》,北京:中央文献出版社,2021年,第158页。

动全球治理体系朝更加公正合理的方向发展。①

一、中国国家治理体系与治理能力的现代化

作为国际体系中的主要行为体,民族国家是构建国际秩序与国际社会关系的基石,因此其相关层面的治理问题也就变得尤为重要。自十八大以来,以习近平同志为核心的党中央将推动国家治理体系与能力的现代化建设提上了主要议程。2013年11月12日,在中国共产党第十八届中央委员会第三次全体会议中通过的《中共中央关于全面深化改革若干重大问题的决定》中指出,全面深化改革的总目标是"完善和发展中国特色社会主义制度,推进国家治理体系和治理能力的现代化"。②之后习近平主席在2014年9月5日纪念全国人民代表大会成立60周年大会上的讲话、2014年9月21日纪念中国人民政治协商会议成立65周年大会上的讲话中又分别提及国家治理体系中非常重要的立法权建设以及制度建设问题。③国家治理体系以及治理能力,是一个国家制度以及制度执行力的集中体现。因此,推动国家治理体系和治理能力现代化,是完善和发展中国特色社会主义制度的必然要求。④习近平于中共十八届三中全会确定的推进国家治理体系和治理能力现代化的任务,是对中国改革开放进行的顶层设计。⑤并且结合中国的具体国情,国家治理体系及

---

① 中共中央宣传部:《习近平新时代中国特色社会主义思想学习纲要》,北京:学习出版社、人民出版社,2019年,第217页。

② 《中共中央关于全面深化改革若干重大问题的决定》,中华人民共和国中央人民政府网2013年11月15日,http://www.gov.cn/jrzg/2013-11/15/content_2528179.htm。

③ 请参见,《习近平:在庆祝全国人民代表大会成立60周年大会上的讲话》,中国共产党新闻网2014年9月5日,http://cpc.people.com.cn/n/2014/0906/c64093-25615123.html;《习近平:在庆祝中国人民政治协商会议成立65周年大会上的讲话》,新华网2014年9月21日,http://www.xinhuanet.com/politics/2014-09/21/c_1112564804.htm。

④ 中共中央宣传部编:《习近平总书记系列重要讲话读本(2016年版)》,北京:学习出版社、人民出版社,2016年,第73页。

⑤ 任剑涛:《现代化国家治理体系的建构:基于近期顶层设计的评述》,载《中国人民大学学报》2015年第2期,第3页。

能力的建设必须要在"社会主义道路的既定方向上,在中国特色社会主义理论的话语语境和话语系统中,在中国特色社会主义制度的完善和发展的改革意义上","以人民为中心",并由中国共产党领导人民科学、民主、依法并且有效地治国理政。①

2019年10月,十九届四中全会审议通过了《中共中央关于坚持和完善中国特色社会主义制度、推进国家治理体系和治理能力现代化若干重大问题的决定》。习近平在第二次全体会议中做重要讲话,他指出:坚持和完善中国特色社会主义制度、推进国家治理体系和治理能力现代化,是关系党和国家事业兴旺发达、国家长治久安、人民幸福安康的重大问题。在实现国家治理体系和治理能力现代化的过程中,应坚定中国特色社会主义制度自信,毫不动摇坚持和巩固中国特色社会主义制度,与时俱进完善和发展中国特色社会主义制度和国家治理体系,严格遵守和执行制度;完善和发展国家制度和国家治理体系,必须坚持从国情出发、从实际出发,既把握长期形成的历史传承,又把握党和人民在我国国家制度建设和国家治理方面走过的道路、积累的经验、形成的原则,不能照抄照搬他国制度模式。② 十九届四中全会精神确立了中国特色社会主义科学制度体系,并强调了一切的根本,即坚持中国特色社会主义制度自信,推动制度优势转化为治理效能,为治国安邦提供不竭的动力。同时,坚持中国特色社会主义,实现国家治理体系与治理能力现代化也是中国参与引领全球治理转型升级中的根本保障。

事实上,自改革开放以来,中国一直是全球经济治理体系变革的积极参与者和建设者,贡献之大有目共睹。2015年10月,中国共产党第十八届五中全

---

① 王浦劬:《国家治理、政府治理和社会治理的含义及其相互关系》,载《国家行政学院学报》2014年3月刊,第12页。
② 习近平:《坚持和完善中国特色社会主义制度、推进国家治理体系和治理能力现代化》,载《求是》2020年第1期。

会公报强调,积极参与全球经济治理和公共产品供给,提高中国在全球经济治理中的制度性话语权,构建广泛的利益共同体。应该说,金融危机给中国全面参与全球治理和国际秩序变革创造了前所未有的战略机遇。其间,中国开始更加主动参与全球治理,积极提出主张、倡议和行动方案,开始由全球治理的参与者、合作者,转变为主动的设计者、推动者和引领者,由此提升自身在全球经济治理中的制度性话语权。

不可否认的是,过去数十年中国的经济腾飞,是推动全球经济治理改革的重要因素。自改革开放以来,中国经济持续高速增长,创造了世界经济史上大国崛起的奇迹。中国经济总量在世界经济中的排名由改革开放之初的第十一位,到2005年超过法国,居第五位;2006年超过英国,居第四位;2007年超过德国,居第三位;2009年超过日本,居第二位。2010年,中国制造业规模超过美国,居世界第一,改写了持续百年美国第一的历史;2014年,中国货物贸易规模超过美国,居世界第一;2006年以来,中国外汇储备持续11年居世界第一。中国用几十年的时间走完了发达国家几百年走过的发展历程,创造了世界经济发展史上的奇迹。中国的经济实力与影响力在国际舞台上显著提升,而国内市场容量巨大,资金实力雄厚,在新一轮全面对外开放中,既可凭借广阔的国内市场吸收国际市场商品,也可为全球提供重要资金来源,一定程度上有能力满足其外部市场与资金需求。中国作为世界经济的重要引擎,为世界经济增长做出巨大贡献。一个新的全球政治经济新秩序正在形成,这是新经济现实的结果。构建一个稳定的、运行良好的国际政治经济新秩序,对世界各国都有巨大好处,也是世界第一和第二大经济体应该承担的国际责任。中国积极参与和谋划全球经济治理,推动全球经济治理体系变革完善,积极引导全球经济议程,促进国际经济秩序朝着公平公正、合作共赢的方向发展。这也是中国的大国责任和国际义务。今天的中国已经具备能力,以中国智慧拿出中国方案,引领全球治理体系向着有利于提升新兴市场和发展中国家代表性和话语权的方向发展,由此构建起更加合理、公正、公平的全球治理体系。

2017年亚太经合组织(APEC)岘港领导人非正式会议上,习近平主席强调,世界正处在快速变化的历史进程之中,世界经济正在发生更深层次的变化。我们要洞察世界经济发展趋势,找准方位,把握规律,果敢应对。习近平主席再次强调,构建人类命运共同体,倡议建设持久和平、普遍安全、共同繁荣、开放包容、清洁美丽的世界。正如习近平主席在亚太经合组织领导人非正式会议上所指出的,当前的国际形势的基本特征是,世界多极化、经济全球化、文化多样化,社会信息化。鉴于此,在文化领域,各国需要同心协力,坚持不同文明兼容并蓄、交流互鉴,以文明交流超越文明隔阂,以文明互鉴超越文明冲突,以文明共存超越文明优越;在政治领域,各国需要摒弃冷战思维和强权政治,走对话而不对抗、结伴而不结盟的国与国交往新路,坚持以对话解决争端、以协商化解分歧;在国际关系方面,各国应该秉持共商共建共享的全球治理理念,倡导国际关系民主化,坚持国家不分大小、强弱、贫富一律平等,支持联合国发挥积极作用,支持扩大发展中国家在国际事务中的代表性和发言权;在经济领域,国际社会需要同舟共济,建构开放的世界经济,推动经济全球化朝着更加开放、包容、普惠、平衡、共赢的方向发展。正如习主席所言,在深刻转变的世界,察者为智,驭者为赢。①

二、推动和引领全球治理体系变革

在经济一体化、全球化发展不断深化,地区冲突、环境恶化、恐怖主义等全球性问题和治理困境愈发突显的时代背景之下,全球治理开始受到政界和学界广泛关注。罗西瑙(James N. Rosenau)就在《没有政府的治理:世界政治中

---

① 陈凤英:《十九大报告诠释全球治理之中国方案——中国对全球治理的贡献与作用》,载《当代世界》2017年第12期,第18页。

的秩序与变革》一书中给出了全球治理的定义:"全球治理可以被认为包括通过控制、追求目标以及产生跨国影响的各层次人类活动——从家庭到国际组织——的规则系统,甚至包括被卷入更加相互依赖的、急剧增加的世界网络的大量规则系统"。① 总的说来,全球治理具有主体多元化、管理民主化、规则机制化、层次多样化四大特点。② 秦亚青和魏玲则在《新型全球治理观与"一带一路"合作实践》一文中指出了当前世界局势中"全球治理失灵、民粹主义思潮上涨、逆全球化凸显"的现状,认为关于"谁来治理""如何治理"以及"为何治理"这些重大问题的回答变得尤为棘手。③ 何帆等人则认为,当前的全球政治机制来源于美国主导的霸权稳定体系,尽管可能遭遇国际政治权力博弈中的"二把手困境",但中国仍然面临全面参与全球治理的重大战略机遇期。④ 自十九大以来,"共商共建共享"的中国声音的出现,为解决上述国际社会所面临的疑难杂症提供了一剂良药。

21世纪以来,处在国际秩序变革时期的中国在参与全球治理、承担国际责任、制定国际规范等方面,越来越频繁地发出中国声音。2017年10月在党的十九大报告中,习近平指出:中国将继续发挥负责任大国作用,秉持共商共建共享的全球治理观,积极参与全球治理体系改革和建设,不断贡献中国智慧和力量。⑤ 近年来,中国政府及其人民一道,本着"共商共建共享"的基本原

---

① [美]詹姆斯·N. 罗西瑙:《没有政府的治理:世界政治中的秩序与变革》,张胜军、刘小林等译,南昌:江西人民出版社,2001年版,第8页。
② 范逢春:《全球治理、国家治理与地方治理:三重视野的互动、耦合与前瞻》,载《上海行政学院学报》2014年7月刊,第57页。
③ 秦亚青、魏玲:《新型全球治理观与"一带一路"合作实践》,载《外交评论》2018年第2期。
④ 何帆、冯维江、徐进:《全球治理机制面临的挑战及中国的对策》,载《世界经济与政治》2013年第4期,第19-39页。作者还在文中提出中国参与全球治理改革应坚持以下三个基本原则:以"权责相适应"原则应对全球治理体制和规则的改革;以"包容利益"原则应对演进之中的全球治理机制;以"有区别的共同责任"原则应对未来可能具有系统重要性的新全球治理机制。
⑤ 习近平:《决胜全面建成小康社会,夺取新时代中国特色社会主义伟大胜利——中国共产党第十九次全国代表大会上的报告》(2017年10月18日),北京:人民出版社,2017年。

则,在加强与各个国家与组织的合作当中,努力推动建设并完善合作机制,在气候问题、能源安全、反恐活动等全球性问题的处理中都表现出积极态度。与此同时,中国提出了"一带一路"倡议以及构建人类命运共同体的宏伟蓝图,这一系列的中国方案不仅反映了中国作为新兴发展大国投身全球治理、承担国际责任的灼灼意愿,更展现了中国在国际与区域的政治经济制度构建方面的强烈诉求。

习近平主席两次就全球治理问题主持中央政治局集体学习,为我国深入参与全球治理作出战略规划。在习近平主席亲自指导下,中国开始了引领全球治理的"三部曲":首先是在北京成功举办亚太经合组织领导人第二十二次非正式会议,启动亚太自贸区进程并确定相关路线图,对亚太区域合作发挥了重要推动作用;其次是成功举办二十国集团(G20)领导人杭州峰会,成功推动二十国集团从危机应对向长效治理机制转型,扩大了中国新发展理念的国际影响,提升了中国改革开放的世界意义,成为二十国集团发展史上的一座里程碑;再次是习近平主席2017年年初在出席世界经济论坛2017年年会并访问联合国日内瓦总部时均发表重要讲话,推动经济全球化向开放、包容、普惠、平衡、共赢方向发展,宣示中国推动共建人类命运共同体的决心和承诺,为充满不确定性和忧虑情绪的国际社会注入来自中国的强大正能量,受到国际社会高度评价。

习近平主席出席了一系列多边峰会,提出了全球治理观、新安全观、新发展观等一系列新理念新主张,积极引导国际体系朝着更加公正合理方向发展。中国推动成立亚洲基础设施投资银行、丝路基金、金砖国家新开发银行,积极参与制定海洋、极地、网络、外空、核安全、反腐败、气候变化等新兴领域治理规则。中国在国际货币基金组织中的份额从第六位跃居第三位,人民币被纳入国际货币基金组织特别提款权货币篮子。中国国际话语权和影响力不断提高。习近平强调,"中国始终做世界和平的建设者",致力于同各国"共谋和平、共护和平、共享和平"。

2015年,中国成功举办中国人民抗日战争暨世界反法西斯战争胜利70周年纪念活动,发出维护第二次世界大战胜利成果、捍卫世界和平的时代强音。我们坚定致力于政治解决国际和地区热点问题,努力发挥弥合分歧、劝和促谈的建设性作用。坚持朝鲜半岛无核化目标,坚持通过对话谈判解决半岛核问题,提出"双轨并行"思路和"双暂停"倡议,为缓解半岛紧张局势、推动重启接触对话、维护地区和平安宁作出重要贡献。中国积极参与阿富汗、伊朗核、叙利亚、南苏丹等问题解决进程。宣布建立中国—联合国和平与发展基金、中国气候变化南南合作基金,率先组建常备成建制维和警队及8 000人规模的维和待命部队,同各国合力应对恐怖主义、网络安全、公共卫生、难民等全球性挑战,为推动达成气候变化《巴黎协定》、制定2030年可持续发展议程发挥重要作用。

自2019年底新冠肺炎疫情暴发,作为世所罕见的人类危机,对全球治理造成重大冲击。新冠肺炎疫情不仅给人类安全带来了重大损失和持续性威胁,也使得全球生产要素和产品流动受阻,断裂的供应链、产业链难以有效恢复,严重衰退的世界经济难以复苏,长期停滞将成为世界经济的新常态。新冠肺炎疫情进一步加剧了世界百年未有之大变局的演变,国际政治经济格局将随之重塑,全球化和全球治理呈现新的发展趋势。[①] 以美国为代表的"国家中心主义"防疫模式,不仅没有提供全球防疫公共产品的主观意愿,拒绝承担疫情防控与消除的大国责任,而且隔岸观火,推卸责任,并趁疫情之机,鼓动中美经济脱钩,联合西方盟国污名化中国,对疫情余波不断推波助澜,使全球治理偏离应有之义。与之相反,中国在疫情全球肆虐之际,一边做好自身防控,一

---

① 陈伟光:《后疫情时代的全球化与全球治理:发展趋势与中国策略》,载《社会科学》2022年第1期,第14—15页。

边尽己所能向需要的国家提供人道主义援助。中国是率先战胜疫情并复工复产的国家,为全球抗疫和全球经济恢复提供了强有力的支撑。国际社会面对疫情所致的全球化至暗时刻,期望中国成为"拯救全球化的主角"。面对新冠肺炎疫情冲击后的全球化及其治理的大变局,中国需要继续做好自己的事情,加快形成国内强大市场,为世界经济提供需求,发挥自身优势,为世界经济提供产能保障和产业合作,同时需要坚守多边主义,提升自身的制度性权力,在扩大制度型开放的同时,推动全球经济治理制度创新。①

三、国内治理与全球治理的深层互动

国内治理与全球治理之间并非相互孤立,而是具有深层的互动关系。一般而言,成熟的全球治理体系必然需要较为成熟的国家治理体系和经验作为支撑,特别是对拥有区域话语权的区域性大国而言,拥有较为成熟的国家治理经验,其在区域治理体系中也必然发挥着领头羊的作用,引领制度建设和治理框架体系不断完善,这意味着其国家治理职能、经验和特征也会继续在其所在的区域或全球治理体系内扩展延伸。②

对于中国而言,国内治理与全球治理的深层互动体现在以下几个方面。首先,中国需要通过参与全球治理来维持和平与发展的国际大环境。总体而言,包括中国在内的新兴大国都是当前和平环境的受益者。二战以来,尽管这个世界上存在着局部冲突和矛盾,但维持了总体和平的态势,这对于新兴经济体的快速发展十分重要。其次,国际公共产品供给不足会影响到中国自身利益。中国一直是现行国际体系所产生的国际公共产品的重要受益者,并且也

---

① 陈伟光:《后疫情时代的全球化与全球治理:发展趋势与中国策略》,载《社会科学》2022年第1期,第21-23页。

② 季剑军:《全球或区域治理模式比较及对推动人类命运共同体建设的启示》,载《经济纵横》2017年第11期,第26页。

投入了大量的资源。如果因为权力博弈影响了国际机制运行及国际公共产品供给的效率,不仅将直接降低中国获益于国际公共产品的水平,同时中国前期投入的战略资源将难以收回,这也会造成极大的浪费。再次,积极参与全球治理也给了中国提高软实力的机会。尽管当前美国对世界的影响仍然首屈一指,但中国要在美国主导的世界中积累软实力也并非全无机会。从美国绕过联合国而发动战争,到美国的"双重标准""美国例外主义"等受到越来越多国家的反感,在这样的背景之下,中国关于包容性发展的主张将会产生世界性的影响,这不仅将明显提升中国的软实力,同时也符合新兴国家群体的共同利益。所以,中国积极参与全球治理对于中国、对于整个世界都是十分关键的。面对21世纪的新趋势、新特点和新变化,中国要想更加有效地参与有关国际事务和国际规则的磋商和制定,真正树立负责任大国的形象,仍需要不断研究新课题,寻求新发展,形成具有世界意义的国际战略思想品牌。

习近平主席明确指出:"我们参与全球治理的根本目的,就是服从服务于实现'两个一百年'奋斗目标、实现中华民族伟大复兴的中国梦"。[①] 正如外交是内政的外部延续一样,全球治理也应作为国家治理的外部延续,充分尊重中国的基本国情、体现中华民族的根本利益。作为治理的反馈,中国也应该将从全球治理中学习到的宝贵经验运用到国内治理之中,真正做到"以内为主、内外并重、为我所用",让国内治理与全球治理的积极交互中相互促进、共同发展。

为破除制约发展的瓶颈,阐释新发展理念,2020年9月习近平主席主持召开中央全面深化改革委员会第十五次会议,创造性地提出新发展格局:会议指出经济全球化遭遇逆流,单边主义、保护主义抬头,我们决不能被逆风和回

---

① 中共中央宣传部编:《习近平总书记系列重要讲话读本(2016年版)》,北京:学习出版社、人民出版社,2016年,第274页。

头浪所阻,要站在历史正确的一边,坚定不移扩大对外开放,增强国内国际经济联动效应,统筹发展和安全,全面防范风险挑战。要加快形成以国内大循环为主体、国内国际双循环相互促进的新发展格局。要继续用足用好改革这个关键一招,保持勇往直前、风雨无阻的战略定力,围绕坚持和完善中国特色社会主义制度、推进国家治理体系和治理能力现代化,推动更深层次改革,实行更高水平开放,为构建新发展格局提供强大动力。[①] 新发展格局的构建过程也是"双循环"治理过程,要不断优化国家治理,积极参与全球经济治理体系变革,促进国内治理与全球治理的良性互动。以国家治理与全球治理互动为表征的"双循环"治理,客观上需要观念交汇和碰撞。中国提倡发展导向,新发展观是中国国家治理的基本指引,共同发展观是中国参与全球治理的根本宗旨。[②] 实现新发展格局,离不开国内治理与全球治理的互动与结合;国内治理与全球治理的良性互动则为新发展格局提供了前提条件与基本保障。以新发展观为代表,中国正以治理的主动性、主导性,以治理理念的先进性和治理实践的广泛性,在自身发展需要的基础上,深度参与引领全球治理,与全世界分享自身的治理成果与经验。

第三节　多极三元格局下的困厄与新运

国际体系无时无刻不处在变化之中。借助社会学研究中的系统理论,一种带有鲜明的行为主义特征的对于国际政治体系的分析方法最早现于北美,

---

[①] 《推动更深层次改革实行更高水平开放 为构建新发展格局提供强大动力》,人民网 2020 年 9 月 2 日, http://politics.people.com.cn/n1/2020/0902/c1024-31845315.html。

[②] 陈伟光、聂世坤:《构建新发展格局:基于国家治理与全球治理互动的逻辑》,载《学术研究》2022 年第 1 期,第 95 页。

诸如卡普兰(Morton A. Kaplan)、霍尔斯蒂(K. Holsti),以及沃勒斯坦(Immanuel Maurice Wallerstein)都曾著书立言,表达自己对于国际体系的观点。肯尼斯·沃尔兹站在宏观层面,认为国家行为体处在国际体系的位置与权力分布完全决定了单独行为体的对外政策。① 尽管沃尔兹在讨论体系时忽略了国家行为体内部因素的影响,但是其关于"权力分布是构成体系分布的重要因素"的论断在当前国际环境之中仍然具有其理论效力。大国兴衰,权力转换,随着时间的推移,国际体系内部权力不断整合与分配,也在不断塑造力量结构,并最终以国际格局的形式展现在世人面前。

国际格局一般是指一定历史时期内世界大国的实力对比及其战略关系相互作用所形成的相对稳定的结构状态。这种状态通常用"极"来表示,比如单极、两极和多极。国际格局的转变意味着权力的再分配与重组,这必然会对国家间的行为产生巨大影响。在国际格局转变过程中,大国之间竞争与合作交织的战略互动关系,对新的国际格局形成、稳定和运作都将产生全局性影响。②

当前新的国际格局尚未形成,总体表现为多极化趋势不断加强、不可逆转;以中国为代表的新兴大国群体性崛起,呈现出区别于发达国家与一般发展中国家的新的国家类型,国际体系逐渐向多极三元化结构转变。

一、国际格局调整期

二战结束之后不久,世界步入"冷战"的阴影之中。以苏联和美国为首的超级大国,基于意识形态分歧与地缘政治斗争,汇聚了当时世界上最强大的两

---

① Kenneth Waltz, *Theory of International Politics*, McGraw-Hill Humanities/Social Sciences/Languages,1979.
② 万青松、王树春:《冷战后的国际格局博弈与中俄关系的发展逻辑》,载《当代世界》2018 年第 11 期,第 43 页。

股力量，互为对立两极。与此同时，西欧、日本历经战争洗礼，百废待兴；中国经历了国共内战与新中国的诞生；非洲和拉美的民族解放运动次第展开。这种两极对立的格局直到其中一极的土崩瓦解之后才宣告结束。冷战以美国的"胜利"告终，由于失去强大对手的制衡，冷战之后一度在全球范围内形成了美国主导的单极格局（或称一元格局）。

在二战结束到冷战结束这一中时段内，全球权力的分配就已经在悄然发生着变化。至20世纪80年代，伴随美国主导的国际秩序不断巩固，全球化、多极化趋势日益加强，在"发展"的大的时代背景之下，除了美苏两大国之外的其他地区和国家都在或多或少地聚力：西欧在加速政治经济一体化的同时不断夯实着共同体与军事合作的基础；以日本为首，东亚一些经济上的后发国家与地区抓住自身优势，借助自己廉价劳力以及短期效益高的出口导向型政策，在经济上得到迅速发展；非洲国家与南亚各国在获得民族独立之后在政治上奉行"不结盟"政策，发展状况也是因为不同人口、资源问题而参差不齐、差异万千。虽然各经济体实力不断积累增长，但美国主导的单极格局没有受到根本颠覆，国际格局总体表征仍为"一超多强"。

进入21世纪，特别受到经济危机的催化，美国作为单级大国的经济优势逐渐减弱，西方发达国家经济体逐步丧失作为世界经济增长动力引擎的地位。美国经济在世界经济中的比重，从20世纪90年代初的25%升到21世纪初的32%左右，后从顶峰逐渐回落到2008年的24%左右。[1] 与之相比，新兴市场国家和发展中国家的比重不断提高，其国内生产总值占全球的比重已达到一半，对全球经济增长的贡献率则已超过80%。[2] 经济力量的此消彼长带来国际秩序调整的巨大动力：以美国为代表的西方发达国家政治影响力相对下降，

---

[1] 吴兴唐：《国际格局多极化的新发展趋势》，载《当代世界》2009年第8期，第9页。
[2] 陈玉刚：《国际格局演变与中国的全球战略与角色》，载《当代世界》2017年第9期，第8页。

所主导的国际体系弊端不断凸显；新兴大国及广大发展中国家参与国际社会与全球治理的能力不断加强，要求改革现有国际秩序弊端、寻求公平发展环境的呼声日益强烈。美利坚大学教授阿米塔·阿查亚认为：美国领导的自由主义国际秩序走向终结。① 中国领导人则深刻地指出，当前世界正处于百年未有之大变局。

二、新兴大国与多极三元结构

冷战结束后，借助全球化潮流，一大批新兴国家利用自身优势获得长足发展，在经济政治等领域实现群体性崛起。"金砖五国""展望五国"②"金钻十一国"③这一系列概念的出现，标志着如同中国一样的新兴经济体④开始全面登上历史舞台，成为全球经济结构中的重要一元。以由中国、俄罗斯、印度、巴西、南非组成的"金砖五国"为例，五国占世界总人口的40％左右，经济占全球经济的比重，已经从10年前的12％上升到23％；金砖国家国际贸易占世界国际贸易的比重从11％上升到16％；对外投资的比重从7％上升到12％；吸引外资的比重2016年达到16％，对世界经济增长的贡献率达50％，已经成为影

---

① 阿米塔·阿查亚：《美国世界秩序的终结》，袁正清、肖莹莹译，上海：上海人民出版社，2017年。
② 展望五国(VISTA)，由越南(Viet Nam)、印尼(Indonesia)、南非(South Africa)、土耳其(Turkey)、阿根廷(Argentina)组成。这一概念是日本的门仓贵史在2007年提出的。
③ 金钻十一国包括墨西哥、印尼、尼日利亚、韩国、越南、土耳其、菲律宾、埃及、巴基斯坦、伊朗和孟加拉国。该概念是国际著名投行高盛所创造。
④ 新兴经济体一词源于"emerging economies"的中译，在20国集团当中就有11个国家(阿根廷、巴西、中国、印度、印度尼西亚、韩国、墨西哥、俄罗斯、沙特阿拉伯、南非和土耳其)可以作为新兴经济体的代表。新兴经济体的总体经济规模在国际贸易、国际资本流动和重点产品产出等方面具有世界性影响力，也为全球金融危机之后的全球经济的稳定和复苏作出了重要贡献。而中国当前的国内经济改革、对外走出去的战略将在需求端为其他新兴经济体提供新的机会，在供给端通过直接投资改善其他新兴经济体的潜在增速水平。关于"新兴经济体"的具体界定及与"emerging market"以及"emerging market economy"之间的区别，参见张宇燕、田丰：《新兴经济体的界定及其在世界经济格局中的地位》；有关中国于新兴市场国家、发达国家三者之间在脱钩模式上的关系图，参见杨盼盼、徐奇渊：《新兴经济体与发达经济体趋势脱钩：中国将发挥关键作用并受益》，载《国际经济评论》2014年第1期，第122页。

响世界经济格局的重要团体之一。① 尽管新兴国家见证了自身各方面实力的增加,但是鉴于发展路径与现状,其本身仍然具有明显的二元属性:如同普通发展中国家一样的人均经济发展水平不高而且发展不全面、不均衡;同时也如同发达国家一样经济体量大,并且在部分地区和部分领域发展水平甚至超过一些发达国家。新兴国家经济上的特殊二元属性,使其兼具了发展中国家和发达国家的某些特征,但是又不完全等同于二元中的任何一方。

与经济上的格局对应,世界各国参与国际社会与全球治理的分层现象亦有所凸显。面对极端现实主义对权力政治与意识形态的鼓吹,民粹主义、反全球化浪潮的逆流,以及当前以恐怖主义、经济危机、环境恶化乃至局部地缘冲突为代表的全球治理难题,以美国为首的西方发达国家在维护既得利益的同时拒绝承担相应责任,参与全球治理的态度消极、政策迟缓。而广大发展中国家更多地注重内向发展,部分相对落后国家甚至在全球化振荡期以及新冠疫情的冲击下自顾不暇。当前,参与全球治理的主流担当是以中国为代表的新兴大国,它们在创建制度框架、构建合作平台上积极有为,不断为全球治理提供新的公共产品,为政治、经济日益两极分化的国际社会提供稳定的支撑脚,为急需进行调整的国际秩序带来改革、完善的动力与希望。

2017年6月2日,时任美国总统特朗普认为,应对气候变化的《巴黎协定》有损美国就业,对美国不公平,遂宣布美国退出《巴黎协定》。特朗普宣布美国退出《巴黎协定》的决定,完全不讲作为世界最大经济体的国际责任,毫不掩饰美国利益至上的利己主义行为。美国不仅对全球性的多边协议缺乏兴趣,而且对本来就是美国主导构建的小范围多边安排也已失去兴趣。当前,美国贸易保护主义抬头,国际主义明显淡化,对全球性议题和机制的热情明显消

---

① 数据来源:《金砖五国有多强:对世界经济增长贡献率达50%》,http://news.ifeng.com/a/20170829/51795406_0.shtml。

退。① 与美国作为国际秩序主导者一味推诿的态度不同,在美国政府为拒绝履行《巴黎协定》采取种种举动的同时,中国承诺坚守削减碳排放的承诺。中国外交部发言人表示:"中国作为一个负责任的发展中大国,我们应对气候变化的决心、目标和政策行动不会改变。"中国承担应对气候变化责任的表示得到了世界各国一致认可。中国做出回应之际,欧盟气候与能源专员米格尔·阿里亚斯·卡涅特在访问北京期间表示"气候变化的新时代开始了,欧盟和中国已做好引领道路的准备"。联合国秘书长古特雷斯表示,中国正在提前兑现在《巴黎协定》中所作承诺,国际社会应看到中国在气候行动方面的积极表现。② 在世界经济危机、恐怖主义、民粹主义等一系列治理难题面前,西方国家主导国际秩序不仅无法消弭矛盾,而且成为矛盾与问题的源头。如中东地区的持续动荡,北非、拉美、东南亚国家发展路径的曲折化,恐怖主义的愈演愈烈,乃至西方社会自身面对的"黑天鹅"事件,无不与美国主导的自由主义霸权秩序失范脱不了干系。新冠肺炎疫情进一步凸显了现有国际秩序的失范,加快了国际秩序调整的步伐。面对新冠疫情,西方国家逐渐退回"强政府"状态,对国际疫情防控的"不参与""不作为"政策一定程度上加剧了这场全人类危机。

当今世界,已然形成在政治上的多极化结构以及经济上由发达、发展中国家以及新兴发展大国所组成的三元化结构。③ 如何在多极三元的崭新结构发

---

① 陈玉刚:《国际格局演变与中国的全球战略与角色》,载《当代世界》2017年第9期,第8页。
② 参见《外媒:中国坚守巴黎协定承诺引领应对气候变化新时代》,《参考消息》2017年3月31日,http://www.cankaoxiaoxi.com/world/20170331/1832322.shtml;《古特雷斯:中国正提前兑现在〈巴黎协定〉中所作承诺》,新华网2019年9月21日,http://www.xinhuanet.com/2019-09/21/c_1125022885.htm。
③ 赵斌曾就新兴大国的集体身份对于中国参与全球治理的意义展开论证,认为"新兴大国处于国际政治经济体系的某种'中间'位置,即其带有某些'半外围'国家的特点"。赵斌之后从治理权转移、身份认同以及国际合法性这几个角度,对新兴大国的集体身份形成可能性进行分析并进一步探讨新兴大国集体身份对于中国的气候外交的启示。请参见赵斌:《新兴大国的集体身份迷思——以气候政治为叙事情境》,载《西安交通大学学报(社会科学版)》2018年第1期。

展趋势中抓住机遇,规避风险,巩固自身发展的同时为全球治理贡献良策,成为摆在中国等新兴大国面前的紧要问题。

三、挑战与机遇并存

中国处于多极三元结构的中心地带,是新兴大国中的代表性力量。基于外交理念与国际秩序观的传承与变革,中国从国际秩序的挑战者,到之后的观望者、参与者,再到如今的建设者这样的国际身份的变迁,反映的是自身实力的提高以及在全球力量对比中位置的抬升。尤其是在改革开放之后,中国的政治影响力、经济实力都有了显著的发展,经历了加入世贸组织,申办并举行奥运会、世界博览会,签订气象框架协议,超越日本成为世界第二大经济体等重大历史事件,同时积极参与周边以及全球范围内的涉及政治、经济、环境治理等诸多方面的论坛会议,彰显中国的地区及国际影响力。

中国在国际社会所处位置决定了,中国的对外政策和中国的发展前景既存在着承上启下、面向多元的优势,也存在着被不同力量误解和误判的困境。中国参与全球治理,为全球其他国家提供公共产品,获得广大发展中国家认可与赞誉的同时,也肯定会引起一些国家不怀好意的猜测、怀疑甚至是阻挠、遏制,过程不会一帆风顺。近年来,伴随中国综合国力的跃升与国际地位的提高,以美国为代表的西方国家利用权势转移理论鼓吹"中国威胁论""修昔底德陷阱",力图压制中国的发展势头,乃至孤立、遏制中国。

为此,中国首先要对自身的实力与定位有客观、全面的判断。头脑要保持清醒,既不怕"棒杀",也严防"捧杀";应审慎应对各种挑战,努力发展自己。作为三元结构中承上启下的核心环节,中国在对外交往中应利用、扩大作为世界最大发展中国家的身份优势,以自身发展的有益经验和丰富成果为广大发展中国家提供物质援助与理念引导,进一步提升国际影响力;面对所谓"争霸"的猜疑与冲击,在积极阐释自身发展理念、承担大国责任,加强沟通交流,努力破除误解的同时,应具备战略定力,不激不随,坚持自身的发展道路,用事实和实力说话,提升自身的话语权和感召力。

党的十九大报告指出,中国特色社会主义进入新时代,意味着中国道路、理论、制度、文化不断发展,为发展中国家走向现代化拓展途径,给那些既希望加快发展又希望保持自身独立性的国家和民族提供全新选择,为解决人类问题贡献了中国智慧和中国方案。党的十九大报告明确提出,推动建设相互尊重、公平正义、合作共赢的新型国际关系。在构建新型国际关系中,国际社会必须坚持对话而不对抗、结伴而不结盟的伙伴关系,以构建人类命运共同体为目标,秉持共商共建共享的全球治理观,倡导国际关系民主化,国家不分大小、强弱、贫富,必须一律平等,积极支持新兴市场与发展中国家在国际事务中的代表性和发言权。这些理念充分反映出新时代国际关系发展的趋势,不仅是中国外交的新思想,更是中国外交的行动指南,将对国际关系产生划时代影响。

经济发展方面,中国开放的大门不会关闭,只会更加开放。事实上,推动形成全面开放新格局,是新时代中国引领经济全球化、推进全球经济治理改革的主要渠道,更是中国经济由高增长向高质量发展转型的重要推手。中国经济对外开放进入前所未有的新阶段,标志主要有:一是将对外开放置于基本国策。中国共产党将对外开放政策列入党章,并将其置于基本国策之高度。以习近平同志为核心的党中央在对外开放议题上决心之大前所未有,对外开放程度之深前所未有,对外开放范围之广前所未有。二是大幅度放宽市场准入,扩大服务业对外开放。事实上,中国一直在努力扩大服务业对外开放,自 2015 年以来已经先后建立了上海、天津、广州等 11 个各具特色、各有侧重的自贸区,主要立足于服务业等对外开放。尤其是十九大报告提出了探索建设自由贸易港。加之之前提出的建立粤港澳湾区经济等,中国对外开放进入了一个新阶段。

外交政策方面,中国开始积极推进全方位、多层次、立体化的外交布局。

如实施共建"一带一路"倡议,创办亚洲基础设施投资银行,设立丝路基金,举办亚太经合组织领导人非正式会议、二十国集团领导人杭州峰会、金砖国家领导人厦门会晤等等,倡导构建人类命运共同体,促进全球经济治理体系变革。中国的国际影响力、感召力、塑造力明显提高,为全球经济治理提供诸多公共产品,为维护人类和平发展做出新的重大贡献。在2017年9月11日,第71届联合国大会已经通过决议,将中国的共商、共建、共享倡议纳入全球经济治理理念,要求"各方本着'共商、共建、共享'原则改善全球经济治理,加强联合国作用",同时重申"本着合作共赢精神,构建人类命运共同体"。此前,联合国已一致通过第2344号决议,呼吁各国推进"一带一路"建设,并首次载入"构建人类命运共同体"理念,呼吁各国支持"大众创业、万众创新"等。中国理念正越来越多地被写入联合国决议,显示出中国智慧、中国方案正变成全球治理新理念。

另外,中国在积极推动全球治理体系变革的过程中既要尽力而为,也要量力而行。从根本上来说,无论内外形势如何变化,必须坚持中国外交政策的基本原则与目标:维护国家利益。国家利益是国家制订外交政策的现实依据,也是其外交政策的最高原则。所谓国家利益,是国家或政府为维护主权国家的生存和发展所确立的基本利益。国家是国际关系中最重要的行为主体,国家利益是影响国家对外行为的根本因素,是制定国家对外战略的出发点和归宿。国家利益的不同,决定了国家间外交战略的不同,形成了国际社会中纷繁复杂的国家利益间的交错和矛盾。当前,国际社会相互交往中的意识形态色彩相对于冷战时期有所淡化,国家利益观念进一步强化,维护国家利益成为外交战略的最高准则。

从国家利益出发,中国始终坚持独立自主的外交政策。中国所面临的主要任务是发展经济,而发展经济的前提条件是有一个和平的国际环境。只要能维持和平的国际环境,就符合中国的国家利益。根据历史经验,没有大国加入军事集团,就不会有大规模的世界战争。中国不依附于任何大国或大国集团,按照国际事务本身的是非曲直来作出自己的判断。这不仅使中国不会介入军事集团之间的纠纷和冲突,而且使任何两个或两个以上的军事集团在对抗和纷争中不得不考虑中国因素。这样,中国就成为一支重要的牵制力量,推动世界和平得以长久地维持下去。独立自主是中国外交政策的根本原则。独立自主是马列主义的一个基本原则,贯穿于中国历届政府外交政策之中。早在新中国成立前夕,毛泽东曾明确指出:"中国必须独立,中国必须解放,中国的事情必须由中国人民自己作主张,自己来处理,不容许任何帝国主义国家再有一丝一毫的干涉。"周恩来也指出:"我们问题有一个基本的立场,即中华民族独立的立场,独立自主、自力更生的立场。"改革开放以来,邓小平也郑重指出:"独立自主,自力更生,无论过去、现在和将来,都是我们的立足点。中国人民珍惜同其他国家和人民的友谊和合作,更加珍惜自己经过长期奋斗而得来的独立自主权利。任何外国不要指望中国做他们的附庸,不要指望中国会吞下损害我们利益的苦果。"中国奉行独立自主的外交政策,并不意味着我们不需要国际力量的支持与合作,搞闭关自守,而是坚持对外开放,加强合作。独立自主原则,不仅适用于国家间的关系,而且也适用于政党间的关系,它是中国共产党发展同各国共产党和其他政党相互关系的准则。

构建新型国际关系,破解"三元化"结构中的不利因素,需要深刻认识到,新型国际关系所倡导"平等""合作""互利"的基本内涵是:坚持和平发展之路,核心在于合作共赢,实质是顺应历史发展的客观规律,充分尊重国际社会中每个行为体的内部与外部需求,以包容开放的姿态真诚地面对相互之间的合作。中国政府所提出的这种处理国家之间关系的模式,反映了中国在外交工作中的平易近人的谦虚姿态,无论是来自发达国家、新兴发展中国家还是欠发达国家,中国政府都一视同仁、平等对待与各国的关系。这种崭新的处理国家关系的模式,也有助于中国完成从某些"两难"不利局势到"左右逢源"的战略优势的转变。

第四节 "亲诚惠容"：中国经略周边国家关系的新思路

在积极参与全球治理，推动国际秩序走向公正合理的同时，中国始终重视与周边国家的关系，以亲诚惠容、和谐共赢的理念指导与周边国家的交往与合作，努力弥合各方差异与矛盾，追求与塑造和平稳定的地区局势。

中国关于处理周边关系的思维与方法，源远流长，不断发展。一些重要思想至少在先秦时期就已出现。先秦时期的国家间道义思想又主要集中体现在诸子百家的言论与著作之中。关于国家之间处理相互关系的原则性问题上，除韩非子之外的先秦诸子都认为在处理国家间关系之时应该"道之以德"，不以强凌弱；"和睦相处"，不以战争扩大国家利益；"言而有信"，讲求国际诚信；"尊礼重和"，遵守国际规范。① 诸子先贤的思想对后世的中国文化以及中国外交思想都产生了巨大影响，而且有关国家间道义思想对今天的国际政治现象仍然具有较强的解释力，对国际政治实践仍然具有一定的指导意义。即使在时空辗转两千年之后的中华大地之上，先秦时期的有关思想仍然能够突破时空的桎梏，在当下的中国外交思想中找到自己的影子。

步入 21 世纪以来，伴随着中国政治经济实力的增长，中国在地区乃至全球的重要性以及地位都在迅速提升。与此同时，中国的周边环境以及与周边国家的关系在国家的外交布局中所占据的地位也变得愈发重要。中国有句古话：远亲不如近邻。中国周边地缘环境复杂，拥有邻国数量众多：中国的陆地

---

① 余丽、李涛：《中国国家间道义思想探本溯源——基于先秦诸子国家间道义思想的对比分析》，载《国际关系理论》2011 年第 3 期，第 66-99 页。

边界约 22 000 公里,海岸线约 18 000 公里,周边国家数量多达 44 个,其中直接接壤国家有 20 个[①],而且这些周边国家的政治、经济发展状况参差不齐,有着不同的文化、民族和宗教。可以说,周边地区是中国安全的"生命地带",周边不稳,中国不稳;周边稳定,中国稳定。[②] 周边安全作为国内安全的外部延伸,对于维护国内经济、社会秩序稳定,营造良好的多边贸易环境有着重要意义,可谓是中国本土安全的一道屏障。[③]

一、中国经营周边关系的理念与实践

20 世纪 50—70 年代,中国周边地区处于两极对抗前沿,中国主权和领土安全,以及中国周边安全环境直接受制于美苏对抗。中国先后制定了联苏抗美、反苏反美和联美抗苏的外交大战略,在此过程中实行睦邻友好政策,争取团结与联合周边国家,建立反霸统一战线。这一时期的"和平共处",是两极对抗格局下中国与周边国家为维护自身安全和相互安全所遵循的基本安全规范。20 世纪 70 年代末以后,基于"和平与发展"的时代观,"发展"越来越成为中国周边安全观的重要内容。在坚持和平共处根本原则的同时,强调和平发展,倡导新安全观和亚洲安全观,其中的创新主线就是"发展"。也就是说,发展在周边安全中的地位日益突出,发展与安全相互促进,互为目的和手段。[④]

20 世纪 90 年代,伴随着冷战的结束与两极格局的瓦解,中国与周边国家

---

① 中国北接俄罗斯、蒙古;西北通哈萨克斯坦、吉尔吉斯斯坦、塔吉克斯坦;西临阿富汗、巴基斯坦;由西南往东依次有印度、尼泊尔、不丹、泰国、缅甸、老挝、越南。东北面同中国陆邻的国家有朝鲜、韩国,与日本隔东海相望;东南面有菲律宾、马来西亚、文莱、印度尼西亚等与中国隔海相望。
② 石源华、祁怀高:《未来十年中国周边环境的新挑战与周边外交新战略》,载《中国周边外交学刊》2015 年第 1 辑,第 34 页。
③ 张蕴岭编:《未来 10—15 年中国在亚太地区面临的国际环境》,北京:中国社会科学出版社,2003 年版。
④ 魏玲:《新中国周边外交 70 年:继承与创新》,载《亚太安全与海洋研究》2019 年第 5 期,第 6 页。

之间的关系基本实现了正常化。1992年初邓小平同志的南方谈话和当年11月召开的党的十四大,不仅标志着中国改革开放进入一个新时期,也为中国的周边外交奠定了新的主题。中共十四大报告指出:"我们同周边国家的睦邻友好关系处于建国以来的最好时期。"[1]自1992年之后,中国的周边外交开始在与俄罗斯、中亚各国、东南亚国家关系等几个方面展开,并取得了积极成果。在处理与俄罗斯的关系上,中俄两国于1996年正式确立战略协作伙伴关系,两国还推动建立"上海五国"来打击"三股势力"并加强边境地区信任以及有关裁军的谈判进程;2001年6月15日,在"上海五国"的基础之上,中国与俄罗斯以及中亚三国哈萨克斯坦、吉尔吉斯斯坦、塔吉克斯坦宣布正式建立上海合作组织,进一步加强了中国与俄罗斯及中亚各国的关系,确保了中国西北边境以及中亚地区的军事安全与经济交流,而且该组织还在2016年进行了第一次的成员扩容;在处理与东南亚各国的关系上,中国在1997年爆发的亚洲金融危机之中表现出作为发展中大国的强烈的地区责任意识,力保人民币坚挺,并向新加坡、泰国、马来西亚等国伸出援助之手,不仅维持了东亚地区的经济安全与金融稳定,还加速了中国与东南亚各国的良性互动:中国于1997年3月正式参与东盟地区论坛(ARF, ASEAN Regional Forum),于1999年11月提出建立中国—东盟自由贸易区(CAFTA, China and ASEAN Free Trade Area)的愿景,于2001年11月与东盟达成《南海各方行为宣言》,于2003年11月正式加入《东南亚友好合作条约》,2010年1月1日正式建成中国—东盟自由贸易区。

有学者在简要回顾中国2013年前周边外交领域的成果之后,认为可以将其大致分为两大基本主线,并留下两大遗产:确定了周边外交的两个次地区重

---

[1] 江泽民:《加快改革开放和现代化建设步伐,夺取有中国特色社会主义事业的更大胜利》,《中国共产党第十四次全国代表大会文件汇编》,北京:人民出版社,1992年。

点方向,即中亚和东南亚;稳定了中国与周边大国的双边稳定关系。① 但是,中国周边外交的进程也并非一帆风顺。中国与日本关于钓鱼岛,与越南、菲律宾、马来西亚、文莱各国关于南海岛礁的主权归属以及资源开发问题龃龉不断。加之美国自奥巴马政府上台之后在亚太地区推行"再平衡"战略,中国推进周边外交的工作难度增大。从地缘政治的角度考虑,如何深入发掘并紧密团结地缘政治互动中的"支轴国家",是中国政府在新时期探索周边外交时的新考验。②

鉴于此,自党的十八大以来,中国政府在以习近平同志为核心的党中央的领导下,顺应时代潮流,结合当前的国际、周边局势走向,明确了我国周边外交的基本方针。在2013年10月24至25日召开的周边外交工作座谈会上,习近平主席指出:"我国周边外交的基本方针,就是坚持与邻为善、以邻为伴,坚持睦邻、安邻、富邻,突出体现亲、诚、惠、容的理念";③在2013年11月举行的上海合作组织成员国总理第十二次会议上,李克强指出要推动新亚欧大陆桥和渝新欧国际铁路联运通道建设,并且中方将在技术、装备提供以及融资等方面给予支持;④在2014年亚信峰会上,习近平主席提出了"综合、共同、合作、可持续的"亚洲安全观。他指出,"要统筹维护传统领域和非传统领域安全","要通过对话合作促进各国和本地区安全","要发展和安全并重以实现持久安

---

① 周桂银:《中国周边外交的当前态势和未来重点》,载《东南亚研究》2017年第1期,第78页。
② 所谓"支轴国家",与区域内大国以及重要国家需要区别对待。借用美国战略家布热津斯基的话就是,"地缘政治支轴国家的重要性不是来自它们的力量和动机,而是来自它们所处的敏感地理位置以及它们潜在的脆弱状态对地缘战略棋手行为造成的影响……一个地缘政治支轴国家有时可能成为一个重要国家甚至一个地区的防卫屏障。有时其存在本身就可能对一个更活跃和相邻的地缘战略棋手产生十分重要的政治和文化影响。"参见兹比格纽·布热津斯基著,中国国际问题研究所译:《大棋局——美国的地位及其地缘战略》,上海:上海人民出版社,1998年。
③ 《习近平:让命运共同体意识在周边国家落地生根》,新华网,2013年10月25日,http://www.xinhuanet.com/2013-10/25/c_117878944.htm。
④ 李克强:《在上海合作组织成员国总理第十二次会议上的讲话》,载《人民日报》2013年11月30日。

全"。同时，习近平主席强调，"发展是安全的基础，安全是发展的条件"；"对亚洲大多数国家来说，发展就是最大安全，也是解决地区安全问题的'总钥匙'"；"要推动共同发展和区域一体化进程"，"以可持续发展促进可持续安全"。① 2015年，习近平主席在博鳌亚洲论坛上发表题为《亚洲新未来：迈向命运共同体》的演讲，主张"共同营造对亚洲、对世界都更为有利的地区秩序，通过迈向亚洲命运共同体，推动建设人类命运共同体"。在2017年十九大的报告中，习近平强调中国积极发展全球伙伴关系，"按照亲诚惠容理念和与邻为善、以邻为伴周边外交方针深化同周边国家关系，秉持正确义利观和真实亲诚理念加强同发展中国家团结合作"。②

二、"亲诚惠容"与周边关系新思路

"与邻为善、以邻为伴"，"睦邻、安邻、富邻"，以及"亲、诚、惠、容"等周边外交理念，各个内涵之间相互联系、相互补充。在2002年的中共十六大上，由于中国与周边国家关系普遍较好，遂将"与邻为善、以邻为伴，加强区域合作"纳入周边外交政策。2003年10月，时任中国总理温家宝在出席东盟商业与投资峰会时首次提出了"睦邻、安邻、富邻"的周边外交政策。"睦邻、安邻、富邻"可以说是作为"与邻为善、以邻为伴"的周边外交政策的核心："睦邻"是思想基础，反映的是中华民族以和为贵、讲信修睦的传统美德；"安邻"是主要手段，即通过加强与邻国的对话合作来增进互信，共同营造安定稳定的周边环境；"富邻"是最终目的，是在加强中国与邻国的经济、文化交流，增进各方互信的基础之上，真正做到将自身的利益融入区域的整体利益之中，实现区域内各国的共

---

① 习近平：《积极树立亚洲安全观共创安全合作新局面——在亚洲相互协作与信任措施会议第四次峰会上的讲话》，人民网，2014年5月22日，http://politics.people.com.cn/n/2014/0522/c1024-25048258.html。

② 习近平：《决胜全面建成小康社会，夺取新时代中国特色社会主义伟大胜利——中国共产党第十九次全国代表大会上的报告》（2017年10月18日），北京：人民出版社，2017年，第60页。

同发展。而习近平主席自十八大以来提出的"亲、诚、惠、容"的周边外交理念，是在结合当前局势变化以及充分考虑中国如今发展状况之下对于"与邻为善、以邻为伴"以及"睦邻、安邻、富邻"理念的进一步补充与完善。

在习近平主席于博鳌亚洲论坛2015年年会上的主旨演讲的官方中英对照本中，"亲、诚、惠、容"的官方译法是"principle of amity, sincerity, mutual benefit and inclusiveness"。首先"亲"译作"amity"，表示和睦、友善，而且结合作为粘附词素前缀的"am-"在拉丁文中表示和"爱"相关的含义（参考法语中的名词阳性名词amour以及直陈式现在时的动词aimer）。关爱邻国，和谐友善，此乃21世纪中国周边外交的主要目的。"惠"译作"mutual benefit"，这种互利互惠在当下的语境中应该理解为经济层面的，今后也会在政治层面以及文化交流层面进一步拓展。"诚"译作"sincerity"，反映的是中国在处理与周边国家关系时所表现出的真心诚意。所谓"意诚而后心正，心正而后身修，身修而后家齐，家齐而后国治，国治而后天下平"①，就强调了"诚"的重要性。"容"译作"inclusiveness"，反映的则是形成区域命运共同体所具有的包容意识，这种包容是在充分尊重各国的政治、经济、社会发展情况以及文化、民族、宗教的差异性前提之下的求同存异。② 因此，在"亲、诚、惠、容"的理念中，"亲"是目的，"诚"是前提，"惠"是基础，"容"是最终理想（命运共同体）。习近平主席提出的"亲、诚、惠、容"的周边外交新理念不仅内涵丰富，而且结合了十八大以来中国"一带一路"倡议与构建人类命运共同体的伟大构想，更是对于

---

① 出自《礼记·大学》。

② 关于"容"的理解，除了"包容"(inclusiveness)，还可以理解为"宽容"(tolerance)。科尼尔斯(A. J. Conyers)的观点值得关注，因为他突出了宽容的工具性。在 *The Long Truce: How Toleration Made the World Safe for Power and Profit* 中他指出宽容是一种策略(strategy)，他呼吁诸如忍耐(patience)、谦逊(humility)、温和(moderation)和审慎(prudence)的美德……但它本身不是目的，而是寻求和谐和不同的人们在一起生活的可容性。尼尔将宽容是一种策略，或是一种方式(modus vivendi)。参见 A. J. Conyers, *The Long Truce: How Toleration Made the World Safe for Power and Profit*, Dallas: Spence Publishing Company, 2001。

"睦邻、安邻、富邻"的进一步阐释与升华。

然而周边外交的建设道阻且长,关于如何破解中国周边外交中的经济与安全的二元格局就是一直以来的一大难题。总体来看,中俄关系,中国与中东国家关系,以及"全方位战略合作伙伴"的中巴关系,中缅关系等发展态势良好。具体而言,中国在与域内国家在经济交往频繁紧密的同时,在安全问题上存在部分矛盾与分歧。特别自2008年经济危机以来,域外大国的投资相对收缩,中国的地区经济优势压倒了区域内的其他国家。自2010年中国—东盟自由贸易区启动以来,东盟国家对中国的出口额持续超过美国,中国成为地区内最重要的经济合作伙伴。为了平衡逐渐上升的中国影响力,东盟各国加强了内部关系,强化了与日、美、韩、印、俄等国家在政治以及安全保障上的关系,采取了在地区问题上稳坐"驾驶席"(driving seat)的战略。特别在安全问题上,东盟采取"多方下注"(hedging)的战略,与中国若即若离。同时中国与东南亚一些国家如越南、菲律宾、马来西亚等在南海问题上仍有争端,不容忽视。就印度而言,虽然通过"金砖国家"机制与中国展开合作,但相互间并未形成国际政治上的相互依存关系。同时,印度担心中国崛起会危及其在南亚的主导地位,并与中国在西南地区的领土边界问题上多发矛盾。日本、韩国在与中国经济往来频繁的同时,因朝鲜半岛问题、钓鱼岛问题等历史遗留问题,与中国的政治隔阂始终存在。2017年韩国部署萨德系统使中韩关系急速降温,[①]伴随亲美派的上台,中韩关系的走向仍扑朔迷离。日本作为曾经的世界第二大经济体,与中国在历史与现实中互为竞争关系,中日关系受到域外国家的重要影响。澳大利亚作为亚太国家,近年来对中国敌意明显,不断采取各种手段"对冲"中国的发展优势。拜登政府上台以来,继承和发展上届政府的外交政策,

---

① 参见益尾知佐子(苏琪):《周边国家对中国的看法:探讨今后亚洲国际秩序的走向》,载《中国国际战略评论》2018(上)。

明确"印太"地区为美国未来战略重点;同时,利用地区矛盾与分歧,由美国主导,澳、印、日三国积极参与的"四国机制"成为美国参与亚太地区事务的重要抓手,其矛头直指中国。

目前看来,经济领域仍是中国与周边国家交往的重要立足点。通过对中国与周边国家经济交往的分析,益尾知佐子认为,任何国家都重视本国经济的发展并期待中国在此领域的积极贡献。除俄罗斯以外,各国对中国的期待都压倒性地偏向于经济领域。很多人认为中国的崛起或许是能让自己的生活变得更加富裕的机会。从某种程度上来说与中国关系深的国家与中国产生摩擦是自然的现象。鉴于周边国家对中国的认识,可以说中国以改善外部环境、寻求合作共赢为目标倡导"一带一路"建设在对外政策的方向上是非常正确的。如前所述,实现经济发展和人民富裕不仅是中国梦,也是亚洲各国共同且普遍的"梦"。即使对于已经发展到一定程度的国家和地区来说,参与市场新一轮的发展浪潮也是必不可少的。中国的"一带一路"倡议很好地关注了亚洲许多国家的潜在需求,为他们提供资金的同时也试图将其转化为中国自身的经济机遇。①

对于这一经济与安全分离的二元格局,"亲诚惠容"的创新外交理念提供了新的解题思路。中国在处理与周边国家的关系时,除了坚持在主权等原则性问题坚决不让步的同时,还应注意区域外尤其是美国方面的介入,并注重区域内关于"亲诚惠容""互利共赢"理念的持续践行,继续坚持以经济交流为中心的区域经济一体化以及多边伙伴关系建设,如果说"亲"和"诚"更多地指向于"态度"的话,那么"惠"和"容"则主要指向于"行动",整体上呈现出相互交织、相得益彰的特点。中国与周边国家在地缘、人际和文化等方面具有亲近之

---

① 参见益尾知佐子(苏琪):《周边国家对中国的看法:探讨今后亚洲国际秩序的走向》,载《中国国际战略评论》2018(上),第167-172页。

感,处理与周边国家关系时信守承诺,以诚相待,努力使自身发展更好地惠及周边国家,充分尊重和适应周边国家和地区的差异性和多元性,不断深化与周边国家和地区的利益融合。周边国家是否切实得到"惠"和"容",这是它们是否真正感受到"亲"和"诚"的关键,也是"命运共同体"能否真正建立起来的关键。以"亲诚惠容"理念为指导,加强"一带一路"建设,与周边国家分享经济发展红利,以"命运共同体"理念构建共同的价值观与理想信念,加强自身的软实力与吸引力,从而塑造"力—利—义"三位一体、休戚与共的周边关系,[①]最终达成从经济到安全,从低政治到高政治的演变,是中国经略周边关系的新思路,也与中国参与全球治理与国际秩序变革的政策、理念一脉相承。

第五节 "一带一路":中国塑造世界新秩序的战略蓝图

在中国共产党第十九次全国代表大会上,"一带一路"成为和"四个自信"一样在大会上被频繁提起的政治热词。在2017年10月18日至10月24日召开的中国共产党第十九次全国代表大会上,大会在明确"不忘初心,牢记使命,高举中国特色社会主义伟大旗帜,决胜全面建成小康社会,夺取新时代中国特色社会主义伟大胜利,为实现中华民族伟大复兴的中国梦不懈奋斗"[②]主题的前提之下,由习近平代表党的十八届中央委员会向中国共产党第十九次全国代表大会报告,其中第十二部分指出中国要"坚持和平发展道路,推动构

---

① 参见卢光盛、许利平:《周边外交:"亲诚惠容"新理念及其实践》,载《国际关系研究》2015年第4期,第54-57页。
② 《习近平说,中国共产党人的初心和使命就是为中国人民谋幸福为中华民族谋复兴》,新华网,2017-10,http://news.xinhuanet.com/politics/19cpcnc/2017-10/18/c_1121819598.htm。

建人类命运共同体"。① 在《中共中央关于认真学习宣传贯彻党的十九大精神的决定》的文件当中指出中国将"坚持和平发展道路,高举和平、发展、合作、共赢的旗帜,恪守维护世界和平、促进共同发展的外交政策宗旨,坚定不移在和平共处五项原则基础上发展同各国的友好合作",并且要"积极促进'一带一路'国际合作,继续积极参与全球治理体系改革和建设,推动建设相互尊重、公平正义、合作共赢的新型国际关系,推动构建人类命运共同体,同世界各国人民一道建设持久和平、普遍安全、共同繁荣、开放包容、清洁美丽的世界"。② 由此可见,中国政府在积极参与全球治理以及在对外政治、经济以及文化的交流过程中,赋予了"一带一路"倡议更加具体的内容以及更深刻的战略意义。

"一带一路"倡议的最初构想可以追溯到 2013 年。2013 年 9 月和 10 月,中国国家主席习近平在出访哈萨克斯坦和印度尼西亚时,分别提出了建设"丝绸之路经济带"和"21 世纪海上丝绸之路"两大倡议。在此之后,中国政府将"丝绸之路经济带"和"21 世纪海上丝绸之路"概括为"一带一路"倡议(One Belt One Road,或 Belt & Road Initiative)。"一带一路"贯穿整个亚欧非大陆,东起东亚经济圈,西至欧洲经济圈,中间广大腹地国家有着巨大的经济发展潜力。其中丝绸之路经济带的主要路段分别经中亚、俄罗斯至欧洲的波罗的海沿岸;经中亚、西亚至波斯湾、地中海地区;经东南亚到达南亚、印度洋地区。21 世纪海上丝绸之路重点方向是从中国沿海港口过南海到印度洋,延伸至欧洲,另一支过南海到南太平洋。

中国政府采取一系列政策推动"一带一路"倡议的实施:例如 2014 年成立丝路基金,旨在于"一带一路"发展进程中寻找投资机会并提供相应的投融资

---

① 《中国共产党第十九次全国代表大会在京开幕,习近平代表第十八届中央委员会向大会作报告李克强主持大会》,新华网,2017 - 10,http://news.xinhuanet.com/politics/19cpcnc/2017 - 10/18/c_1121821145.htm。

② 《中共中央关于认真学习宣传贯彻党的十九大精神的决定(2017 年 11 月 1 日)》,中国政府网,2017 - 11 - 2,http://www.gov.cn/zhuanti/2017 - 11/02/content_5236647.htm。

服务;①2015年3月国家发展改革委、外交部、商务部联合发布了《推动共建丝绸之路经济带和21世纪海上丝绸之路的愿景与行动》,②并于当年12月25日正式成立亚洲基础设施投资银行(Asian Infrastructure Investment Bank, AIIB)③;2017年5月14至15日,在北京举办了"一带一路"国际合作高峰论坛,130多个国家和70多个国际组织参加,会后发表了《"一带一路"国际合作高峰论坛圆桌峰会联合公报》及《"一带一路"国际合作高峰论坛成果清单》④;2017年6月,国家发展改革委和国家海洋局联合发布《"一带一路"建设海上合作设想》⑤;2017年8月7日,中国外交部部长王毅在出席在菲律宾马尼拉举行的第七届东亚峰会外长会议时,在坚持东亚峰会"领导人引领的战略论坛"定位,坚持经济发展与政治安全合作"两轮驱动"的同时,认为中国倡议共建"一带一路"并在5月成功举办"一带一路"国际合作高峰论坛,为各国共享机遇、共谋发展提供重要机遇。⑥

　　2015年3月,经国务院授权,由国家发展改革委、外交部、商务部三部委联合发布的《推动共建丝绸之路经济带和21世纪海上丝绸之路的愿景与行动》中首次公布了"一带一路"倡议的具体方案。文中在第三部分"框架思路"中指出,"'一带一路'是促进共同发展、实现共同繁荣的合作共赢之路,是增进

---

① 《人民银行:丝路基金起步运行》,中国政府网,2015-02-16,http://www.gov.cn/xinwen/2015-02/16/content_2820230.htm。
② 《推动共建丝绸之路经济带和21世纪海上丝绸之路的愿景与行动》,新华网,2015-3-28,http://news.xinhuanet.com/world/2015-03/28/c_1114793986.htm。
③ 《亚洲基础设施投资银行正式成立》,人民网,2015-12-26,http://politics.people.com.cn/n1/2015/1226/c70731-27978826.html。
④ 《"一带一路"国际合作高峰论坛成果清单(全文)》,新华网,2017-5-16,http://news.xinhuanet.com/world/2017-05/16/c_1120976848.htm。
⑤ 《国家发展改革委、国家海洋局联合发布"一带一路"建设海上合作设想》,新华网,2017-6-20,http://news.xinhuanet.com/politics/2017-06/20/c_1121176743.htm。
⑥ 中华人民共和国外交部:《王毅出席第七届东亚峰会外长会》,2017-8-7,http://www.fmprc.gov.cn/web/ziliao_674904/zt_674979/dnzt_674981/qtzt/ydyl_675049/zyxw_675051/t1483052.shtml。

理解信任、加强全方位交流的和平友谊之路。中国政府倡议,秉持和平合作、开放包容、互学互鉴、互利共赢的理念,全方位推进务实合作,打造政治互信、经济融合、文化包容的利益共同体、命运共同体和责任共同体。"[1]

一、"共商、共建、共享"的核心理念与基本原则

每当人类进步与世界发展面临艰难抉择的关键时刻,都特别需要蕴含超常智慧、凝聚国际共识的理念引领。习近平主席提出的"共商、共建、共享"的全球治理理念,为破解当今人类社会面临的共同难题提供了新原则、新思路,为构建人类命运共同体注入了新动力、新活力,具有深远历史意义与重大现实意义。"共商、共建、共享"的新型全球治理观回答了"谁来治理""怎样治理"和"为什么治理"的重大问题,强调治理的多元主体、开放包容和公平公正,旨在推动构建新型国际关系、构建人类命运共同体。共建"一带一路"倡议是以新型全球治理观为指导的国际实践,以构建多元协商的合作体系、开放包容的世界经济和以可持续发展为核心的共同体为主要内涵和目标。"共商、共建、共享"的全球治理观和共建"一带一路"的国际实践有助于解决当前全球治理的失灵、失衡和失序问题,构建共有、共治、共享的新型全球治理,[2]推动国际秩序变革与完善。

"共商"即各国共同协商、深化交流,加强各国之间的互信,共同协商解决国际政治纷争与经济矛盾。与一些西方国家推行的霸权主义和强权政治不同,"共商"理念倡导的是国际社会政治民主和经济民主,促进各国在国际合作中的权利平等、机会平等、规则平等。那些奉行霸权主义和利己主义、片面强

---

[1] 中华人民共和国商务部:《"一带一路"具体方案出炉,中国四大区域全面开放》,2015-11-24,http://fec.mofcom.gov.cn/article/fwydyl/zcwj/201511/20151101193007.shtml。

[2] 秦亚青、魏玲:《新型全球治理观与"一带一路"合作实践》,载《外交评论》2018年第2期,第2页。

调自身安全和利益而无视别国安全和利益的做法，势必引起国际社会的动荡不安。中国顺应世界潮流，尊重各国主权，倡导国家不分大小、强弱、贫富一律平等，通过共同协商达成政治共识、寻求共同利益，有利于构建以合作共赢为核心的新型国际关系，有利于构建人类命运共同体。

"共建"即各国共同参与、合作共建，分享发展机遇，扩大共同利益，从而形成互利共赢的利益共同体。经济全球化将世界市场融为一体，形成了你中有我、我中有你，一荣俱荣、一损俱损的利益格局。面对世界经济困境与挑战，任何国家都不可能独善其身，只有加强互利合作、共同面对挑战，才能实现共同发展。"一带一路"建设是促进全球共同发展的中国方案，它不是中国的独奏曲，而是相关国家共同参与的协奏曲，是实现优势互补、追求互利共赢的合作共建。这种经济民主，旨在维护全球自由贸易体系、发展开放型世界经济，促进全球经济要素有序自由流动，提高资源配置效率，造福世界各国人民。各国共同参与、合作共建，是实现互利共赢的必由之路，是构建人类命运共同体的必要条件。

"共享"即各国平等发展、共同分享，让世界上每个国家及其人民都享有平等的发展机会，共同分享世界经济发展成果。世界的命运应该由各国人民共同掌握，国际规则应该由各国人民共同书写，全球事务应该由各国人民共同治理，发展成果应该由各国人民共同分享。"共享"体现在经济发展方面，就是世界各国积极寻求最大利益公约数、经济合作契合点，实现互惠互利、多赢共赢；体现在文化发展方面，就是促进世界文明交流互鉴，推动各国文化共同繁荣发展，实现各种文明和谐包容。"一带一路"建设通过经济大融合、发展大联动谋求相关国家的共同利益，在共赢中实现共享。同时，它为各国人民友好交往和文化、科技、教育、旅游等活动提供便利和机遇，努力构建不同文明相互理解、相互包容、相互亲和的发展格局和共享机制，为构建人类命运共同体奠定思想文化基础。

"共商、共建、共享"作为"一带一路"倡议的核心理念,为中国在与"一带一路"沿线国家的政治经济文化交流的过程中提供了基本的指导框架。其中,"共商"是主要方式,强调并指出各国人民一起来共商发展大计;"共建"是合作基础,因为中国提出的"一带一路"倡议构想就是建立在"一带一路"国家和地区共同建设的基础之上的;"共享"是共同目的,即发展的成果并非由一国或者几个国家享有,而是属于全体参与国家和人民。在这三者的基础之上,"一带一路"沿线的各国人民的最终理想是建立"命运共同体"。"'一带一路'是共赢的,将给沿线各国人民带来实实在在的利益",将为中国和沿线国家共同发展带来巨大机遇。"[1]根据商务部的统计数据,2015年,在对外直接投资方面,中国企业共对"一带一路"相关的49个国家进行了直接投资,投资额合计148.2亿美元,同比增长18.2%,投资主要流向新加坡、哈萨克斯坦、老挝、印尼、俄罗斯和泰国等;对外承包工程方面,中国企业在"一带一路"相关的60个国家新签对外承包工程项目合同3 987份,新签合同额926.4亿美元,占同期对外承包工程新签合同额的44.1%,同比增长7.4%;完成营业额692.6亿美元,占同期总额的45%,同比增长7.6%。2016年,中国企业共对"一带一路"沿线的53个国家进行了非金融类直接投资145.3亿美元,同比下降2%,占同期总额的8.5%,主要流向新加坡、印尼、印度、泰国、马来西亚等国家地区;对外承包工程方面,2016年我国企业在"一带一路"沿线61个国家新签对外承包工程项目合同8 158份,新签合同额1 260.3亿美元,占同期我国对外承包工程新签合同额的51.6%,同比增长36%;完成营业额759.7亿美元,占同期总额的47.7%,同比增长9.7%。2017年1—9月,中国企业共对"一带一路"沿线的57个国家进行了非金融类直接投资96亿美元,同比下降13.7%,占

---

[1] 中共中央宣传部编:《习近平总书记系列重要讲话读本(2016年版)》,北京:学习出版社、人民出版社,2016年,第268页。

同期总额的12.3%,主要流向新加坡、马来西亚、老挝、印尼、巴基斯坦、俄罗斯、柬埔寨等国家地区;对外承包工程方面,在"一带一路"沿线61个国家新签对外承包工程项目合同3485份,新签合同额967.2亿美元,占同期我国对外承包工程新签合同额的57.5%,同比增长29.7%;完成营业额493.8亿美元,占同期总额的48.2%,同比增长7.9%。① 从三年的数据可以看出,中国企业直接投资的"一带一路"沿线国家数量呈递减趋势,但是参与对外承包工程的国家数量始终较为稳定;非金融直接投资在近三年逐步递减,但是下降率在5%以内,而同期中国企业对"一带一路"沿线国家承包工程新签合同额以及完成营业额占同期总额的百分比逐年稳步增长。

2015至2017年9月中国企业与"一带一路"沿线国家投资合作情况

年份	非金融类直接投资(亿美元)	占同期总额	对外承包工程(份)	新签合同额(亿美元)	占同期我国对外承包工程新签合同额(%)	完成营业额(亿美元)	占同期总额(%)
2015	148.2(同比增长18.2%)	—	3 987	926.4	44.1%(同比增长7.4%)	692.6	45%(同比增长7.6%)
2016	145.3(同比下降2%)	8.5%	8 158	1 260.3	51.6%(同比增长36%)	759.7	47.7%(同比增长9.7%)
2017年1—9月	96(同比下降13.7%)	12.3%	3 485	967.2	57.5%(同比增长29.7%)	493.8	48.2%(同比增长7.9%)

数据来源:中华人民共和国商务部"走出去"公共服务平台统计数据,表格由笔者整理统计。http://fec.mofcom.gov.cn/article/fwydyl/tjsj/201601/20160101239838.shtml
http://fec.mofcom.gov.cn/article/fwydyl/tjsj/201701/20170102504239.shtml
http://fec.mofcom.gov.cn/article/fwydyl/tjsj/201710/20171002661461.shtml

---

① 资料来源:中华人民共和国商务部"走出去"公共服务平台统计数据。

在"一带一路"倡议下,中国企业参与沿线国家基础设施建设和产业投资,促进了企业参与国际合作的进程。"一带一路"建设鼓励公共投资和私人投资,通过公私伙伴关系、混合融资等各种工具和机制进行融资,与"设施联通、贸易畅通、资金融通"相结合,形成了多元融资和公私合作模式,不仅为官方援助和发展合作提供了补充,而且实现了私营部门对全球治理的积极有效参与,形成了全球治理的公私合作伙伴关系。同时,"一带一路"鼓励和推动沿线国家的文化交流、学术交往和人员往来,各国政党议会、民间组织、大学科研机构、科技人员、留学生、游客等都参与到这一进程中,形成了方方面面的社会组织和个体积极参与建设、发展、合作的局面。

"一带一路"确立的"共商共建共享"基本原则为多元治理、平等参与的民主治理提供了保障。共建"一带一路"是建立在尊重各国主权基础上的平等参与、互利共赢的合作新模式,没有强加于人的意识形态和附加条件,而是遵循自愿互利的原则,构建一种协商共治格局。①

二、"开放包容"的鲜明特色与宏阔胸怀

当今世界正处在大变革大调整之中。身处百年未有之变局,对于世界未来的发展,各种政治力量纷纷提出不同的主张。如美国提出全球化就是美国化,以所谓"华盛顿模式"作为国际社会的样板;欧盟则提出欧洲合作一体化的模式,不断扩大欧盟的国际影响,等等。这些主张明显都具有局限性和排他性,难以得到国际社会的普遍认同。中国提出推动建设和谐世界的主张则具有更广泛的普适性。面对大调整、大变革的世界,以习近平同志为核心的党中央,提出了人类命运共同体的理念,明确了与各国人民携手努力,推动建立持

---

① 秦亚青、魏玲:《新型全球治理观与"一带一路"合作实践》,载《外交评论》2018年第2期,第7-8页。

久和平、共同繁荣的和谐世界的长远目标。这一理念和目标的提出,从根本上回应了国际社会对中国今后走向的普遍关切,从根本上回击了形形色色的"中国威胁论",从根本上回答了人类希望有一个怎样的世界,以及怎样构筑这样的世界这些中国和国际社会所共同面对的重大命题。

中国既是建设和谐世界的积极倡导者,又是推动和谐世界建设的实践者。中国始终不渝走和平发展道路。这是中国政府和人民根据时代发展潮流和自身根本利益作出的战略抉择。中国在国际事务中始终不渝地高举和平、发展、合作的旗帜,奉行独立自主的和平外交政策,坚持维护世界和平、促进共同发展的外交宗旨,反对各种形式的霸权主义和强权政治。中国推动和平解决朝鲜、伊朗核问题,倡导建立公正合理的国际政治经济新秩序,积极为推动建设持久和平、共同繁荣的世界作出贡献。中国同其他新兴大国一起,已经成为推动世界经济发展的新的增长极。中国在实现本国发展的同时兼顾对方特别是发展中国家的正当关切。中国在国际事务中承担更多的责任,在经济上也对国际社会作出更大的回馈。中国愿意在发展的道路上,与世界各国分享中国改革开放以来所取得的成果。

自2001年加入世界贸易组织以来,中国在世界经济中的地位和话语权不断提升,在全球经济发展中扮演着愈发重要的角色。中国推动建立金砖国家组织、上海合作组织、亚洲基础设施投资银行、金砖国家银行、丝路基金等,提出共建"一带一路"倡议,积极参加多边对话会议等具体行动,推动世界经济朝着开放、包容、可持续的方向发展。中国对世界发展的贡献,不仅体现在中国经济对全球经济增长所起到的引擎作用,还体现在文化方面。[1] 尤其是在中国在与"一带一路"倡议沿线的非洲国家进行贸易往来的时候,这种文化与价

---

[1] 夏先良:《开创世界经济开放、包容和可持续发展新局面》,载《学术前沿》2017年5月刊,第11页。

值观的差异尤为巨大。非洲国家在保有自己的土著文化的同时,又由于历史原因受到殖民文化的影响,所以这种杂糅的文化使得使中非经贸合作交流变得非常复杂。① 习近平主席在"一带一路"倡议中,吸纳了"包容性"这一合理的思想。他指出,"一带一路"建设秉持的是"共商、共建、共享"原则,不是封闭的,而是开放包容的。② 这种包容性指的就是在施行"一带一路"倡议的过程中要求同存异、兼容并蓄。这种包容不仅仅包括政治、经济制度方面的差异,也包括文化传统以及宗教文化方面的差异。正确处理与"一带一路"倡议沿线地区国家的文化关系,是目前以及今后中国政府以及对外投资企业所要面临和克服的重大挑战。③ 中国提出的共建"一带一路"倡议,核心内容包括政策沟通、设施联通、贸易畅通、资金融通、民心相通,④为世界市场开放和扩展以及世界人民的交流与团结清障搭台。所以,"一带一路"不仅促进沿线区域内乃至世界经济更加开放,使得资源、技术、市场等经济要素得到合理分布、优化配置,也为沿线各国在教育、文化以及民心交流领域提供了包容万千的绝佳平台。

具体而言,"一带一路"的"开放包容"表现在,首先,"一带一路"是非排他、非歧视的合作平台。"一带一路"是一个包容的框架,没有限制性和约束性的制度规定和成员资格要求。同时,它也对世界所有国家和地区开放。其次,共建"一带一路"是开放的合作体系,包括成员开放、机制开放、过程开放和结果开放。倡议提出以来,加入的国家和国际与地区组织日益增多,已经超出了古代丝绸之路的范围。非洲国家加入共建"一带一路"的过程就很好地体现了

---

① 赵珈艺、李金玲:《"一带一路"沿线国家经贸合作现状及前景分析》,载《内蒙古财经大学学报》2017年第15卷第5期,第30页。
② 赵成:《"一带一路"开放包容的和唱》,载《人民日报》,2015-03-29,第5版。
③ 杨新华:《习近平"一带一路"倡议的主要特点》,载《长沙理工大学学报(社会科学版)》2017年第5期。
④ 顾学明:《深耕"一带一路"拓展全球开放型经济发展新境界》,载《人民日报》2016年3月31日。

该体系的开放性。再次,共建"一带一路"有利于纠正全球化过程中的发展失衡问题,解决全球治理的发展赤字。① 正如习近平主席所说:"中华民族历来讲求'天下一家',主张民胞物与、协和万邦、天下大同,憧憬'大道之行,天下为公'的美好世界。我们认为,世界各国尽管有这样那样的分歧矛盾,也免不了产生这样那样的磕磕碰碰,但世界各国人民都生活在同一片蓝天下、拥有同一个家园,应该是一家人。世界各国人民应该秉持'天下一家'理念,张开怀抱,彼此理解,求同存异,共同为构建人类命运共同体而努力。"② 以开阔胸怀兼济天下,以"共商、共建、共享"包容共生的"一带一路"建设,是习近平主席"天下一家"命运共同体理念的最好阐释,是中国智慧与中国方案的最理想实践,也是中国参与、引领、塑造新的国际秩序的最佳方式。

三、"互利共赢"的价值取向与终极目标

作为"一带一路"蓝图的最终目的,"互利共赢"也是自新中国成立以来贯穿中国外交政策的一种价值体现。从和平共处五项原则中倡导的"平等互利"原则,到十八大以来所宣扬的"树立正确义利观"③以及"构建人类命运共同体"的宏伟蓝图,都蕴含着相互合作、互相依存、追求共赢的互利理念。就如同生物中普遍存在的"共生"(symbiosis)现象,④"互利共赢"反映的则是一种社会层面的共生。2015 年国家发展改革委、外交部、商务部联合发布了《推动共

---

① 秦亚青、魏玲:《新型全球治理观与"一带一路"合作实践》,载《外交评论》2018 年第 2 期,第 9 - 10 页。
② 《习近平在中国共产党与世界政党高层对话会上的主旨讲话》,中国网,http://www.china.com.cn/news/2017 - 12/01/content_41960404.htm。
③ 参见王毅:《坚持正确义利观积极发挥负责任大国作用》,2013 年 9 月。文中指出:"利,就是要恪守互利共赢原则,不搞我赢你输,要实现双赢。我们有义务对贫穷的国家给予力所能及的帮助,有时甚至要重义轻利、舍利取义,绝不能唯利是图、斤斤计较。"
④ 共生关系是指两种不同生物之间所形成的紧密互利关系。动物、植物、菌类以及三者中任意两者之间都存在"共生"。在共生关系中,一方为另一方提供有利于生存的帮助,同时也获得对方的帮助。

建丝绸之路经济带和21世纪海上丝绸之路的愿景与行动》,其中明确指出:坚持互利共赢。中国愿与沿线国家一道,稳步推进示范项目建设,共同确定一批能够照顾双多边利益的项目,对各方认可、条件成熟的项目抓紧启动实施,争取早日开花结果。①"一带一路"建设兼顾各方利益和关切,寻求利益契合点和合作最大公约数,体现各方智慧和创意,各施所长,各尽所能,把各方优势和潜力充分发挥出来。

"一带一路"在非洲的推进正是践行"正确义利观"与"互利共赢"理念的典型代表。在与非洲各国进行合作过程中,中国始终将非洲国家的发展需要放在重要位置,2013年3月25日,习近平主席在坦桑尼亚尼雷尔会议中心发表演讲时提出了"真、实、亲、诚"对非政策理念和正确义利观,为新时期中非关系发展指明方向。习近平主席表示:对待非洲朋友,我们讲一个"真"字;开展对非合作,我们讲一个"实"字;加强中非友好,我们讲一个"亲"字;解决合作中的问题,我们讲一个"诚"字。在"一带一路"的初期规划中,尽管非洲的定位并不明确,但这一阶段中非合作的实践与"一带一路"倡议相契合,发挥了"先行先试"的作用。2015年12月,中非合作论坛约翰内斯堡峰会召开。会议特别强调中非在发展战略上高度契合的重要性,这与"一带一路"倡议推动与沿线发展战略对接的要求形成了呼应。"一带一路"在非洲的推进进程由此进入"战略对接"阶段。针对非洲国家相对落后的发展特征,"一带一路"倡议提出后不久,中国于2014年提出了针对非洲的"三网一化"②合作框架。"三网一化"与"一带一路"在工作重点上具有较高的契合度,因此有学者称其为小型的或非

---

① 《"一带一路"具体方案出炉 中国四大区域全面开放》,新华社,2015年11月24日,转引自中华人民共和国商务部"走出去"公共服务平台,http://fec.mofcom.gov.cn/article/fwydyl/zcwj/201511/20151101193007.shtml。

② 2014年5月,李克强总理访非,提出愿与非洲合作打造其高速铁路网、高速公路网、区域航空网,并推进基础设施工业化,简称三网一化倡议。参见赵晨光:《从先行先试到战略对接:论"一带一路"在非洲的推进》,载《国际论坛》2017年第19卷第4期,第53页。

洲版的"一带一路"。"三网一化"以发展为导向,尊重非洲在自身发展问题上的主导地位,致力于通过中非机制化合作突破长期以来制约非洲发展的瓶颈。①

在此基础之上,中非合作日益深化。据统计,2020年流向非洲的投资42.3亿美元,同比增长56.1%,占当年对外直接投资流量的2.8%。主要流向肯尼亚、刚果(金)、南非、埃塞俄比亚、尼日利亚、刚果(布)、尼日尔、赞比亚、塞内加尔等国家。中国对非洲的投资增幅仅次于拉丁美洲,居第二位。② 除了对非投资大幅增加,中国企业对非投资主要集中在建筑业、采矿业,帮助非洲建设其发展急需的基础设施,并帮助其实现资源利用的最大化。同时,在推动非洲产业升级的同时,对于非洲经济健康可持续发展亦提出建设性意见。2021年1月王毅访问非洲时提出中国要帮助非洲建设健康非洲、制造非洲、联通非洲、丰收非洲、绿色非洲、数字非洲和安全非洲这七个方面的构想。本着互利共赢的理念,中国政府与企业在自身获利的同时,真切体会与理解非洲各国的发展需要,将非洲的利益摆在重要位置,通过"一带一路"建设的丰富实践与成果,获得非洲各国的真心支持与拥护。"一带一路"在非洲的推进将更广更深更远。

当然,同时也应该认识到,"一带一路"倡议在沿线的一些国家的推进受到了一些阻碍。"一带一路"倡议沿线地区包括东南亚、南亚、中东和北非以及东非地区的一些国家,其中绝大多数都是向互利互惠、共同安全的目标共同前行,积极引进外资以及基础设施建设项目。南亚是中国新时期"亲、诚、惠、容"周边外交着力开拓的重要区域,也是丝绸之路经济带的纽带和海上丝绸之路

---

① 《"真实亲诚"对非政策理念和正确义利观提出8周年中国坚定不移推进中非友好》,中国网,2021年3月25日,http://news.china.com.cn/2021-03/25/content_77346483.htm。

② 中华人民共和国商务部等编:《2020年度中国对外直接投资统计公报:汉、英》,北京:中国商务出版社,2021年,第15页。

的战略枢纽和海陆交汇之处。① 南亚地区有中国全天候战略伙伴巴基斯坦，也有地区强邻印度，还有斯里兰卡、马尔代夫、尼泊尔和孟加拉国等国。该地区存在着不少倡议或构想，包括中国提出的"一带一路"倡议、中巴经济走廊和孟中印缅经济走廊。但是出于地缘政治角度，南亚的印度一直将中国视为最主要的竞争对手并且惯于忌惮中国在南亚的影响力。考虑到"一带一路"的实施会提升中国在全球尤其是在亚太地区的竞争力，印度对中国实力的提升有所顾虑。2014年9月国家主席习近平访印，在推动"孟中印缅经济走廊"的同时，更进一步商议"一带一路"建设的倡议。但是中印之间由于直接的地缘政治矛盾，尤其是近两年来中印的边界领土争端龃龉不断。2016年4月中、印在北京举行了第19次中印边界问题特别代表会晤，但依旧没有实质性进展。此外，美国在亚太以及东亚地区对美印关系的重视程度逐渐加深，无论是2017年11月5日特朗普的亚洲之行的首场演讲，②还是2018年11月2日美国国家安全事务助理麦克·马斯特的公开演讲，或者是前美国国务卿蒂勒森在2018年10月份关于印度的演讲，都用"印太"(Indo-Pacific)代替"亚太"(Asia-Pacific)，以此来强调印度在亚洲地区日益凸显的战略地位。从地缘政治博弈与国家战略设计的宏观角度来看，"一带一路"倡议不仅是中国一项兼具地区发展战略和全球秩序设计意涵的战略构想，同时也是中国依托地缘区位优势与美国展开地缘政治、地缘经济以及国家软实力投射"三重博弈"的战略工具。③ 对于中、美、印关于亚太地区的战略博弈，中国仍然需要坚守"互利共赢"的原则性目标，才能使各方保持合作的愿望和能力，不断优化合作环境，

---

① 《习近平:坚持与邻为善以邻为伴体现亲、诚、惠、容理念》，中国共产党新闻网，2015-08-10，http://cpc.people.com.cn/xuexi/n/2015/0810/c385474-27435843.html。
② 《不谈"亚太"谈"印太"，特朗普访华前表态在暗示什么》，网易新闻，2017-11-06，http://news.163.com/17/1106/21/D2JDR68H0001875N.html。
③ 信强:《"三重博弈":中美关系视角下的"一带一路"战略》，载《美国研究》2016年第5期。

并不断防范合作中可能出现的风险。①

中国有关"一带一路"的倡议,并不是希冀建立所谓的政治联盟或者军事联盟,也不是设立陷阱,搞零和博弈。"一带一路"倡议本着互利共赢的终极目标,希望打造一条和平之路、繁荣之路、开放之路、创新之路、文明之路,做成各方共同打造的全球公共产品。②"一带一路"以"共商、共建、共享"为发展理念,以"互利共赢"为价值取向与终极目标,将利己与利他摆在同等重要的位置,将中国梦与世界梦有效联结,为地区共生与世界共赢做出重要贡献。正是对于"互利共赢"价值取向的坚守,以及由此衍生的战略定力,是中国获得沿线各国认可、支持、帮助,不断推进"一带一路"建设的重要原因,也是中国影响力与感召力不断提升的源头。"互利共赢"与"命运共同体"一脉同源,相辅相成,体现中国人民达则兼济天下的热望,是中国推进"一带一路"建设,经略周边与治理全球的原则与基础,也是中国勇立潮头,推动国际秩序变革的定力与保障。

总的来说,中国正以前所未有的广度、力度和深度积极参与全球治理体系的变革与国际秩序的重塑。冷战后的世界正在发生广泛而深刻的变化,近十余年的发展趋势日益表明,世界正处于百年未有之大变局。对于中国而言,机遇前所未有,挑战也前所未有,但是机遇终将大于挑战。和平与发展仍然是时代主题,世界格局多极化、经济全球化、科学技术突飞猛进的趋势更加明显。但世界仍然处在大变动、大调整之中,总体有利的形势在进一步发展,机遇在大大增加;不利的因素、不稳定和不确定的因素也在增加,挑战更加严峻:经济全球化深入发展、加速发展,其双刃剑的特性愈益显现,带来的机遇和挑战同

---

① 张军扩:《坚持互利共赢,务实推进"一带一路"建设》,载《经济纵横》2015年第10期,第13-15页。

② 中共中央宣传部:《习近平新时代中国特色社会主义思想学习纲要》,北京:学习出版社、人民出版社,2019年,第214-215页。

时上升；世界多极化正在加快发展，协商、对话、合作成为主流，但多极化的发展道路仍然曲折；世界总体和平稳定，但安全形势不容乐观，传统安全威胁依然存在，非传统安全威胁有上升趋势。国际上的这些重要变化，深刻地影响中国当前和今后的发展，特别是当代中国同世界的关系发生了历史性变化，已经全面参与到经济全球化进程中。这两个方面的因素，决定了世界对中国的影响比以往任何时候都更为直接和广泛。中国对外开放日益扩大，同时面临的国际竞争日趋激烈，发达国家在经济科技上占优势的压力长期存在，可以预见和难以预见的风险增多。中国政府及人民需要妥善应对针对中国的贸易保护主义和能源、资源、环境等方面的挑战，有效回应形形色色的"中国威胁论"；要更加清醒地认识目前面临的国际安全环境，应对和解决各种形式的安全威胁，警惕和回应国际敌对势力利用各种手段强化在国内政治和意识形态等领域的渗透。

中国是以联合国体系与《联合国宪章》宗旨和原则为核心的战后国际体系与国际秩序的坚定维护者和建设者。但由于发达国家在国际体系中的长期优势地位，现行秩序同时也被打上了强烈的西方烙印。随着世界多极化、文明多样性和经济全球化的深入发展，尤其是新兴大国和发展中国家整体实力的增强和对世界和平发展贡献的增多，美国所主导的一些国际秩序规则、规范与行为模式越来越不能反映和适应国际力量格局的变化，也越来越不能满足全球治理的现实需求，因此国际秩序变革势在必行。

中国对现有国际秩序的重塑将主要通过两种途径来实现，一是推动秩序内合理改革，如推动国际货币基金组织和世界银行的改革。二是在全球治理中现有国际秩序效率不足或存在制度缺失的领域提供有益补充。中国既不会寻求颠覆现有秩序，也不会另起炉灶。早在 2003 年，中国时任外交部副部长王毅在解释中国提出的新秩序与现有秩序的关系时曾表示，"我们提出新秩序，不是要抛弃或否定现行秩序，而要对其中不合理、不公正之处进行调整和改革,使之能够反映大多数国家和人民的共同利益,推动实现国际关系的民主化。我们倡导新秩序,不是要排他,而是希望实现开放、包容和共赢。"①

中国现在是、将来在很长一段时间内也仍然是国际秩序的贡献者之一。中国走的是一条和平发展道路。虽然与过去相比,中国塑造国际规则的能力有了明显提升,但是仍需要与其他国际力量携手同行,一起共同推动国际规则的制定。国际场域中实力格局的均衡化趋势也意味着,国际场域的互动规则的合法性至少需要通过主要力量的共同协商与协调来得以实现,从而保证国际规则的广泛适用性和持久性。中国目前的崛起仍主要是经济上的崛起,仍需在政治、科技和文化领域进一步提升实力,增强国际话语权、规则制定权、科技竞争力和理念引领力。②

需要注意的是,虽然"和平、发展、合作、共赢"日益成为当今时代的发展潮流,但是以中国为代表的新兴大国重塑国际秩序的道路不会一帆风顺。相反,这将是一个曲折而漫长的过程。中国希望能够建立更为公正合理的国际政治经济新秩序,但是作为国际秩序的主要塑造者并希望继续维护其主导地位的美国并不会轻易放手和让步。美国将战略重心东移已经充分说明了,美国要继续维护其在亚洲的领导地位和国际规则制定权。与此同时,随着中美综合实力差距进一步缩小,美国的焦虑感上升。面对新兴大国的群体性崛起,美国需要有一个战略心理调适期。此外,中美在意识形态、历史文化背景和发展模式上的差异将会增加磨合的难度。这从另一个角度说明了中美构建新型大国关系的重要性和必要性。

当今世界,任何一种文明都不可能封闭自己、不接受其他文明的影响,也没有任何一种文明能够强迫其他文明接受自己,只有允许各种文明的相互碰

---

① 王毅:《与邻为善,以邻为伴》,载《求是》2003年第4期,第22页。
② 同上。

撞并积极参与这种碰撞，才能共同建设人类共有价值观念。在此，努力发现异质文明的闪光之处应是政治家和思想家们关注的焦点。例如，可以从伊斯兰文化中发现"完善信念、力行善功、多做善举"的包容和宽爱精神；从基督文化中发现仁爱的道德精神和宽恕别人、爱人如己，甚至用爱去化解仇恨的人文思想；也可以从印度文化中发现主张人与万物和谐相处的精神。而所有这些思想与精神的共同合理内核就是人类精神的本质所在，自然也是构建和谐世界的强大和共有的精神动力。

倡导建设持久和平、共同繁荣的人类命运共同体，是中国基于五千年传统文化积淀，对当今世界要和平、促发展、谋合作的时代潮流做出的战略判断，体现了一个发展中大国和文明古国对人类精神的终极关怀，是中国对构建新时期全球政治范式的思想贡献。当然，由于国际矛盾的错综复杂，"人类命运共同体"实现之路道阻且长，需要世界所有国家和人民共同努力才有可能最终成型。作为倡导者，中国有责任对"和谐世界""人类命运共同体"等思想的历史与现实意义进行科学的、实事求是地解读与弘扬，使之成为推动东西方文明沟通与和解的桥梁、成为人类共同价值和世界政治文化交流的共同目标。为此，中国要在与各种文明的相互碰撞与吸纳中形成构建和谐世界的强大精神动力。同时，中国还要积极推动中国传统文化的发展与国际传播。习近平总书记在中央外事工作会议上指出，党的十八大以来，我国对外工作攻坚克难、砥砺前行、波澜壮阔，取得了历史性成就，积累了有益经验和深刻体会。在中国特色的大国外交新路之上，除了坚持统筹国内国际两个大局、坚持战略自信和保持战略定力，更要做到坚持捍卫国家核心和重大利益，从历史经验中不断汲取前行力量，推动中国特色大国外交再创新辉煌。[①]

[①] 《从新时代中国特色大国外交成就中汲取智慧和力量——三论贯彻落实中央外事工作会议精神》，人民网，2018年6月26日，http://paper.people.com.cn/rmrb/html/2018/06/26/nw.D110000renmrb_20180626_2-02.htm。

中国在积极参与全球政治、经济、文化等方面治理的同时，还需不断完善中国国家治理体系与治理能力的现代化建设，并借助国内外治理的双层经验，完成国内治理与全球治理的深层互动。与此同时，中国在参与全球治理的过程当中还需要充分意识到多极三元化格局中的各种有利与不利因素，并借助新型国际关系构建这一崭新外交途径，充分发挥自身的战略优势，并以"亲诚惠容"作为中国处理周边国家关系的新准则，借助"一带一路"这一崭新的宏伟蓝图，努力破解经济与安全二元格局，向着"互利共赢"的最终发展目标不断前进。

新时代的中国将对构建"和谐共生"的世界新秩序发挥不可替代的作用，但任重而道远。中国需要继续坚持和平发展道路，在和平共处五项原则基础上与所有国家发展友好合作，积极推动建立长期稳定健康发展的新型国际关系尤其是大国关系，避免冲突，坚持合作，维持良性互动，实现互利共赢。更为重要的是，中国要继续练好内功，搞好国内现代化建设，统筹国内国际两个大局，保持并维护好发展的良好势头，全面提升综合实力，实现两个"百年目标"，从而为维护世界持久和平、促进共同发展与繁荣做出更大贡献。[①]

[①] 冯继承：《大国崛起与国际体系转型——国际惯习、战略互动与秩序重塑》，外交学院博士论文，2016年，第170页。

第四章
新时代中国领导人关于国际秩序的重要论述
——代结语

(石 斌)

国际秩序是世界政治中最具全局性、长期性和战略性的重大问题之一。国际秩序的走向,本质上就是"世界向何处去"的问题。近十余年来,对于国际秩序的现状与发展趋势,不仅国际社会强烈关注,学术讨论异常热烈,各国政府也高度重视。用习近平主席的话说,"当今世界的变局百年未有","人类又一次站在了十字路口:合作还是对抗?开放还是封闭?互利共赢还是零和博弈?如何回答这些问题,关乎各国利益,关乎人类前途和命运。"①

关于国际秩序问题,习近平主席发表过许多重要论述,对于上述问题,都有深入的解答和明确的立场。在全球形势变乱交织、国际竞争日趋激烈、秩序变迁前景不明的重要关口,我们既要认真研判西方大国的国际秩序观念与政

---

① 习近平:《为国际社会找到有效经济治理思路》,2018年11月17日在亚太经合组织工商领导人峰会上的主旨演讲,《习近平谈治国理政》(第三卷),北京:外文出版社,2020年,第455页。

策行为,更要深入学习和领会新时期中国领导人的思想理念和战略主张。①

习近平外交思想的许多重要方面都与国际秩序有关,相关论述内容丰富、立意高远、思想深邃。其中,"百年未有之大变局"是对全球秩序现状与走势的总体判断和战略预见,"人类命运共同体"是有关国际秩序目标的新倡议和新境界,"文明交流互鉴"事关国际秩序的价值立场与人文基础,国际秩序"建设者"是对中国国际身份的明确界定,"民主化、法治化、合理化"是国际秩序改良的重要原则,"新型国际关系"是国际秩序建设的基本路径,"共商共建共享"是秩序重塑和全球治理的新思路,"一带一路"是秩序建设与全球治理的中国方案。这一系列重要论述具有内在逻辑联系,构成了有关国际秩序与全球治理的一整套系统、完整的思想体系,对于改良国际秩序,推动全球善治,构建人类命运共同体,具有非常重要的理论价值和实践意义。本章只能就其中几个主要方面,特别是在各种重要场合多次表述的一些重要思想,谈谈我们的初步体会。

第一节 "百年未有之大变局":全球秩序大判断

2017年12月28日,习近平主席在驻外使节工作会议上提出了一个重大论断:"放眼世界,我们面对的是百年未有之大变局,新世纪以来一大批新兴市场国家和发展中国家快速发展,世界多极化加速发展,国际格局日趋均衡,国

---

① 在中国领导人和重要政府文件的相关表述中,"国际体系""国际秩序""全球治理",是三个密切相关、在不同语境交替使用的概念。此外,在论及秩序问题时,中国政府一般使用"国际秩序"这个概念,旨在反映主权国家在秩序发展过程中的主导地位和主要作用这一客观现实。在涉及环境、生态等治理主体更为广泛的全球性问题时,有时也用"全球秩序",但一般不用"世界秩序"这个具有美国特色、模糊了国际秩序与国内秩序边界的概念。

际潮流大势不可逆转。"①在 2018 年 6 月中央外事工作会议上他再次指出："当前中国处于近代以来最好的发展时期,世界处于百年未有之大变局,两者同步交织、相互激荡"。此后他又多次重申这个论断,并且经常紧接着就做出"全球治理体系和国际秩序变革加速推进,新兴市场国家和发展中国家快速崛起,国际力量对比更趋均衡"等类似表述。② 这说明,"大变局"尽管体现在许多方面,但大多与国际体系与国际秩序正在发生的重要变化有关,更与世界的未来有关,可以说是对世界格局和全球秩序现状与走向的一个总体判断和战略预见。

"大变局"涉及国际格局、竞争场域、多边制度、经济环境、安全挑战、大国政策、技术创新、人口变迁、国家治理、社会思潮等众多维度。这里仅以格局、制度、技术、思潮这四个主要方面为例,就足以说明"百年未有之大变局"是一个极富远见、令人深思的重大判断,堪称"神来之笔"。

大变局是国际格局之变。国际力量对比是百年变局中最关键的变量。百年变局最为深刻的变化,就是与中国等新兴大国的崛起有关的国际体系结构变迁以及相应的国际秩序变革需求。"世界多极化进一步发展,新兴市场国家和发展中国家崛起已成为不可阻挡的历史潮流。"③ 习近平主席说"国际格局日趋均衡",中国的发展与世界大变局"同步交织、相互激荡",本身就包含国际格局之变是百年变局的关键这层意义。

在过去二三十年间,主要国家间的力量对比已从量变积累转化为某种程度上的质变。尤其是 2008 年金融危机以来,西方出现了自工业革命以来的第

---

① 习近平:《做好新时代外交工作》,2017 年 12 月 28 日在接见 2017 年度驻外使节工作会议与会使节时的讲话,《习近平谈治国理政》(第三卷),第 421 页。
② 习近平:《携手共命运,同心促发展》,2018 年 9 月 3 日在中非合作论坛北京峰会开幕式上的主旨讲话。
③ 习近平:《携手构建合作共赢新伙伴,同心打造人类命运共同体》,2015 年 9 月 28 日在第七十届联合国大会一般辩论时的讲话,《习近平谈治国理政》(第二卷),北京:外文出版社,2017 年,第 522 页。

一次全面颓势。欧洲经济增长乏力,并已陷入老龄化困境。金融危机不仅重创了世界经济秩序,也暴露了美国的制度缺陷。美国全球地位相对衰落,国内社会矛盾激化,保护主义、民粹主义与孤立主义抬头,以至于美国政府试图以"退群""砌墙""贸易战"等方式,力挽美国霸权颓势。另一方面,新兴国家集体崛起,且不再唯西方经验是瞻,各国自主选择发展道路之风日盛。2010年中国超越美国成为世界制造业第一大国,同时超越日本成为世界第二大经济体。新兴市场国家和发展中国家对世界经济增长的贡献率已经达到80%。总之,新兴经济体是推动百年变局的关键力量,它们的崛起客观上改变了国际体系的实力对比乃至价值理念格局,使国际秩序原有制度安排难以完全适应这种新格局,必须重新分配权利与利益。

  大变局是多边制度之变。习近平指出,"全球治理体制变革正处在历史转折点上"[①]。与国际格局的变化和大国的政策调整直接相关,作为国际秩序重要基础的多边国际制度与全球治理体系正进入瓦解与重构交织的过程。特朗普政府先后退出《巴黎气候协定》《跨太平洋伙伴关系协定》《伊核协议》《中导条约》《开放天空条约》和联合国教科文组织与人权理事会,并扬言要退出世贸组织,猛烈抨击联合国甚至北约。美国以单边主义和保护主义对抗多边主义和自由贸易,似乎是要抛弃其一手主导建立的多边国际制度。实际上,美国的战略调整,主要是因为自身地位相对衰落,民族主义与孤立主义抬头,认为一些多边合作机制已不能满足自身需要,或者束缚了自己的手脚,因此试图修改规则、重塑秩序,以便继续获取最大收益,重拾自信心与"舒适感";此外还试图通过减少国际义务,以便积蓄国力"再次伟大"。与此同时,全球性问题的不断恶化和治理赤字的扩大,客观上为国际制度的重建提出了巨大需求,新兴市场经济体的崛起则为制度重构提供了新的动力,因此尽管有一些多边制度濒临

---

① 《中华人民共和国简史》,北京:人民出版社、当代中国出版社,2021年,第394页。

瓦解,但全球治理的新设想和新架构仍在不断涌现。

大变局是科技创新之变。习总书记明确指出,"百年未有之大变局,科技创新是其中一个关键变量"。他还指出,诸如量子科技等重大颠覆性技术创新,具有重大科学意义和战略价值,将冲击和重构传统技术体系,引领新一轮科技革命和产业变革的方向。① 的确,当今世界科学技术突飞猛进,是百年变局的基本推动力量。进入21世纪以来,全球科技创新空前密集活跃,新一轮科技革命和产业变革正在重构全球创新版图、重塑全球经济结构。"互联网、大数据、云计算、量子卫星、人工智能迅猛发展,人类生活的关联前所未有"。② 这些新兴前沿技术领域、国际科技竞争制高点以及相关战略性新兴产业,不仅会直接改变人类的生活方式,也可能加速改变国家之间的实力对比。

大变局是社会思潮之变。习近平指出:单边主义、贸易保护主义、逆全球化思潮"不断有新的表现",冷战思维、零和博弈、文明冲突、文明优越等论调"不时沉渣泛起"。③ 近年来,民族主义、民粹主义、本土主义、保护主义、孤立主义以及反全球化与逆全球化等各种新旧观念、思潮或意识形态在许多国家或地区大行其道,相互交织、激荡,对人类的思想格局与价值观念构成了强烈冲击。与此同时,网络技术的发展和普及,极大地拓展了传播的主体、载体、容量和速率,显著提高了民众获取信息、接触新观念和自我表达的热情与便利,激发了民众权利意识的普遍觉醒,使民粹主义、民族主义等各种意识形态与社会思潮得以迅速扩散与凝聚并对各国内政外交产生深刻影响。

总之,国际秩序正在陷入深刻的危机。二战后建立的国际秩序,已经不能

---

① 习近平:《深刻认识推进量子科技发展重大意义,加强量子科技发展战略谋划和系统布局》,2020年10月16日在中央政治局集体学习时的讲话。
② 习近平:《把世界各国人民对美好生活的向往变成现实》,2017年12月1日在中国共产党与世界政党高层对话会上的主旨讲话。
③ 习近平:《弘扬"上海精神",构建命运共同体》,在上海合作组织成员国元首理事会第十八次会议上的讲话,《习近平谈治国理政》(第三卷),第440页。

满足全球治理需求,相应的调整与改革势在必行。但变局仍在发展,而且变化中也蕴含着不变。例如,人类处于核武器时代这一现实并未改变,这对大国冲突仍将构成制约;各国经济与安全高度相互依存这一现实没有变,这意味着全球化进程难以逆转,相互孤立、"脱钩"不切实际。更重要的是,正如习近平所指出的,和平与发展的时代主题没有改变,和平、发展、合作、共赢的世界潮流没有变,世界多极化和经济全球化的时代潮流也不可能逆转,因此,"要充分估计国际秩序之争的长期性,更要看到国际体系变革方向不会改变"。[①]

第二节 "人类命运共同体":秩序追求新境界

自2013年3月习近平主席呼吁国际社会树立"你中有我、我中有你"的命运共同体意识以来,"人类命运共同体"倡议不断完善并日益赢得世界认同。习总书记在十九大报告中,明确提出要推动构建新型国际关系、推动构建人类命运共同体。这"两个构建"概括了中国外交的总目标,而"命运共同体"是最终落脚点,是人类的长远目标和理想追求。"人类命运共同体"实际上是一种新的全球价值观和国际秩序建设的新倡议、新境界,其最终指向是和谐共生的人类秩序,或如日本前首相福田康夫所说,是指向"创造所有人幸福生活的人类共同理想"。

一、"命运共同体"的内涵与意义

"合作共赢,就是要倡导人类命运共同体意识,在追求本国利益时兼顾他

[①] 习近平:《中国必须有自己特色的大国外交》,2014年11月28日在中央外事工作会议上的讲话,《习近平谈治国理政》(第二卷),第442页。

国合理关切,在谋求本国发展中促进各国共同发展,建立更加平等均衡的新型全球发展伙伴关系,同舟共济,权责共担,增进人类共同利益。"这是十八大报告对"人类命运共同体"的表述。习近平主席的解释言简意赅:"人类命运共同体,顾名思义,就是每个民族、每个国家的前途命运都紧密联系在一起,应该风雨同舟,荣辱与共,努力把我们生于斯、长于斯的这个星球建成一个和睦的大家庭,把世界各国人民对美好生活的向往变成现实。"[①]他还指出,"维护世界和平、促进共同发展"是推动构建人类命运共同体的宗旨。[②]

"命运共同体"既是一种客观现实,也是一种理想境界,因为人类的前途命运本来就密切相连,在经济全球化进程中,各国事实上已经逐渐形成了利益共同体、责任共同体和命运共同体;但另一方面,人类的共同体意识还有待加强,和谐共生的人类秩序建设还任重道远。

在习近平的论述中,命运共同体理念有其广泛适用性与合理的逻辑延伸,从双边、周边、地区到人类,从网络空间、核安全、海洋保护、卫生健康到人文共同体……构建人类命运共同体不仅是新时代中国特色大国外交的总目标,也是中国推动国际秩序改良和全球治理体系变革的最终目标。

二、"命运共同体"的伦理基础:"人类共同价值"

2015年9月习近平在联合国大会所提出的"人类共同价值"这一重要理念,是构建新型国际关系和人类命运共同体的伦理基础和价值内核。习近平强调,"和平、发展、公平、正义、民主、自由,是全人类的共同价值,也是联合国的崇高目标"。他进而指出,要继承和弘扬联合国宪章的宗旨和原则,构建以

[①] 习近平:《把世界各国人民对美好生活的向往变成现实》,2017年12月1日在中国共产党与世界政党高层对话会上的主旨讲话,《习近平谈治国理政》(第三卷),第433页。
[②] 习近平:《努力开创中国特色大国外交新局面》,2018年6月22日在中央外事工作会议上的讲话,《习近平谈治国理政》(第三卷),第426页。

合作共赢为核心的新型国际关系,打造人类命运共同体。① 人类共同价值反映的是不同国家、民族或个体之间的共性,是人类在认识和改造世界的过程中、在各民族文化交流和融合的过程中自然形成的,当然不等于将特定地域的特殊价值人为拔高并倚仗权力优势强行推广的所谓"普世价值"。

习近平主席所倡导的"义利观",从另一个角度诠释了"人类命运共同体"的伦理道德内涵。打造人类命运共同体需要有正确的"义利观"作为国家对外交往的指导。义利观的核心是利益与道义的权衡与抉择,是"予"和"取"的关系,这个关系处理不好,打造人类命运共同体就无从谈起。习近平对正确的义利观是这样界定的:"义,反映的是我们的一个理念,共产党人、社会主义国家的理念。这个世界上一部分人过得很好,一部分人过得很不好,不是个好现象。真正的快乐幸福是大家共同快乐、共同幸福。我们希望全世界共同发展,特别是希望广大发展中国家加快发展。利,就是要恪守互利共赢原则,不搞我赢你输,要实现双赢。我们有义务对贫穷的国家给予力所能及的帮助,有时甚至要重义轻利、舍利取义,绝不能唯利是图、斤斤计较"。② 坚持正确义利观,就要做到"义利兼顾,要讲信义、重情义、扬正义、树道义"。③ 习近平还指出:"大国与小国相处,要平等相待,践行正确义利观,义利相兼,义重于利。"④

三、"命运共同体"的实践路径:建设"五个世界"

2015年9月28日,习近平首次出席联大一般性辩论,在联合国最高讲坛上全面阐释中国关于国际秩序的基本立场:"我们要继承和弘扬联合国宪章的

---

① 习近平:《携手共建合作共赢新伙伴,同心打造人类命运共同体》,2015年9月28日在第七十届联合国大会的讲话,《习近平谈治国理政》(第二卷),第522页。
② 王毅:《坚持正确义利观,积极发挥负责任大国作用》,《人民日报》2013年9月10日第7版。
③ 《习近平在中—拉共同体论坛首届部长级会议开幕式的致辞》,《人民日报》2015年1月9日。
④ 习近平:《携手构建合作共赢新伙伴,同心打造人类命运共同体》,2015年9月28日在第七十届联合国大会一般辩论时的讲话,《习近平谈治国理政》(第二卷),第523页。

宗旨和原则,构建以合作共赢为核心的新型国际关系,打造人类命运共同体。"他从政治、安全、经济、文化、生态等五个方面勾勒了构建人类命运共同体的五大支柱和具体路径:建立平等相待、互商互谅的伙伴关系;营造公道正义、共建共享的安全格局;谋求开放创新、包容互惠的发展前景;促进和而不同、兼收并蓄的文明交流;构筑尊崇自然、绿色发展的生态体系。①

2017年1月18日,习近平在联合国日内瓦总部发出"时代之问":"当今世界充满不确定性,人们对未来既寄予期待又感到困惑。世界怎么了、我们怎么办?"对此,"中国方案是:构建人类命运共同体,实现共赢共享。"他进而强调,"构建人类命运共同体,关键在行动",并在原有"五大支柱"的基础上进一步提出了建设"五个世界"的努力方向:"坚持对话协商,建设一个持久和平的世界;坚持共建共享,建设一个普遍安全的世界;坚持合作共赢,建设一个共同繁荣的世界;坚持交流互鉴,建设一个开放包容的世界;坚持绿色低碳,建设一个清洁美丽的世界。"②总之,人类命运共同体就是一个"持久和平、普遍安全、共同繁荣、开放包容、清洁美丽的世界"。这"五个世界"既是我国"五位一体"总体布局在国际层面的延伸,也顺应了人类发展进步潮流。这五大目标,都有明确的现实针对性:政治上的冷战思维、强权政治与干涉主义;安全上的武力威胁、战争危机与军事冲突;经济上的保护主义、贸易冲突与金融霸权;文化上的自我中心论、文明冲突论乃至种族优越论;生态环境上的人类欲望与自然承受能力之间日益扩大的鸿沟,等等。为了对治这些症结,构建"五个世界",习近平还系统提出了五个新观念,即"创新、协调、绿色、开放、共享的发展观","共同、综合、合作、可持续的安全观","开放、融通、互利、共赢的合作观","平

---

① 习近平:《携手共建合作共赢新伙伴,同心打造人类命运共同体》,2015年9月28日在第七十届联合国大会的讲话,《习近平谈治国理政》(第二卷),第523-525页。
② 习近平:《共同构建人类命运共同体》,2017年1月18日在联合国日内瓦总部的主旨演讲,《习近平谈治国理政》(第二卷),第537-538、541-544页。

等、互鉴、对话、包容的文明观","共商、共建、共享的全球治理观"。①

在中共十九大开幕会上,习近平再次呼吁,"各国人民同心协力,构建人类命运共同体,建设持久和平、普遍安全、共同繁荣、开放包容、清洁美丽的世界。要互相尊重、平等协商、坚决摒弃冷战思维和强权政治,走对话而不对抗、结伴而不结盟的国与国交往新路。""五个世界"是构建人类命运共同体的具体目标与行动方向,反映了人类社会共同价值追求,符合中国人民和世界人民的根本利益,而共建"一带一路"的实践,正在为人类命运共同体建设书写答案。

第三节 "文明交流互鉴":国际秩序的价值立场与人文基础

不同文明之间交流互鉴而不是相互排斥甚至走向冲突,是构建人类命运共同体的一个基本前提。"命运共同体"首先是人类亟待培育的一种新的思想意识,需要积极倡导的一种新的全球价值,只有具备这种普遍意识,形成新的价值共识,共同体才有可能变成一种人类关系的现实。这就涉及人类的思想观念、文化立场与价值选择问题。

爱因斯坦说过:"我们创造世界的过程也是一个我们如何思考的过程,要想改变世界,必须先改变我们的思想。"马克斯·韦伯也曾指出,直接支配行动的固然是利益,然而观念所塑造的"世界图像"却经常像"扳道工"一样,决定着由利益驱动的行为所运行的轨道。② 物质利益与文化价值观往往交互作用,

---

① 习近平:《弘扬"上海精神",构建命运共同体》,2018年6月10日在上海合作组织成员国元首理事会第十八次会议上的讲话,《习近平谈治国理政》(第三卷),第441页。
② 马克斯·韦伯:《世界宗教的经济伦理:儒教与道教》,王容芬译,南宁:广西师范大学出版社,2008年,"导论"部分。

第四章 新时代中国领导人关于国际秩序的重要论述——代结语

共同塑造人类的行为。

国际秩序由主导价值观、制度安排和国际规范这三要素构成。主导价值观是占主导地位、多数国际社会成员主动或被动接受的思想观念。现有国际秩序的主导价值观是西方的思想,其标签是"自由主义"。国际秩序及其相关制度、规则,虽然主要基于特定国际体系结构等物质要素,实际上也涉及与力量结构有关的文化价值基础与意识形态取向。显然,战后国际秩序在相当长一段时期里主要体现的是西方大国的文化价值观与意识形态偏好。然而我们所处的是一个文明多样、价值多元的世界。随着国际体系结构的变化,这种多样性更加突出。要避免价值冲突或所谓"文明冲突",必须秉持开放包容的文化立场,尊重文明多样性和发展模式多样化。

习近平对中华传统文化的"创造性转化、创新性发展"、中华文明与世界文明的关系乃至世界不同文明之间的关系,有许多深入思考和重要论述。其中有几个一以贯之的核心观点:其一,灿烂悠久的中华文明本身就是海纳百川、兼收并蓄的结果。习近平多次强调,"中华文明是在中国大地上产生的文明,也是同其他文明不断交流互鉴而形成的文明。"[①]其二,多样性是世界的本质。他经常引用孟子的话,"夫物之不齐,物之情也",强调要坚持"世界是丰富多彩的、文明是多样的"理念,共同消除文化壁垒,抵制观念壁垒,打破精神隔阂。他认为文明的繁盛、人类的进步,离不开求同存异、开放包容,文明交流、互学互鉴,不同文明应该"和谐共生、相得益彰"。[②] 其三,人类应对共同挑战,"既然需要经济科技力量,也需要文化文明力量",必须夯实人类命运共同体的"人

[①] 习近平:《文明因交流而多彩,文明因互鉴而丰富》,2014年3月27日在联合国教科文组织总部的演讲,《习近平谈治国理政》,北京:外文出版社,2014年,第260页;习近平:《文明交流互鉴是推动人类文明进步和世界和平发展的重要动力》,2019年5月1日在联合国教科文组织总部的演讲。

[②] 习近平:《把世界各国人民对美好生活的向往变成现实》,《习近平谈治国理政》(第三卷),第434页。

文基础",①构建"人文共同体"。其四,倡导"平等、互鉴、对话、包容的文明观"。他主张以"文明交流超越文明隔阂,以文明互鉴超越文明冲突,以文明共存超越文明优越"。②

习近平认为,文明因多样而交流,因交流而互鉴,因互鉴而发展。他还就如何加强不同文明的交流互鉴,夯实共建人类命运共同体的人文基础,提出了四点具体主张:一是相互尊重、平等相待。"文明只有姹紫嫣红之别,但绝无高低优劣之分",应该秉持平等和尊重,摒弃傲慢和偏见,推动文明交流对话、和谐共生。二是美人之美、美美与共。一切美好的事物都是相通的。"各种文明本没有冲突,只是要有欣赏所有文明之美的眼睛"。三是开放包容、互学互鉴。任何文明如果长期自我封闭,必将走向衰落,而交流互鉴是文明的保鲜剂。习近平说,"交流互鉴是文明发展的本质要求","深化人文交流互鉴是消除隔阂和误解、促进民心相知相通的重要途径"。四是与时俱进、创新发展。文明永续发展,既需要薪火相传,更需要推陈出新。习近平指出了一个历史规律:"任何一种文明都要与时偕行,不断吸纳时代精华。"③

在2020年11月上海合作组织第二十次元首理事会上,习近平提出了"促进民心相通,构建人文共同体"的重大倡议,这不仅丰富了人类命运共同体的内涵,实际上也指出了文明交流互鉴的一个重要乃至终极目标。

上述目标连同具体主张,构成了加强文明交流互鉴的"中国方案",集中体现了极富中国特色的文明观念、文化立场与人文精神:不同文明、不同发展模式应该交流对话,在竞争中取长补短,在交流中共同发展,让文明交流互鉴成

---

① 习近平:《深化文明交流互鉴,共建亚洲命运共同体》,2019年5月15日在亚洲文明对话大会开幕式上发表的主旨演讲,《习近平谈治国理政》(第三卷),第465、468页。
② 习近平:《弘扬"上海精神",构建命运共同体》,2018年6月10日在上海合作组织成员国元首理事会第十八次会议上的讲话,《习近平谈治国理政》(第三卷),第441页。
③ 习近平:《深化文明交流互鉴,共建亚洲命运共同体》,在2019年5月15日在亚洲文明对话大会开幕式上的主旨演讲,《习近平谈治国理政》(第三卷),第468-470页。

为友谊的桥梁、进步的动力与和平的纽带。

第四节 国际秩序"建设者"：当代中国的国际身份

中国与世界之关系，是近代以来中国人萦绕于心的一个百年命题。改革开放40余年的中国，已经全面融入世界，与世界共命运。因此，对于中国与现行国际体系和国际秩序的关系，必须重新审视、准确界定。这实际上涉及中国的国际身份与角色。

当代中国的国际身份与角色，首先是由"和平发展"这个基本道路选择所决定的。早在2014年，习近平在外交场合就对中国走和平发展之路的基本逻辑做过专门阐述。他指出："中国早就向世界郑重宣示：中国坚定不移走和平发展道路，既通过维护世界和平发展自己，又通过自身发展维护世界和平。走和平发展道路，是中国对国际社会关注中国发展走向的回应，更是中国人民对实现自身发展目标的自信和自觉。这种自信和自觉，来源于中华文明的深厚渊源，来源于对实现中国发展目标条件的认知，来源于对世界大势的把握。""中国走和平发展道路，不是权宜之计，更不是外交辞令，而是从历史、现实、未来的客观判断中得出的结论。"①在2015年9月的中美元首会晤中，习近平表示，"中国是现行国际体系的参与者、建设者、贡献者，同时也是受益者"。在联合国论坛上他又以明确简洁的语言指出，中国走的是"和平发展、开放发展、合作发展、共同发展"的道路。中国将继续"做世界和平的建设者、全球发展的贡

---

① 习近平：《走和平发展道路是中国人民对实现自身发展目标的自信和自觉》，2014年3月28日在德国科尔伯基金会的演讲，《习近平谈治国理政》，第265、267页。

献者、国际秩序的维护者"。①

参与者、建设者、贡献者、维护者、受益者、改革者、负责任大国,这些不同语境下有关中国国际身份的常见表述彼此相关,只是从不同角度阐释中国的身份与角色。其中笔者认为核心是"建设者"。建设者当然首先是参与者而不是旁观者;建设者自然也是贡献者和维护者,而不是破坏者或挑战者;建设者还意味着是总体上的受益者,而不再是"受害者";建设的本质就是做出贡献、推动进步、促进改革;建设并不以满足现状为前提,相反,正因为现状并不完美,所以才需要建设、需要改良。

中国强调自己是现行国际秩序或战后国际秩序的参与者、维护者和建设者。但这里的国际秩序并不是指所谓"自由国际秩序"。按照中国政府的表述,现行国际秩序是以联合国为核心、以《联合国宪章》的宗旨和原则为基础、由国际社会共同确立的,其根本原则是相互尊重主权和领土完整,互不干涉内政。中国要努力维护的主要是联合国框架下的多边秩序与相关原则,但并不完全反对美国—西方主导的具有自由主义色彩的国际秩序,尤其是自由贸易体制与多边合作机制等合理、有效成分。

总之,中国并不认为现行秩序完美无缺,但总体上还是要维护战后秩序。过去经常被疑为"挑战者"的中国现在主要强调的是"维护",原来的"护持者"美国现在则主要在表达不满,试图修改或规避其中对自己不再有利的成分。中美各自的关切与姿态与过去都有所不同,其中某种程度上的"角色"转变的确前所未有且意味深长,反映了全球格局与各自国内环境的变化。

---

① 习近平:《习近平在联合国成立75周年系列高级别会议上的讲话》,北京:人民出版社,2020年,第12页。

第五节 "民主化、法治化、合理化":秩序改良三原则

国际秩序主要由政治秩序、经济秩序、安全秩序和法律秩序等具体实践领域构成。针对不同领域的现状与特点,习近平提出了许多独特见解和解决方案。其中,坚持"共商共建共享"的全球治理观,不断完善全球治理体系,推动国际政治经济秩序朝着更加公正合理有效的方向发展这个核心思想贯穿始终。民主化、法治化与合理化这三项国际关系与国际秩序原则也体现在各个实践领域当中。民主化的核心就是各国平等参与处理国际事务,反对霸权主义与强权政治;法治化的要义就是遵守规则尤其是《联合国宪章》宗旨和原则,不搞双重标准;合理化的关键就是相关制度、规则要反映国际政治经济格局的新变化,要改革不公正不合理的制度安排,增加发展中国家的发言权。限于篇幅,习近平关于国际政治、经济、安全与法律秩序四大领域的专门论述这里无法展开,我们主要围绕民主化、法治化与合理化这三项原则在四大领域的体现做一个集中讨论。

民主化、法治化与合理化,是习近平所倡导的处理国际关系、改良国际秩序的三项重要原则。习近平指出:"各国主权范围内的事情只能由本国政府和人民去管,世界上的事情只能由各国政府和人民共同商量来办。这是处理国际事务的民主原则,国际社会应该共同遵守。"①2014年6月习近平在和平共处五项原则发表60周年纪念大会上发表讲话指出:各国应共同推动国际关系"民主化"与"法治化",遵守国际法和公认的国际关系基本原则,用统一适用的

---

① 习近平:《顺应时代前进潮流,促进世界和平发展》,2013年3月23日在莫斯科国际关系学院的演讲,《习近平谈治国理政》,第274页。

规则来明是非、促和平、谋发展,而不是搞双重标准;共同推动国际关系"合理化",全球治理体系改革要适应国际力量对比新变化,体现各方尤其是发展中国家的关切和诉求。2015年10月习近平在政治局集体学习时再次强调,要推动变革全球治理体制中不公正不合理的安排,推动国际经济金融组织切实反映国际格局的变化,特别是要增加新兴市场国家和发展中国家的代表性和发言权,推进全球治理规则民主化、法治化,使全球治理体制更加平衡地反映大多数国家意愿和利益。

就国际政治秩序而言,"民主化"的含义首先就在于要坚决维护《联合国宪章》的宗旨和原则,尊重各国主权和领土完整,反对霸权主义和强权政治。正如2015年10月习近平在政治局集体学习时所指出的,当今世界发生的各种对抗和不公,不是因为《联合国宪章》宗旨和原则过时了,而恰恰是由于这些宗旨和原则未能得到有效履行,"要坚定维护以联合国宪章宗旨和原则为核心的国际秩序和国际体系"。"民主化"的另一个重要体现是国家主权平等和自主选择发展道路。习近平指出,"主权平等,真谛在于国家不分大小、强弱、贫富,主权尊严必须得到尊重,内政不容干涉,都有权自主选择社会制度和发展道路",要推动各国"权利平等、机会平等、规则平等"。①

就国际经济秩序而言,习近平认为,"经济全球化是客观现实和历史潮流"。②"共同发展是持续发展的重要基础。"③因此中国倡导"开放、包容、普惠、平衡、共赢的经济全球化","创新、协调、绿色、开放、共享的发展观"以及"开放、融通、互利、共赢的合作观",强调要缩小各国发展差距,推动各国平衡

---

① 习近平:《共同构建人类命运共同体》,2017年1月18日在联合国日内瓦总部的主旨演讲,《习近平谈治国理政》(第二卷),第539页。
② 习近平:《习近平在联合国成立75周年系列高级别会议上的讲话》,北京:人民出版社,2020年,第9页。
③ 习近平:《共同创造亚洲和世界的美好未来》,2013年4月出席博鳌亚洲论坛年会上的主旨演讲,《习近平谈治国理政》,第330-331页。

发展。习近平还指出:"全球经济治理应该以平等为基础",应更好反映世界经济格局新现实。在讨论国际经济秩序及其治理问题时,习近平一再表达的一个核心观点是:"国家不分大小、强弱、贫富,都是国际社会平等成员,理应平等参与决策、享受权利、履行义务。要赋予新兴市场国家和发展中国家更多代表性和发言权。"[①]习近平还指出,"国际经济规则需要不断革故鼎新,以适应全球增长格局新变化,让责任和能力相匹配",[②]这些论述中所包含的共同发展、开放包容、平等参与、普惠均衡等理念,都体现了民主化与合理化的原则。此外,习近平主席多次表达了中国坚定捍卫多边主义和自由贸易、反对单边主义、保护主义,维护开放型世界经济的立场。[③] 这其中的民主化原则同样显而易见。

关于国际安全治理,习近平的"中国方案"有四个显著特点:一是倡导"共同、综合、合作、可持续的新安全观";二是坚定支持多边主义与联合国的核心作用;三是倡导通过对话协商与大国协作解决分歧并坚持公平公正原则;四是特别重视应对重大新型安全挑战。这其中同样贯穿了国际关系民主化、法治化与合理化的原则。

习近平强调,要坚持"互信、互利、平等、协作的新安全观",走出一条"共建、共享、共赢"的亚洲安全之路。[④] 习近平自2014年以来不断倡导的"共同、综合、合作、可持续的安全观",兼顾国内安全与国际安全,统筹传统安全与非传统安全,联系可持续发展与可持续安全,是站在构建人类命运共同体的高度

[①] 习近平:《共担时代责任,共促全球发展》,2017年1月17日在世纪经济论坛年会开幕式上的主旨演讲,《习近平谈治国理政》(第二卷),第481页。

[②] 习主席:《共建伙伴关系,共创美好未来》,2015年7月9日在俄罗斯乌法金砖国家领导人第七次会晤上的主旨讲话。

[③] 习近平:《为国际社会找到有效经济治理思路》,2018年11月17日在亚太经合组织工商领导人峰会上的主旨演讲,《习近平谈治国理政》(第三卷),第456—457页。

[④] 习近平:《坚持亲、诚、惠、容的周边外交理念》,2013年10月24日在周边外交工作座谈会上的讲话,《习近平谈治国理政》,第298页。

提出的重要思想，是中国为国际安全治理合作提供的新思路和新方案，也是对和平共处五项原则的继承和发展。2020年12月11日，习近平在政治局集体学习时强调，"坚持推进国际共同安全，高举合作、创新、法治、共赢的旗帜，推动树立共同、综合、合作、可持续的全球安全观，加强国际安全合作，完善全球安全治理体系，共同构建普遍安全的人类命运共同体。"这是对中国所倡导的安全观、安全治理原则与治理目标的最新集中表述。在这些表述中，"平等""共同""法治""合作""共享"等关键词，都是国际关系民主化、法治化与合理化要求的体现。

国际安全治理的民主化与法治化原则，同样集中体现在中国坚决维护《联合国宪章》宗旨与原则、主张充分发挥联合国及其安理会在止战维和方面核心作用的立场上。习近平指出，"联合国是多边主义的旗帜"，"多边主义是维护和平、促进发展的有效路径"，中国"坚定维护以联合国宪章宗旨和原则为基石的国际关系准则，坚定维护联合国权威和地位"。①

国际安全治理的关键是如何解决国际分歧、争端或冲突。习近平主张通过对话协商化解国家间分歧，通过大国协作解决重大争端，并坚持公平公正原则处理矛盾。例如2015年9月28日习近平在联合国论坛指出："协商是民主的重要形式，也应该成为现代国际治理的重要方法，要倡导以对话解争端、以协商化分歧。"大国之间以实现共同安全为目标的协调与合作是解决国际安全问题的有效途径。习近平指出，大国要成为解决问题的"中流砥柱"；"大邦者下流"，大国要拥有容纳天下百川的胸怀。要实现大国协作，就必须建设全球伙伴关系，构筑新型大国关系。大国合作处理国际冲突要坚持公平公正原则。"公平"就是要保障各国地位平等、权益平等、机会均等，避免歧视；"公正"则是

---

① 习近平:《共同构建人类命运共同体》，2017年1月18日在联合国日内瓦总部的主旨演讲，《习近平谈治国理政》（第二卷），第547页；2018年9月2日习近平会见联合国秘书长古特雷斯时的讲话。

第四章　新时代中国领导人关于国际秩序的重要论述——代结语

要维护正义,中立无私,避免双重标准。习近平指出:"公平正义是世界各国人民在国际关系领域追求的崇高目标。"国际争端要公正解决,只能以国际法和公认的国际关系原则为标准,因此要推动国际关系法治化,而且"适用法律不能有双重标准"。[1]

习近平特别重视应对重大新型安全挑战问题。在国际社会总体和平,重大战争得以避免的情况下,人类尤其需要合作应对一些重大新型安全挑战或者新兴领域的安全威胁,这类挑战既涉及非传统安全问题,也涉及一些传统安全问题的新表现形式,或者是两者的交织。习近平提出的可持续安全观,强调统筹应对传统与非传统安全挑战。他尤其重视不断增生、范围广泛且同时影响国家安全与国际安全的非传统安全挑战,特别是其中一些重大"全球性""新兴领域"或"新疆域"的安全挑战。习近平对这类问题的论述异常丰富,而且非常深入具体。例如他指出,"恐怖主义、跨国犯罪、环境安全、网络安全、能源资源安全、重大自然灾害等带来的挑战明显上升,传统安全威胁和非传统安全威胁相互交织,安全问题的内涵和外延都在进一步拓展";[2]他呼吁加强应对资源能源安全、粮食安全、网络信息安全、气候变化、恐怖主义、重大传染性疾病等"全球性挑战"的能力。他强调中国要积极参与制定海洋、极地、网络、外空、核安全、反腐败、气候变化等"新兴领域"治理规则,推动全球治理体系改革;[3]提出要把深海、极地、外空、互联网等领域打造成各方合作的"新疆域",而不是相互博弈的"竞技场"。[4] 2020年新冠疫情暴发以来他多次强调,"公共卫生安

---

[1] 习近平:《弘扬和平共处五项原则,建设合作共赢美好世界》,2014年6月28日在和平共处五项原则发表60周年纪念大会上的讲话。

[2] 习近平:《积极树立亚洲安全观,共创安全合作新局面》,2014年5月21日在亚洲相互协作与信任措施会议第四次峰会上的讲话,《习近平谈治国理政》,第355页。

[3] 习近平:《提高我国参与全球治理的能力》,2016年9月27日主持中央政治局集体学习时的讲话,《习近平谈治国理政》(第二卷),第448页。

[4] 习近平:《共同构建人类命运共同体》,2017年1月18日在联合国日内瓦总部的主旨演讲,《习近平谈治国理政》(第二卷),第541页。

全是人类面临的共同挑战",呼吁共同构建"人类卫生健康共同体"。

这些论述本身已经充分揭示了当今人类所面临的生存、安全与发展难题,指出了国际关系民主化、法治化与合理化的必要性,生动诠释了人类命运共同体理念,共同、综合、合作、可持续安全观以及建设持久和平、普遍安全、共同繁荣、开放包容、清洁美丽"五个世界"的深刻内涵与深远意义。

就国际法律秩序而言,"法治化"更是题中之义。国际法是国际秩序的重要基础和集中体现。国际法是调整国家间关系的制度、原则和规则。国际秩序需要有规则,也就是国际法的基本原则和准则,主要体现在《联合国宪章》的宗旨和原则之中。在国际关系中定规则、守规则是大势所趋。国际法作为国际关系稳定器的价值、在国际秩序塑造中的作用将更受重视。

当前的国际法形势有几个突出特点:其一,个别国家奉行单边主义与双重标准,将强权凌驾于法律规则之上,滥施单边制裁和"长臂管辖",不断"废约""退群",使国际法权威和作用面临严峻挑战。其二,中国等大多数国家支持和维护以联合国为核心、以国际法为基础的国际秩序,认为国际法仍然是国际关系最权威的规则框架。其三,海洋、外空、网络、极地等新领域对国际规则的需求不断增加,国际立法进入新阶段。此外,新冠疫情暴露了全球治理体系的短板和国际公共卫生治理、多边贸易体系等许多领域的"规则真空",国际法相关领域的变革势在必行。

习近平关于国际法律秩序的论述非常系统和深入,同样是高屋建瓴、立场鲜明、重点突出。

一是倡导国际关系法治化,强调公平正义、反对双重标准。习近平指出:"应该共同推动国际关系法治化。推动各方在国际关系中遵守国际法和公认

第四章　新时代中国领导人关于国际秩序的重要论述——代结语

的国际关系基本原则,用统一适用的规则来明是非、促和平、谋发展。"①他还指出:"应该创造一个奉行法治、公平正义的未来。要提高国际法在全球治理中的地位和作用,确保国际规则有效遵守和实施,坚持民主、平等、正义,建设国际法治。"②

针对少数国家无视规则和法治,奉行双重标准,大搞单边霸凌、"退群毁约"的现象,习近平指出,这不仅违背世界人民普遍愿望,也是对各国正当权利和尊严的践踏。"适用法律不能有双重标准。我们应该共同维护国际法和国际秩序的权威性和严肃性。"③习近平还强调,"大国应该带头做国际法治的倡导者和维护者,遵信守诺,不搞例外主义,不搞双重标准,也不能歪曲国际法,以法治之名侵害他国正当权益、破坏国际和平稳定。"④

二是维护以《联合国宪章》宗旨和原则为核心的国际法体系。这是国际关系民主化和法治化原则的集中体现。国际秩序的基础和国际法的核心是《联合国宪章》的宗旨和原则。习近平指出,"中国坚定维护多边主义,坚定维护以联合国为核心的国际体系,坚定维护以国际法为基础的国际秩序"。⑤ 他强调,国际关系必须"厉行法治","联合国宪章宗旨和原则是处理国际关系的根本遵循,也是国际秩序稳定的重要基石"。⑥ 习总书记还撰文指出,新形势下要"坚定维护以联合国宪章宗旨和原则为核心的国际秩序和国际体系,为全球

---

① 习近平:《弘扬和平共处五项原则,建设合作共赢美好世界》,2014年6月28日在和平共处五项原则发表60周年纪念大会上的讲话。
② 习近平:《携手构建合作共赢、公平合理的气候变化治理机制》,2015年11月30日在气候变化巴黎大会开幕式上的讲话,《习近平谈治国理政》(第二卷),第529页。
③ 习近平:《弘扬和平共处五项原则,建设合作共赢美好世界》,2014年6月28日在和平共处五项原则发表60周年纪念大会上的讲话。
④ 习近平:《在联合国成立75周年纪念峰会上的讲话》,2020年9月21日。
⑤ 2019年4月26日习近平会见联合国秘书长古特雷斯时的讲话。
⑥ 习近平:《在联合国成立75周年纪念峰会上的讲话》,2020年9月21日。

治理体系改革和建设贡献中国智慧和中国方案。"①

三是捍卫发展中国家平等参与国际法建设与国际规则制定的权利。这是国际关系民主化、法治化与合理化三原则的综合体现。国家无论大小、强弱、贫富一律有平等参与处理国际事务的权利，是习近平外交思想中的一个核心观点。习近平曾经指出，治理体制变革是事关国际秩序规则与方向以及各国地位和作用的重大问题，因此他特别强调中国等发展中国家参与制定国际法律规范的平等权利，尤其是参与制定海洋、极地、网络、外空、核安全、气候变化等"新兴领域"治理规则的权利，为此竭力倡导国际关系民主化、法治化与合理化，支持按照新的国际力量对比、扩大发展中国家在国际事务中的代表性与发言权。习近平的论述不仅表明了中国坚决维护以《联合国宪章》宗旨和原则为核心的国际法律秩序的立场，同时也指出了发展中国家的外交理念与国际法原则相契合的重要性。

第六节 从理念到行动：国际秩序建设的中国方案

党的十八大以来，以习近平同志为核心的中共中央，顺应和平、发展、合作的时代潮流，站在人类持久和平与共同发展的高度，就国际关系、国际秩序与全球治理提出了许多新思想、新观点、新论断，提出了许多具有原创性、时代性、指导性的重大理论观点和实践主张。与此同时中国积极参与引领全球治理体系改革和建设，为国际社会提供了"一带一路"等新型公共产品，为推动国际秩序朝着更加公正合理的方向发展奉献了中国智慧与中国方案。

---

① 习近平：《推进全面依法治国，发挥法治在国家治理体系和治理能力现代化中的积极作用》，《求是》2020年第22期。

一、"新型国际关系":国际秩序建设的基本路径

"推动建设新型国际关系,是构建人类命运共同体的基本路径",[①]当然也就是国际秩序建设的基本路径,因为人类命运共同体本身就是秩序建设的最终目标。自2013年3月以来,习总书记在国内外许多重要场合多次详细阐述以合作共赢为核心的"新型国际关系"思想。十九大报告也明确提出要"推动建设相互尊重、公平正义、合作共赢的新型国际关系"。这是统筹"两个大局"、开展新时代中国特色大国外交的一项重要目标和指导原则,也是中国对国际秩序和全球治理观念的思想创新。构建新型国际关系,大国是关键,首先要构建新型大国关系。世界政治的发展变化,客观上一直都是由大国引领并受大国关系状况影响的。大国的观念、政策与行为,是影响全球战略格局与国际秩序走向的主要因素。大国之间的战略稳定,是世界和平与发展的一项重要条件。国际体系中的大国,在拥有更大权力、享有更多权利甚至某些"特权"的同时,也负有特殊的责任与义务,大国是否承担责任是衡量国际秩序状况的一个重要标准。因此,探索大国关系新路径,构建大国关系新形态,发挥大国的引领与示范作用,是建设更为广泛的新型国际关系的重要基础。

中国领导人关于构建"新型大国关系"的主张,核心内涵是"不冲突、不对抗、相互尊重、合作共赢",目的是推进大国协调合作,构建总体稳定、均衡发展的大国关系框架,维护国际秩序的和平与稳定,进而推动建设"相互尊重、公平正义、合作共赢"的新型国际关系。"相互尊重",即国家不分大小、强弱、贫富一律平等,不同制度、宗教、文明一视同仁;"公平正义",即反对弱肉强食的丛林法则,维护世界各国尤其是发展中国家的正当合法权益;"合作共赢",即超

[①] 中共中央宣传部:《习近平新时代中国特色社会主义思想学习纲要》,北京:学习出版社、人民出版社,2019年,第215页。

越零和博弈、赢者通吃的旧思维,倡导共谋发展、互利互惠的新思路。

新型大国关系与新型国际关系,其核心都是"合作共赢",其关键则在于大国的责任与担当。此外,十九届四中全会还提出要"积极发展全球伙伴关系,维护全球战略稳定"。全球战略稳定显然也有赖于大国之间的战略稳定。伙伴关系的名称和形式不尽相同,但其实质内涵都是平等相待,合作共赢,超越社会制度和发展阶段的差异,为构建新型国际关系创造条件。

新型国际关系自然包括新型周边关系。中国始终将周边置于外交全局的首要位置。中国推动全球治理体系改革,推动国际关系民主化,推动构建新型国际关系,推动建设人类命运共同体,都是从周边先行起步。习近平指出,"我国周边外交的基本方针,就是坚持与邻为善、以邻为伴,坚持睦邻、安邻、富邻,突出体现亲、诚、惠、容的理念。"[①]

总之,大国的国际秩序观念与战略,在关注自身利益的同时,还必须兼顾国际社会共同利益。在国际秩序变革的十字路口,无论要摆脱危机还是重建秩序,都需发展新型国际关系,也需要有真正负责任的大国。

二、全球治理体系改革与建设的新思路

全球治理与国际秩序密切相关。全球治理的基本目的,就是通过具有约束力和有效性的国际制度或机制解决全球性问题,以维持稳定的国际政治经济秩序。全球性问题既包括地缘竞争、地区冲突、军备控制等传统安全问题,也包括环境、生态、贸易、金融、人权、移民、毒品、走私以及网络安全、恐怖主义、流行性疾病等非传统安全问题或新型安全挑战,但归根结底都涉及国际政治经济与安全秩序的调整与重塑问题。就此而论,"全球治理体系"这个近些

[①] 习近平:《坚持亲、诚、惠、容的周边外交理念》,2013年10月24日在周边外交工作座谈会上的讲话,《习近平谈治国理政》,第297页。

年的高频词,几乎就是国际秩序的同义语,而且更突出实践性。当今世界政治、经济、安全诸领域,都有许多现实问题和潜在隐患。流行性疾病等问题,还可能成为某种"新常态"。全球性问题的国际合作治理,不是理想主义的好高骛远,而是实实在在、必须面对的问题。

习近平同志多次在重大外交场合阐述中国关于全球治理的新理念新思想,提出中国解决全球治理重要议题的新方案新举措。其核心思想是,坚持共商共建共享的全球治理观,不断完善全球治理体系,推动国际政治经济秩序朝着更加公正合理有效的方向发展。①

1. 核心理念:"共商共建共享"

这是习近平全球治理观念的核心要义,也是中国所倡导的全球治理体制变革和建设的基本原则。2014年6月习近平在和平共处五项原则发表60周年纪念大会上的讲话中提出,全球治理体系是由全球共建共享的,不可能由哪一个国家独自掌握,应该由各国共同来决定。2015年9月22日,习近平在接受《华尔街日报》采访时再次重申了这一观点。在2015年10月的政治局集体学习中,习近平说:要推动全球治理理念创新发展,弘扬共商共建共享的全球治理理念。2016年7月1日,在庆祝建党95周年大会上,习近平说:"什么样的国际秩序和全球治理体系对世界好、对世界各国人民好,要由各国人民商量,不能由一家说了算,不能由少数人说了算。"②

世界互联互通、各国相互依存,解决人类共同难题需要各国携手合作。十九大报告指出,"没有哪个国家能够独自应对人类面临的各种挑战,也没有哪个国家能够退回到自我封闭的孤岛"。因此中国秉持共商共建共享的全球治理观,倡导国际关系民主化、法治化与合理化,支持扩大发展中国家在国际事

---

① 习近平:《弘扬"上海精神",构建命运共同体》,2018年6月10日在上海合作组织成员国元首理事会第十八次会议上的讲话,《习近平谈治国理政》(第三卷),第441页。
② 习近平:《在庆祝中国共产党成立95周年大会上的讲话》,北京:人民出版社,2016年。

务中的代表性和发言权。在2020年9月的联合国大会上,习近平进一步提出,"全球治理应该秉持共商共建共享原则,推动各国权利平等、机会平等、规则平等,使全球治理体系符合变化了的世界政治经济"。①

总之,"共商共建共享",就是世界命运应由各国共同掌握,国际规则应由各国共同制定,全球事务应由各国共同治理,发展成果应由各国共同分享。中国提出的全球治理新理念,超越了传统西方治理观念,顺应了世界格局变化的现实,为"全球善治"带来了新价值与新机遇。

2. 首要动因:旧体制与新格局的落差

2013年3月习近平就任中国国家主席后首次出访前夕接受媒体采访时,就明确指出了全球治理体系改革和建设的动因与必要性。他说:"全球经济治理体系必须反映世界经济格局的深刻变化,增加新兴市场国家和发展中国家的代表性和发言权。"2015年10月习近平在主持中央政治局集体学习时指出,"全球治理体制变革正处在历史转折点上。新兴市场国家和一大批发展中国家快速发展,国际影响力不断增强,是近代以来国际力量对比中最具革命性的变化"。"加强全球治理、推进全球治理体制变革已是大势所趋。这不仅事关应对各种全球性挑战,而且事关给国际秩序和国际体系定规则、定方向。"在2016年9月的集体学习中他再次指出:"全球治理格局取决于国际力量对比,全球治理体系变革源于国际力量对比变化。""随着国际力量对比消长变化和全球性挑战日益增多,加强全球治理、推动全球治理体制变革已是大势所趋。"②在2017年世界经济论坛年会上,习近平更是明确指出,"过去数十年,国际经济力量对比深刻演变,而全球治理体系未能反映新格局,代表性和包容

---

① 习近平:《习近平在联合国成立75周年系列高级别会议上的讲话》,北京:人民出版社,2020年。

② 习近平:《提高我国参与全球治理的能力》,2016年9月27日主持中央政治局集体学习时的讲话,《习近平谈治国理政》(第二卷),第448-449页。

性很不够"。①

3. 基本目标：公正合理、创新完善

中国参与全球治理的基本目标是推动国际秩序和全球治理体系朝着更加公正合理方向发展。早在2013年3月金砖国家领导人会晤时，习近平就讲到，不管全球治理体系如何变革，金砖国家都要积极参与，发挥建设性作用，"推动国际秩序朝着更加公正合理的方向发展，为世界和平稳定提供制度保障"。② 他在2015年10月中央政治局集体学习时指出：要统筹国内国际两个大局，推动全球治理体制向着更加公正合理的方向发展，为我国发展和世界和平创造更加有利的条件。

全球治理体系改革，是在现有基础上创新完善，还是从头做起？习近平的回答非常清楚："这种改革并不是推倒重来，也不是另起炉灶，而是创新完善。"③2015年9月24日的中美首脑会晤中，习近平再次指出："改革和完善现行国际体系，不意味着另起炉灶，而是要推动它朝着更加公正合理的方向发展。"

4. 关键任务："破解四大赤字"

如何才能构建一个更加公正合理的全球治理体系？习近平始终从推动构建人类命运共同体、实现共赢共享的战略高度来思考判断，并切中时弊、有的放矢地提出系统解决之道。其中最关键的是要合力破解全球治理"四大赤字"。2017年5月习近平在"一带一路"国际合作高峰论坛上提出"和平赤字、发展赤字、治理赤字，是摆在全人类面前的严峻挑战"这一重大判断。2019年3月26日，他又进一步提出了破解全球治理"四大赤字"的中国方案："坚持公

---

① 习近平：《共担时代责任，共促全球发展》，2017年1月17日在世界经济论坛2017年年会开幕式上的主旨演讲，《习近平谈治国理政》(第二卷)，第479页。
② 习近平：《携手合作，共同发展》，2013年3月27日在金砖国家领导人第五次会晤时的主旨讲话，《习近平谈治国理政》，第324页。
③ 2015年9月22日习近平接受《华尔街日报》采访时的讲话。

正合理,破解治理赤字;坚持互商互谅,破解信任赤字;坚持同舟共济,破解和平赤字;坚持互利共赢,破解发展赤字"。他进一步指出:破解治理赤字的重点在于坚持共商共建共享的全球治理观,积极推进全球治理规则民主化;破解信任赤字的重点在于通过对话协商,求同存异、聚同化异,增进战略互信,减少相互猜疑;破解和平赤字的重点在于秉持共同、综合、合作、可持续的新安全观,摒弃冷战思维、零和思维以及弱肉强食的丛林法则,以合作谋和平、以合作促安全,坚持以和平方式解决争端;破解发展赤字的重点在于坚持创新驱动,打造富有活力的增长模式。坚持协同联动,打造开放共赢的合作模式。坚持公平包容,打造平衡普惠的发展模式,让世界各国人民共享经济全球化发展成果。[①]

要破解四大赤字,实现全球善治,还需要统筹考虑国家治理与全球治理。良好的全球治理有赖于良好的国家治理。习近平经常强调,要尊重各国人民自主选择发展道路的权利,鼓励各国立足自身国情完善国家治理体系,为全球治理奠定更好的国内治理基础。中国方案反对强加于人,反对干涉别国内政,反对恃强凌弱。事实证明,强行对外推广某种制度体系的治理方案,非但不能带来国家治理的改善,反而造成许多乱局,进而给全球治理带来更多困难。

此外,制度建设是全球治理的关键,必须创新完善全球治理机制。习近平多次表示要以改革调整全球治理结构,推动国际秩序与全球治理体系朝着更加公正合理的方向发展。中国也身体力行、更加积极主动地参与创新完善全球治理体系,大力推进"一带一路"建设,先后发起成立了亚投行、金砖银行、丝路基金、南南合作援助基金等新机制,丰富了全球治理体制。中国还利用主办APEC会议、G20峰会、"一带一路"国际合作高峰论坛、金砖国家领导人会晤、

---

① 习近平:《共同努力把人类前途命运掌握在自己手中》,2019年3月26日在巴黎中法全球治理论坛闭幕式上的讲话,《习近平谈治国理政》(第三卷),第460-462页。

亚信峰会等主场外交机会,积极推动上述治理方案机制化,促进治理体系变革。

三、"一带一路":秩序建设与全球治理的中国方案

2013年习近平主席提出的"一带一路"倡议,就是中国参与国际秩序和全球治理建设的一个典型事例和重要举措,[①]这是中国针对国际秩序的缺陷所提出的解决方案,为全球治理所提供的重要新型公共产品。[②] "一带一路"建设逐步从理念转化为行动、从愿景转变为现实的过程,就充分体现了习近平所倡导的全球治理理念与原则。

"一带一路"作为"参与全球开放合作、改善全球治理体系、促进人类共同发展、推动构建人类命运共同体的中国方案"与"实践平台",[③]始终秉持"共商共建共享"理念,是包容而非排他的,是合作共赢而不是赢者通吃;努力实现政策沟通、设施联通、贸易畅通、资金融通、民心相通,最高目标就是实现互利共赢,不断朝着人类命运共同体方向迈进;"一带一路"具有深厚历史渊源和人文基础,不仅弘扬了"和平合作、开放包容、互学互鉴、互利共赢为特征的丝绸之路精神",且文明交流互鉴、促进"民心相通"本身也是其重要建设内容;[④] "一带一路"践行"法治"原则,其运作过程遵循国际公认的准则,充分吸取现行国际机制的经验和教训;"一带一路"通过互联互通为亚洲邻国提供公共产品,也是践行"亲诚惠荣"周边外交理念的实际行动。[⑤] 更重要的是,"一带一路"尊

---

① 张宇燕:《理解百年未有之大变局》,载《国际经济评论》2019第5期。
② 傅莹:《国际秩序与中国作为》,载《中国人大》2016年第04期。
③ 习近平:《共同绘制好"一带一路"的工笔画》,2018年8月27日在推进"一带一路"建设工作5周年座谈会上的讲话,《习近平谈治国理政》(第三卷),第486页。
④ 习近平:《推进"一带一路"建设,能力开拓改革发展新空间》,2016年4月29日主持政治局集体学习时的讲话,《习近平谈治国理政》(第二卷),第500-502页。
⑤ 习近平:《"一带一路"和互联互通相融相近、相辅相成》,2014年11月8日在"加强互联互通伙伴关系"东道主伙伴对话会上的讲话,《习近平谈治国理政》(第二卷),第497页。

重各国自主选择发展道路的权利,努力开创合作共赢的新模式。用2017年5月习近平在"一带一路"国际合作高峰论坛上的话说:"中国愿同世界各国分享发展经验,但不会干涉他国内政,不会输出社会制度和发展模式,更不会强加于人";"一带一路"是"和平之路、繁荣之路、开放之路、创新之路、文明之路"。①

本章小结

国际秩序本身是一个内涵与外延都很丰富的概念,与国际体系、全球治理等概念,既有区别,也有密切联系。更重要的是,国际秩序问题主要涉及外部环境以及中国与世界的关系,而内政与外交密切相关,国际与国内两个大局需要统筹,国家治理体系与治理能力的现代化与中国参与全球治理体系改革的能力也密切相关。因此,研读习近平总书记关于国际秩序的论述,还必须联系习近平新时代中国特色社会主义思想的整个理论体系,尤其要联系有关中国自身发展道路与发展战略的相关论述,才能获得更加全面、准确和深入的理解。

习总书记对于百年大变局、人类命运共同体、文明交流互鉴、中国国际身份、新型大国关系以及全球治理观念与实践等重要问题的系列论述,构成了有关国际秩序与全球治理的一整套系统、完整的思想体系。从总书记的国际秩序论述中,我们可以看到许多非常鲜明的特点,以及其中所蕴含的重要实践指向与现实针对性:

其一,充分反映了新时期中国领导人对新中国几代领导人国际秩序观念

---

① 2017年5月14日在"一带一路"国际合作高峰论坛开幕式上的演讲,《习近平谈治国理政》(第二卷),第511-513页。

与政策的继承和发展。

习总书记的相关论述,继承和发扬了中国共产党人追求人类社会公平与正义的思想底色与精神气质,以及谋求人民幸福、民族复兴的初心与使命;突出强调国家独立自主、自主选择发展道路、互不干涉内政等我党一贯原则;接续了改革开放以来中国伟大复兴和全面融入世界的历史进程,承接并进一步确认了中国从革命者到建设者的国际身份转换。

其二,清楚表明了中国领导人所倡导的是一种基于国际社会共同利益的秩序观念。

中国领导人对于国际秩序的力量基础,即国际秩序总是基于特定国际体系或国际格局这个客观现实,当然有深刻的体认,但他们并不认同霸权秩序与均势秩序这类单纯考虑实力结构的国际体系秩序观,而是倡导法制秩序与文化秩序这类涉及社会关系与权利的国际社会秩序观。[①] 这样的秩序观是基于一个重要事实,即国际社会不仅需要权力的支撑,也需要法律、制度、规则等因素来规范社会成员的行为;任何国家都无法单独管理国际社会,必须通过国际社会成员的协商与合作,制定相应的国际规则来治理世界;而且,国际规则和制度不仅可以制约国家行为、促成国际合作,还有助于建构国际社会成员的身份和认同,实现一种有利于互助的新型国际文化,从而真正建立起和谐的国际社会秩序。

其三,生动体现了中国的文化特色与历史经验,以及本土关怀与世界眼光、传统价值与现代价值的有机结合。

国际秩序建设与全球治理的中国方案,构成了一套立足中国文化传统、反映中国发展经验、富于中国特色同时又有世界意义的知识体系。这套知识体系是中国在长期探索解决自身发展问题以及人类共同问题的基础上形成的,

---

① 参见秦亚青:《全球治理:多元世界的秩序重建》,北京:世界知识出版社,2019年,第7-9页。

给世界上那些既寻求发展又希望保持独立性的国家和民族提供了新的选择，为国家治理和全球治理贡献了中国的经验与智慧。这同时也表明，过去由少数国家和地区垄断发展和治理知识生产的格局正在逐渐改变。①

习近平总书记在二十大报告中指出，中国共产党是为中国人民谋幸福、为中华民族谋复兴的党，也是为人类谋进步、为世界谋大同的党。这表明，构建人类命运共同体已经成为中国共产党在新时代的使命，集中表达了中国共产党人的理想与信念。当然，中国共产党的世界情怀也与文化传统与民族特性有关。"大同""小康"这些出自《礼记》的古老理想，早已根植于民族心灵与血脉。"人类命运共同体"赋予了中国传统"天下大同""天人合一""和而不同"等思想以新的内涵。这不禁让人想起85年前毛泽东对未来写下的豪迈诗句："太平世界，环球同此凉热"。

其四，指出了现行秩序中的不合理与非正义因素，揭示了西方秩序观念与政策行为的弊端。

由于历史原因，战后国际秩序先天不足，主要体现西方的利益与价值，不能适应国际格局的变化、充分反映发展中国家的处境与需求。西方尤其是美国在构建现存国际秩序过程中扮演了主导角色，也一直掌握着国际秩序的定义权。但它们的秩序理念总的来说都是以我为主，缺少包容性。美国更是奉行"霸权秩序观"，并常常采用双重标准，对外强调"基于规则"的秩序，但自己却可以"例外"。

其五，顺应了时代潮流，直面现实问题，回答"时代之问"。

"什么是当今世界的潮流？答案只有一个，那就是和平、发展、合作、共赢。"当今世界同时又处于"百年未有之大变局"，充满不确定性。战争、贫困、环境、疾病等新老问题丛生，民粹主义、民族主义、反全球化等新旧意识形态泛

---

① 苏长河：《全球治理中国方案的世界意义》，《人民日报》2017年11月5日。

滥、封闭、对抗、分裂等消极政策倾向抬头,"世界怎么了、我们怎么办?"中国的答案是:构建人类命运共同体,建设一个"持久和平、普遍安全、共同繁荣、开放包容、清洁美丽的世界"。

其六,表达了中国与人类共命运、在和平中求发展的良好意愿与客观需求。

民族复兴、再造辉煌,是近现代中国仁人志士念兹在兹、无日或忘的宏图伟业与头等大事。但我们也认识到,中国已经深度融入世界,在一个相互依存、荣损与共的全球化时代,中国的和平发展与整个世界的和平发展是相辅相成、并行不悖的。用总书记的话说,"今日之中国,不仅是中国之中国,而且是亚洲之中国、世界之中国"。[①] 作为世界第二大经济体,无论出于自身可持续发展的需要,还是履行大国的国际责任,中国都有必要,也比过去更有能力去倡导和推动构建新的国际秩序,但中国并非现存秩序的挑战者,而是参与者、改革者和建设者。

回望过去,肆虐全球的疫情是一面镜子,它映照出人性的光辉,彰显了人类团结互助的重要性,以及"命运共同体"的深刻含义,但同时也铨度出国际政治生态的消极面,暴露了现实世界的危机与缺陷。在重大灾难面前,唯有人类的理性、良知与共同体意识,才能照亮至暗时刻,正如习近平主席在联合国论坛讲话中最后所呼吁的:"让我们团结起来,坚守和平、发展、公平、正义、民主、自由的全人类共同价值,推动构建新型国际关系,推动构建人类命运共同体,共同创造世界更加美好的未来!"[②]

[①] 习近平:《深化文明交流互鉴,共建亚洲命运共同体》,《习近平谈治国理政》(第三卷),第471页。

[②] 习近平:《习近平在联合国成立75周年系列高级别会议上的讲话》,北京:人民出版社,2020年,第12页。

参考文献

一、英文著作及论文

Acharya, Amitav, *Constructing a Security Community in Southeast Asia: ASEAN and the Problem of Regional Order*, 3rd ed., Routledge, 2014.

―――, *The End of American World Order*, Polity, 2014.

Art, Robert and Patrick Cronin, eds., *The United States and Coercive Diplomacy*, United States Institute of Peace Press, 2003.

Beitz, Charles R., *Political Theory and International Relations*, Princeton University Press, 1999.

Berggruen, Nicolas and Nathan Gardels, *Intelligent Governance for the 21st Century*, Polity, 2012.

Birdsall, Andrea, *The International Politics of Judicial Intervention: Creating a More Just Order*, Routledge, 2011.

Brown, Michael E., Sean M. Lynn-Jones, and Steven E. Miller, eds., *Debating the Democratic Peace*, Cambridge, MIT Press, 1996.

Bull, Hedley, "States Systems and International Societies," *Review of International Studies*, Vol. 13, Issue 2, 1987.

―――, "The Importance of Grocius in the Study of International

Relations," Hedley Bull et al. , *Hugo Grocius and International Relations*, Oxford University Press, 1992.

_____, *Justice and International Relations*, University of Waterloo, 1984.

_____, "International Relations as an Academic Pursuit," *The Australian Outlook*, 26 (1972).

_____, *Theory of International Politics, 1919—1969*, in Brian Porter. *The Aberystwyth Papers, International Politics, 1919—1969*, London, 1972.

_____, "International Theory: The Case for A Classical Approach," *World Politics*, 18/3 (April 1966).

Bull, Hedley and Adam Watson, *The Expansion of International Society*, Oxford University Press, 1984.

Butterfield, H. and M. Wight. , *Diplomatic Investigations: Essays in the Theory of International Politics*, Harvard University Press, 1966.

Buzan Barry, "The English School as a Research Program, December 1999," http://www. leeds. ac. uk/polis/englishschool.

Buzan, Barry and R. Little, *International Systems in World History*, Oxford University Press, 2000.

Christensen, Thomas J. , *Worse Than a Monolith: Alliance Politics and Problems of Coercive Diplomacy in Asia*, Princeton University Press, 2011.

Conyers, A. J. , *The Long Truce: How Toleration Made the World Safe for Power and Profit*, Spence Publishing Company, 2001.

David, Held, and Mathais Koening-Archibugi, *Global Governance and*

Public Accountability, Blackwell Publishing, 2005.

Davis, Christina L., "Who Files: Developing Country Participation in GATT/25 WTO Adjudication," *Journal of Politics*, 2009 (71).

Dittmer, Jason and Jo Sharp, *Geopolitics: An Introductory Reader*, Routledge, 2014.

Doyle, Michael and Stefano Recchia, "Liberalism in International Relations," in Bertrand Badie, Dirk-Berg Schlosser, and Leonardo Morlino, eds., *International Encyclopedia of Political Science*, Sage, 2011.

Dunne, Tim, *Inventing International Society: A History of the English School*, London Macmillan, 1998.

Dunne, Tim, "New Thinking on International Society," *British Journal of Politics and International Relations*, Vol. 3, No. 2 (June 2001).

Eichengreen, Barry and Bokyeong Park, eds., *The World Economy after the Global Crisis: A New Economic Order for the 21st Century*, World Scientific Publishing Co Pte Ltd, 2012.

Emmers, Ralf, *Geopolitics and Maritime Territorial Disputes in East Asia*, Routledge, 2012.

Epp, Roger, "The English School on the Frontiers of International Society: A Hermeneutic Recollection," *Review of International Studies*, 24, 1998.

Foot, Rosemary, et al., eds., *Order and Justice in International Relations*, Oxford University Press, 2003.

Fukuyama, Francis, "The End of History," *The National Interest*, Summer 1989.

_____, *The End of History and the Last Man*, Free Press, 1992.

Gilpin, Robert, *US Power and the Multinational Corporation*, New York: Basic Books, 1975.

_____, *War and Change in World Politics*, Cambridge University Press, 1981.

Hall, John R. , *International Orders*, Polity, 1996.

Hoffmann, Stanley, *Duties Beyond Borders: On the Limits and Possibilities of Ethical International Politics*, Syracuse University Press, 1981.

Huntington, Samuel P. , "The Clash of Civilization?" *Foreign Affairs*, Vol. 72, No. 3 (Summer,1993).

Ikenberry, G. John, "American's Imperial Ambition," *Foreign Affairs*, Vol. 81, No. 5 (Sept-Oct, 2002).

_____, "The Quest for Global Governance", *Current History*, Vol. 113, No. 759, 2014.

_____, "The End of the Liberal International Order," *International Affairs*, Vol. 94, Issue 1, 1 January, 2018.

Jackson, Robert, "The Situational Ethics of Statecraft," Cathal Nolan, ed. , *Ethics and Statecraft*, Praeger, 1995.

Jackson, Robert and George Sørensen. *Introduction to International Relations*, Oxford University Press, 1999.

Kennedy, Paul, *The Rise and Fall of the Great Powers*. Random House, 1987.

Keohane, Robert O. , *After Hegemony: Cooperation & Discord in the World Political Economy*, Princeton University Press, 1984.

_____, *International Institutions and State Power: Essays in*

International Relations Theory, Westview Press, 1989.

―――, "The Demand for International Regimes," *International Organization*, Vol. 36, No. 2(Spring 1982).

―――, "International Institutions: Two Approaches," *International Studies Quarterly* 32 (1988).

Keohane, Robert O. and Joseph S. Nye, "Power and Interdependence Revisited," *International Organization*, Vol. 41, No. 4, 1987.

Kindleberger, Charles P., *The World in Depression, 1929—1939*, University of California Press, 1973.

―――, "International Public Goods without International Government," *The American Economic Review*, Vol. 76, No. 1, March 1986.

Kiron, John, *Guiding Global Order: G7\\G8 Governance in the Twenty-first Century*, Burlington: Ashgate Publishing Company, 2000.

Kissinger, Henry, *World Order*, Penguin Press, 2014.

Klein, Natalie, *Maritime Security and the Law of the Sea*, Oxford University Press, 2011.

Krasner, Stephen, *International Regimes*, Cornell University Press, 1983.

Kupchan, Charles, *No One's World: The West, the Rising Rest, and the Coming Global Turn*, Oxford, 2012.

Layne, Christopher, "Kant or Cant: The Myth of the Democratic Peace", *International Security*, Vol. 19, No. 2, Fall 1994.

LeMiere, Christian, *Maritime Diplomacy in the 21st Century*, Routledge, 2014.

Linklater, A., The *Transformation of Political Community: Ethical*

Foundations of the Post-Westphalian Era, Polity, 1998.

――, *Beyond Realism and Marxism: Critical Theory and International Relations*, London, 1990.

Little, Richard, "The English School's Contribution to the Study of International Relations," *European Journal of International Relations*, Vol. 6, No. 3, 2000.

Lyons, Gerard, *The Consolations of Economics: How We Will All Benefit from the New World Order*, Faber & Faber Non-Fiction, 2014.

Malloy, M. P., *Economic Sanctions*, Edward Elgar Publishing Ltd, 2015.

March, James G. and Johan P. Olsen, "The Institutional Dynamics of International Political Orders," *International Organization*, Vol. 52, No. 4, 1998.

Michael Mastanduno, "A Realist View: Three Images of the Coming International Order," in T. V. Paul and John A. Hall, *International Order and the Future of World Politics*, Cambridge: Cambridge University Press, 1999.

Murphy, Craig N., "Global Governance Over the Long Haul," *International Studies Quarterly*, Vol. 58, No. 1, 2014.

Njolstad, Olav, *Nuclear Proliferation and International Order: Challenges to the Non-Proliferation Treaty*, Routledge, 2011.

Nye, JosephS. Jr., *The Future of Power*, Public Affairs Press, 2011.

Nye, Joseph S. Jr., *Is the American Century Over*, Polity, 2015.

Odgaard, Liselotte, *The Balance of Power in Asia-Pacific Security: US-China Policies on Regional Order*, Routledge, 2009.

Oneal, John R. and Bruce Russett, "The Classical Liberals Were Right: Democracy, Interdependence, and Conflict, 1950—1985," *International Studies Quarterly*, Vol. 41, No. 2, June 1997.

Organski, A. F. K. , *World Politics*, Alfred A. Knopf,1958.

Patterson, Dennis and Ari Afilalo, *The New Global Trading Order: The Evolving State and the Future of Trade*, Cambridge University Press, 2010.

Owen, John, "How Liberalism Produces Democratic Peace," *International Security*, Vol. 19, No. 2 (Autumn, 1994).

Paul, T. V. and John A. Hall, *International Order and the Future of World Politics*, Cambridge University Press, 1999.

Peffley, Mark and Jon Hurwitz, "International Events and Foreign Policy Belief: Public Response to Changing Soviet-U. S. Relations," in *American Journal of Political Science*, Vol. 36, No. 2, 1992

Phillips, David L. , *Liberating Kosovo: Coercive Diplomacy and U. S. Intervention*, MIT Press, 2012.

Pogge, Thomas, *World Poverty and Human Rights: Cosmopolitan Responsibilities and Reforms*, Blackwell Publishers, 2002.

Reus-Smit, Christian, "Imagining Society: Constructivism and the English School", *British Journal of Politics and International Relations*, Vol. 4, No. 3, October 2002.

Rengger, Nicholas, *Just War and International Order: The Uncivil Condition in World Politics*, Cambridge University Press, 2013.

Rhodes, R. A. W. , "The New Governance: Governing Without Government?" *Political Studies* ,1996,44(4).

Robinson, P., Phillip R. Shaver and Lawrence S. Wrightsman, *Measures of Political Attitudes*, Academic Press, 1999.

Rosenau, James N., *Turbulence in World Politics: A Theory of Change and Continuity*, Princeton University Press, 2001.

Rosencrane, Richard, *The Rise of the Trading State: Commerce and Conquest in the Modern World*, Basic Book, 1986

Rozman, Gilbert, *The Sino-Russian Challenge to the World Order: National Identities, Bilateral Relations, and East versus West in the 2010s*, Stanford University Press, 2014.

Russett, Bruce M., *Grasping the Democratic Peace*, Princeton University Press, 1993.

Schell, Orville and John Delury, *Wealth and Power: China's Long March to the Twenty-first Century*, Random House, 2013.

Shambaugh, David, "Coping with a Conflicted China," *Washington Quarterly*, Vol. 34, 2011 Winter.

———, "International Relations in Asia: A Two-level Game," in Shambaugh, David, and Michael Yahuda, eds., *International Relations of Asia*, Rowman & Littlefield, 2014.

Smith, Martin A., *Power in the Changing Global Order: The US, Russia and China*, Polity, 2012.

Snyder, Glenn H., "Mearsheimer's World: Offensive Realism and the Struggle for Security," *International Security*, Vol. 27, No. 1, 2002.

Tammen, Ronald, et al., *Power Transition: Strategies for the 21st Century*, New York: Chatham House, 2000

Vincent, John, *Nonintervention and International Order*, Princeton

University Press, 1974.

―――, *Human Rights and International Relations*, Cambridge University Press, 1986.

―――, "The Factor of Culture in the Global International Order," *Yearbook of World Affairs*, 34, London, 1980.

Walker, William, *Weapons of Mass Destruction and International Order*, Oxford University Press, 2004.

―――, *A Perpetual Menace: Nuclear Weapons and International Order*, Routledge, 2007.

Waltz, Kenneth, *Theory of International Politics*, McGraw-Hill Humanities/Social Sciences/Languages, 1979.

Wæver, Ole, "International Society-Theoretical Promises Unfulfilled?" *Cooperation and Conflict*, 27:1 (1992).

Wendt, Alexander, *Social Theory of International Politics*, Cambridge University Press, 1999.

Wight, Martin, *International Theory: The Three Traditions*, New York, 1992.

Wolfers, Arnold, "Statesmanship and Moral Choice," *World Politics*, Vol. 1, No. 2 (Jan, 1949).

Yan Xuetong, "From Keeping a Low Profile to Striving for Achievement," *The Chinese Journal of International Politics*, 2014.

Zagacki, Kenneth S., "The Rhetoric of American Decline: Paul Kennedy, Conservatives, and the Solvency Debate," *Western Journal of Communication*, Vol. 56, 1992.

Zakaria, Fareed, *The Post-American World*, London: Norton &

Company,2008.

Zaslove, Andrej,"Exclusion, Community, and a Populist Political Economy: The Radical Right as an Anti-Globalization Movement," *Comparative European Politics*,Vol. 6,No. 2 (2008).

二、中文著作(含译著)

《毛泽东外交文选》,北京:中央文献出版社、世界知识出版社,1994年版。

中华人民共和国外交部、中央文献研究室编:《周恩来外交文选》,北京:中央文献出版社,1990年版。

《邓小平文选(第二卷)》,北京:人民出版社,1993年版。

《邓小平文选(第三卷)》,北京:人民出版社,1993年版。

《江泽民思想年编(1989—2008)》,北京:人民出版社,2010年版。

胡锦涛:《坚定不移沿着中国特色社会主义道路前进为全面建成小康社会而奋斗!——在中国共产党第十八次全国代表大会上的报告(2012年11月8日)》,北京:人民出版社,2012年版。

《习近平谈治国理政》,北京:外文出版社,2014年版。

《习近平谈治国理政》(第二卷),北京:外文出版社,2017年版。

《习近平谈治国理政》(第三卷),北京:外文出版社,2020年版。

习近平:《决胜全面建成小康社会,夺取新时代中国特色社会主义伟大胜利——中国共产党第十九次全国代表大会上的报告(2017年10月18日)》,北京:人民出版社,2017年版。

《中国共产党第十七次全国代表大会文件汇编》,北京:人民出版社,2007年版。

中共中央宣传部编:《习近平总书记系列重要讲话读本》,北京:学习出版社、人民出版社,2016年版。

中共中央宣传部:《习近平新时代中国特色社会主义思想学习纲要》,北京:学习出版社、人民出版社,2019年版。

陈琪、刘丰:《中国崛起与世界秩序》,北京:社会科学文献出版社,2011年版。

陈玉刚:《国际秩序与国际秩序观》,上海:上海人民出版社,2014年版。

陈岳:《国际政治学概论(第三版)》,北京:中国人民大学出版社,2009年版。

金正昆:《现代外交学概论》,北京:中国人民大学出版社1999年版。

李少军:《国际政治学概论》,上海:上海人民出版社,2009年版。

李少军主编:《国际战略学》,北京:中国社会科学出版社,2009年版。

马建标:《冲破旧秩序:中国对帝国主义国际体系的反应(1912—1922)》,北京:社会科学文献出版社,2014年版。

潘忠岐:《多边治理与国际秩序》,上海:上海人民出版社,2006年版。

秦亚青:《全球治理:多元世界的秩序重建》,北京:世界知识出版社,2019年版。

人民论坛编:《大国治理:大智慧与大视野》,北京:北京联合出版公司,2015年版。

上海社会科学院俄罗斯研究中心编:《当代国际关系体系转型》,上海:上海人民出版社,2010年版。

孙吉胜主编:《国际政治语言学:理论与实践》,北京:世界知识出版社,2017年版。

王黎、王梓元:《跨国视角下的世界秩序与国际社会》,天津:天津人民出版社,2012年版。

王诗宗:《治理理论及其中国适用性》,杭州:浙江大学出版社,2009年版。

吴心伯:《转型中的亚太地区秩序》,北京:时事出版社,2012年版。

谢剑南:《国际关系退化机制与国际秩序重构》,北京:时事出版社,2014年版。

杨志编:《引领航向16大以来党的执政理论的历史性创新》,北京:国家行政学院出版社,2012年版。

张立文:《和合学》,北京:中国人民大学出版社,2006年版。

张蕴岭编:《未来10～15年中国在亚太地区面临的国际环境》,北京:中国社会科学出版社,2003年版。

中华人民共和国商务部等编:《2020年度中国对外直接投资统计公报:汉、英》,北京:中国商务出版社,2021年版。

[德]马克斯·韦伯著,王容芬译:《世界宗教的经济伦理》,南宁:广西师范大学出版社,2008年版。

[法]佩雷菲特著,王国卿等译:《停滞的帝国——两个世界的撞击》,北京:生活·读书·新知三联出版社,1995年版。

[加]阿米塔·阿查亚著,袁正清、肖莹莹译:《美国世界秩序的终结》,上海:上海人民出版社,2017年版。

[美]保罗·肯尼迪著,蒋葆英等译:《大国的兴衰》,北京:中国经济出版社,1989年版。

[美]费正清编:《中国的世界秩序——传统中国的对外关系》,北京:中国社会科学出版社,2010年版。

[美]费正清编:《剑桥中国晚清史(下卷)》,北京:中国社会科学院出版社,1985年版。

[美]杰弗里·加腾著,吕大良、王全斌译:《十大新兴市场——来自美国商务界权威人士的报告》,北京:新华出版社,1998年版。

[美]约翰·莫尔斯海默著,王义桅、唐小松译:《大国政治的悲剧》,上海:上海人民出版社,2003年版。

［美］斯蒂芬·科亨著,刘满贵等译:《大象和孔雀:解读印度大战略》,北京:新华出版社,2002年版。

［美］詹姆斯·N.罗西瑙著,张胜军、刘小林等译:《没有政府的治理》,南昌:江西人民出版社,2001年版。

［美］兹比格纽·布热津斯基著,中国国际问题研究所译:《大棋局———美国的地位及其地缘战略》,上海:上海人民出版社,1998年版。

三、中文论文

陈文清:《牢固树立总体国家安全观在新时代国家安全工作中的指导地位》,载《求是》,2019年第8期。

陈伟光:《后疫情时代的全球化与全球治理:发展趋势与中国策略》,载《社会科学》,2022年第1期。

陈伟光、聂世坤:《构建新发展格局:基于国家治理与全球治理互动的逻辑》,载《学术研究》,2022年第1期。

陈玉刚:《国际格局演变与中国的全球战略与角色》,载《当代世界》,2017年第9期。

陈岳:《"中国威胁论"与中国和平崛起》,载《外交评论》,2015年5月8日。

董贺,袁正清:《中国国际秩序观:形成与内核》,载《教学与研究》,2016年第6期。

杜哲元:《从战略合作伙伴到双边命运共同体——论中国伙伴关系外交的新升级》,载《太平洋学报》,2021年第3期。

范逢春:《全球治理、国家治理与地方治理:三重视野的互动、耦合与前瞻》,载《上海行政学院学报》,2014年7月刊。

傅莹:《国际秩序与中国作为》,载《中国人大》,2016年第04期顾学明:《深耕"一带一路"拓展全球开放型经济发展新境界》,载《人民日报》,2016年3月31日。

何帆、冯维江、徐进:《全球治理机制面临的挑战及中国的对策》,载《世界经济与政治》,2013年第4期。

胡键:《中国责任与和平发展道路》,载《现代国际关系》,2007年第7期。

季剑军:《全球或区域治理模式比较及对推动人类命运共同体建设的启示》,载《经济纵横》,2017年第11期。

金灿荣、刘世强:《中国该如何与世界打交道》,载《时事报告》,2011年第3期。

金灿荣、刘世强:《崛起的中国如何面对"大国责任"》,载《中国经贸》,2011年第6期。

金灿荣、刘世强:《告别西方中心主义——对当前国际格局及其走向的反思》,载《国际观察》2010年第2期。

金灿荣、孙西辉:《中国"双构建"应对世界格局变化》,载《参考消息》,2018-03-26。

花勇:《论新兴大国集体身份及建构路径》,载《国际论坛》,2012年第5期。

李宝俊、徐正源:《冷战后中国负责任大国身份的建构》,载《教学与研究》,2006年第1期。

李慧明:《国际社会的负责任大国——当代中国的身份诉求与实践建构》,载《国际关系学院学报》,2008年第1期。

李敏:《"总体国家安全观"解读——专访国际关系学院教授、国家安全政策委员会特邀研究员刘跃进》,载《高端访谈》,2014年12月。

李棕:《关于新兴市场国家发展的若干问题》,载《世界经济与政治论坛》,2007年第4期。

林跃勤:《全球治理创新与新兴大国责任》,载《南京社会科学》2016年第10期。

刘建飞:《"中国责任论"考验和平发展》,载《现代国际关系》,2007年第4期。

刘鸣:《中国国际责任论评析》,载《毛泽东邓小平理论研究》,2008年第1期。

刘跃进:《非传统的总体国家安全观》,载《国际安全研究》,2014年第6期。

罗建波:《负责任的发展中大国:中国的身份定位与大国责任》,载《西亚非洲》,2014年第5期。

吕晓莉:《"中国责任论"语境下"负责任大国"外交理念浅析》,载《当代世界与社会主义》,2009年第4期。

门洪华:《中国和平发展与国际秩序变革:国家实力、国际目标与战略设计(1985—2015年)》,载《中国战略报告》,2016年第2期。

牛海彬:《新型全球化中金砖国家的战略选择》,载《国际观察》,2014年第3期。

牛新春:《中国国际身份刍议——国际横向比较视角》,载《现代国际关系》,2014年第12期。

秦亚青:《国家身份、战略文化和安全利益——关于中国与国际社会关系的三个假设》,载《世界经济与政治》,2003年第1期。

秦亚青:《作为关系过程的国际社会——制度、身份与中国和平崛起》,载《国际政治科学》,2010年第24期。

秦亚青、魏玲:《新型全球治理观与"一带一路"合作实践》,载《外交评论》,2018年第2期。

任剑涛:《"天下":三重蕴含、语言载体与重建路径》,载《文史哲》,2018

年第1期。

任剑涛:《现代化国家治理体系的建构:基于近期顶层设计的评述》,载《中国人民大学学报》,2015年第2期。

任剑涛:《中国的国际身份辨认》,载《学海》,2016年第1期。

任剑涛:《走向理性:近代以来中国世界观的嬗变》,载《中央社会主义学院学报》,2017年第2期。

邵峰:《"一超多强"的世界格局一时难变》,载《人民论坛》,2016年第20期。

石斌:《重建"世界之中国"的核心价值观》,载《国际政治研究》,2007年第3期。

石斌:《"英国学派"国际关系理论概观》,载《历史教学问题》,2005年第2期。

石斌:《秩序转型、国际分配正义与新兴大国的历史责任》,载《世界经济与政治》,2010年第12期。

时殷弘:《国际安全的基本哲理范式》,载《中国社会科学》,2000年5月。

石源华、祁怀高:《未来十年中国周边环境的新挑战与周边外交新战略》,载《中国周边外交学刊》,2015年第1辑。

苏长和:《在新的历史起点上思考中国与世界的关系》,载《世界经济与政治》,2012年第8期。

孙吉胜:《中国国际话语权的塑造与提升路径———以党的十八大以来的中国外交实践为例》,载《世界经济与政治》,2019年第3期。

王缉思:《世界政治进入新阶段》,载《国家战略研究简报》,2018年5月25日第62期。

王立胜、聂家华:《当代中国社会核心价值体系的建构逻辑——基于历史经验的分析》,载《社会科学》,2009年第8期。

王浦劬:《国家治理、政府治理和社会治理的含义及其相互关系》,载《国家行政学院学报》,2014年3月刊。

王逸舟:《三大需求:发展、主权、责任》,载《世界知识》,2000年第5期。

王毅:《与邻为善,以邻为伴》,载《求是》2003年第4期。

王毅:《始终不渝走和平发展道路》,载《求是》,2007年第12期。

王毅:《坚持正确义利观 积极发挥负责任大国作用——深刻领会习近平同志关于外交工作的重要讲话精神》,载《21世纪》,2013年第10期。

王毅:《探索中国特色大国外交之路》,载《人民论坛》,2013年第22期。

魏玲:《新中国周边外交70年:继承与创新》,载《亚太安全与海洋研究》,2019年第5期。

吴兵:《从"天下责任"到"负责任大国"——身份视角下的中国国际责任观历史嬗变研究》,载《当代亚太》,2015年第4期。

吴志成、董柞壮:《国际体系转型与全球治理变革》,载《南开学报(哲学社会科学版)》,2018年第1期。

吴成志、朱丽丽:《当代安全观的嬗变:传统安全与非传统安全比较及其相关思考》,载《马克思主义与现实》,2005年第3期。

吴智成、吴宇:《人类命运共同体思想论析》,载《世界经济与政治》,2018年第3期。

夏先良:《开创世界经济开放、包容和可持续发展新局面》,载《学术前沿》,2017年5月刊。

信强:《"三重博弈":中美关系视角下的"一带一路"战略》,载《美国研究》,2016年第5期。

徐艳玲:《中国社会主义核心价值体系研究结题成果简介》,载《思想政治教育研究》,2015年4月第2期。

姚遥:《中国的新国际秩序观与战后国际秩序》,载《国际问题研究》,2020

年第 5 期。

杨鸿玺:《中国的"世界观"与国际观的科学发展》,载《当代世界》,2009 年 3 月刊。

杨盼盼、徐奇渊:《新兴经济体与发达经济体趋势脱钩:中国将发挥关键作用并受益》,载《国际经济评论》,2014 年第 1 期。

杨新华:《习近平"一带一路"倡议的主要特点》,载《长沙理工大学学报(社会科学版)》,2017 年第 5 期。

姚庐清:《论马克思主义人权思想的普适价值与资产阶级人权思想的"普世价值"的区别》,载《苏州科技大学学报(社会科学版)》,2017 年 9 月。

韦宗友:《新兴大国群体性崛起与全球治理改革》,载《国际论坛》,2011 年第 2 期。

余丽、李涛:《中国国家间道义思想探本溯源——基于先秦诸子国家间道义思想的对比分析》,载《国际关系理论》,2011 年第 3 期。

张军扩:《坚持互利共赢,务实推进"一带一路"建设》,载《经济纵横》,2015 年第 10 期。

张然、许苏明:《习近平总体国家安全观战略思想探析》,载《中国化马克思主义研究》,2017 年第 1 期。

张煜麟:《学术信息商品化潮流中台湾学术传播的困境与应对》,载《中国科技期刊研究》,2014 年第 2 期。

张宇燕:《理解百年未有之大变局》,载《国际经济评论》,2019 第 5 期。

张宇燕、田丰:《新兴经济体的界定及其在世界经济格局中的地位》,载《国际经济评论》,2010 年第 4 期。

张中元:《人类命运共同体理念对双边外交关系的影响》,载《世界经济与政治》,2021 年第 12 期。

赵成:《"一带一路"开放包容的和唱》,载《人民日报》,2015－03－29。

赵珈艺、李金玲:《"一带一路"沿线国家经贸合作现状及前景分析》,载《内蒙古财经大学学报》,2017年第15卷第5期。

赵汀阳、任剑涛、许章润、关凯:《"新天下主义"纵论(笔谈)》,载《文史哲》,2018年第1期。

周方银:《中国的世界秩序理念与国际责任》,载《国际经济评论》,2011年第3期。

周桂银:《中国周边外交的当前态势和未来重点》,载《东南亚研究》,2017年第1期。

[斯里兰卡]基尼斯·德斯尔瓦:《人类命运共同体》,载《友声》,2019年第2期。

冯继承:《大国崛起与国际体系转型——国际惯习、战略互动与秩序重塑》,外交学院博士论文,2016年。

唐颖:《全球治理中的发达国家与新兴国家》,外交学院博士学位论文,2010年。

查晓刚:《冷战后国际体系的演进与新兴国家群体性崛起——兼论中国如何规避修昔底德陷阱》,复旦大学博士学位论文,2014年。

四、网络资源

北京日报:《今天,我们需要确立什么样的国际观》,2012-03-19,http://www.aisixiang.com/data/51433.html。

光明网:《毛泽东第一次提出"三个世界"的概念》,http://www.gmw.cn/03zhuanti/2004-00/jinian/50zn/50yj/yj-02.htm。

光明网:《胡锦涛:中国的发展,亚洲的机遇》,2004年4月25日,http://www.gmw.cn/01gmrb/2004-04/25/content_17425.htm。

《江泽民:为建立公正合理的国际新秩序而共同努力》,1997年4月23

日,http://www.china.com.cn/guoqing/2012-09/10/content_26748240.htm

人民网:《如何理解习近平一再强调的中美新型大国关系?》,2015年5月19日,http://cpc.people.com.cn/xuexi/n/2015/0519/c385474-27021248.html。

人民网:《推进互利共赢合作 发展新型大国关系》,2012年,http://politics.people.com.cn/GB/1024/17804148.html。

人民网:《亚洲基础设施投资银行正式成立》,2015-12-26,http://politics.people.com.cn/n1/2015/1226/c70731-27978826.html。

人民网:《习近平在博鳌亚洲论坛2018年年会开幕式上的主旨演讲》,2018年4月10日,http://cpc.people.com.cn/n1/2018/0410/c64094-29917187.html。

人民网:《推动更深层次改革实行更高水平开放 为构建新发展格局提供强大动力》,2020年9月2日,http://politics.people.com.cn/n1/2020/0902/c1024-31845315.html。

网易新闻:《不谈"亚太"谈"印太",特朗普访华前表态在暗示什么》,2017-11-06,http://news.163.com/17/1106/21/D2JDR68H0001875N.html。

新华网:《习近平:在庆祝中国人民政治协商会议成立65周年大会上的讲话》,2014年9月21日,http://www.xinhuanet.com/politics/2014-09/21/c_1112564804.htm。

新华网:《让中国力量推动全球治理体系变革——学习习近平总书记在中央政治局第三十五次集体学习时的重要讲话》,2016年9月28日,http://www.xinhuanet.com/politics/2016-09/28/c_1119642701.htm。

新华网:《"一带一路"国际合作高峰论坛成果清单(全文)》,2017-5-16,http://news.xinhuanet.com/world/2017-05/16/c_1120976848.htm。

新华网:《国家发展改革委、国家海洋局联合发布"一带一路"建设海上合作设想》,2017-6-20,http://news.xinhuanet.com/politics/2017-06/20/c_1121176743.htm。

新华网:《推动共建丝绸之路经济带和21世纪海上丝绸之路的愿景与行动》,2015-3-28,http://news.xinhuanet.com/world/2015-03/28/c_1114793986.htm。

新华网:《习近平:让命运共同体意识在周边国家落地生根》,2013年10月25日,http://www.xinhuanet.com/2013-10/25/c_117878944.htm。

新华网:《习近平说,中国共产党人的初心和使命就是为中国人民谋幸福为中华民族谋复兴》,2017-10,http://news.xinhuanet.com/politics/19cpcnc/2017-10/18/c_1121819598.htm。

新华网:《习近平在莫斯科国际关系学院的演讲》,2013年3月24日http://news.xinhuanet.com/world/2013-03/24/c_124495576.htm。

新华网:《习近平提出,坚持和平发展道路,推动构建人类命运共同体》,2017年10月18日,http://www.xinhuanet.com/politics/2017-10/18/c_1121821003.htm。

新华网:《携手构建合作共赢新伙伴,同心打造人类命运共同体——在第七十届联合国大会一般性辩论时的讲话》,2015年9月28日,http://www.xinhuanet.com/world/2015-09/29/c_1116703645.htm。

新华网:《中国共产党第十九次全国代表大会在京开幕 习近平代表第十八届中央委员会向大会作报告 李克强主持大会》,2017-10,http://news.xinhuanet.com/politics/19cpcnc/2017-10/18/c_1121821145.htm。

新华网:《中国共产党中央委员会关于修改宪法部分内容的建议》,2018年2月25日,http://www.xinhuanet.com/2018-02/25/c_1122451187.htm。

新华网:《古特雷斯:中国正提前兑现在〈巴黎协定〉中所作承诺》,2019年

9月21日,http://www.xinhuanet.com/2019-09/21/c_1125022885.htm。

中国网:《"真实亲诚"对非政策理念和正确义利观提出8周年 中国坚定不移推进中非友好》,2021年3月25日,http://news.china.com.cn/2021-03/25/content_77346483.htm。

中国共产党新闻网:《习近平:坚持与邻为善以邻为伴 体现亲、诚、惠、容理念》,2015-08-10,http://cpc.people.com.cn/xuexi/n/2015/0810/c385474-27435843.html。

中国共产党新闻网:《习近平:在庆祝全国人民代表大会成立60周年大会上的讲话》,2014年9月日,http://cpc.people.com.cn/n/2014/0906/c64093-25615123.html

中国共产党新闻网:《江泽民在中国共产党第十五次全国代表大会上的报告》,1997年9月12日,http://cpc.people.com.cn/GB/64162/64168/64568/65445/4526290.html。

中国共产党新闻网:《习近平人类命运共同体思想的深刻内涵与时代价值》,2017年12月12日,http://theory.people.com.cn/n1/2017/1212/c40531-29702035.html。

中国共产党新闻网:《习近平在第十二届全国人民代表大会第一次会议上的讲话》,2013年3月17日,http://cpc.people.com.cn/n/2013/0318/c64094-20819130.html

中国新闻网:《戴秉国:坚持走和平发展道路》,2010年12月7日,http://www.chinanews.com/gn/2010/12-07/2704985.shtml。

中华人民共和国国务院新闻办公室:《中国的和平发展道路》白皮书,新华网,2006年8月23日 http://news.xinhuanet.com/politics/2006-08/23/content_4999339.htm。

中华人民共和国商务部:《"一带一路"具体方案出炉,中国四大区域全面开放》,2015-11-24,http://fec.mofcom.gov.cn/article/fwydyl/zcwj/201511/20151101193007.shtml。

中华人民共和国外交部:《王毅出席第七届东亚峰会外长会》,2017-8-7,http://www.fmprc.gov.cn/web/ziliao_674904/zt_674979/dnzt_674981/qtzt/ydyl_675049/zyxw_675051/t1483052.shtml。

中华人民共和国中央人民政府网:《国务院新闻办发表"中国的和平发展"白皮书(全文)》,2011年09月06日,http://www.gov.cn/jrzg/2011-09/06/content_1941204.htm。

中华人民共和国中央人民政府网:《中共中央关于全面深化改革若干重大问题的决定》,2013年11月15日,http://www.gov.cn/jrzg/2013-11/15/content_2528179.htm。

中华人民共和国中央人民政府网:《人民银行:丝路基金起步运行》,2015-02-16,http://www.gov.cn/xinwen/2015-02/16/content_2820230.htm。

中华人民共和国中央人民政府网:《中共中央关于认真学习宣传贯彻党的十九大精神的决定(2017年11月1日)》,2017-11-2,http://www.gov.cn/zhuanti/2017-11/02/content_5236647.htm。

Jennifer Lind, "Life in China's Asia: What Regional Hegemony Would Look Like," *Foreign Affairs*, February 13th, 2018. https://www.foreignaffairs.com/articles/china/2018-02-13/life-chinas-asia.

Kurt M. Campbell, Ely Ratner, "The China Reckoning: How Beijing Defied American Expectations," *Foreign Affairs*, February 13th, 2018. https://www.foreignaffairs.com/articles/china/2018-02-13/china-reckoning.

IMF World Economic Outlook (WEO), Global Recovery Advances but

Remains Uneven, Jan., 2011, http://www.imf.org/en/Publications/WEO/Issues/2016/12/31/Global-Recovery-Advances-but-Remains-Uneven.

索 引

B

巴黎气候峰会　30

巴黎协定　62,129,136,137,222

霸权　11,12,15,16,24,25,31,32,34,35,
　　41,45,46,52,68,84,91,92,97,100,
　　112,114,127,137,153,158,172,177,
　　183,184,199,200

百年未有之大变局　73,129,135,164,
　　170,171,173,197,200,219

C

朝核问题　80

赤字　15,31,79,160,172,195,196

传统安全　75,77,79,91,92,102,165,
　　185,187,192,218

传统文化　44,45,48,63,95,98,109-
　　111,167,179

D

第二次世界大战(二战)　7,8,10,15,22,
　　23,27,37,88,112,114,129,130,133,
　　134,173

第三世界　8,9,52,53,55,67,68

独立自主　48,52,99,101,117,119,140,
　　141,158,199

对外开放　18,27,125,132,139,141,165

多极化　1,3,6,8-10,15,22-24,37,55,
　　68,70-72,74,91,95,101,119,126,
　　133,134,137,164,165,170,171,174

多极三元　3,8,10,56,132,133,135,137,
　　138,168

F

发达国家　1-3,6-12,14,19,22,25,26,
　　30-33,35-37,41,42,55,56,67,110,
　　119,120,125,133-136,141,165,220

发展中国家　1-3,5,7-10,12-14,17-
　　19,22-25,28,30-32,35,36,41-43,
　　54-56,58,67,70,71,74,84,85,89,
　　91,94,100,103,115,119,121,125,

126,133-139,141,146,158,165,
170-172,176,183-185,190,191,
193,194,200

非传统安全　1,16,22,28,74-78,80-
82,91,92,96,102,119,165,185,187,
192,218

负责任大国　41,57-59,61-63,103,
122,127,131,160,176,182,215,
216,218

G

革命外交　52

共商共建共享　103,122,126,127,139,
157,170,183,193,194,196,197

国际安全观　75,78,79,102

国际格局　1-5,9,10,18,23-25,33,39,
40,42,87,133,134,137,170-172,
184,199,200,214,215

国际货币基金组织　9,10,12,16,17,19,
30,32,36,128,165

国际身份　2,43,49-51,53-57,60,61,
64,138,170,181,182,198,199,
216,217

国际体系　1,2,4-6,12,21,23,25,26,
32,33,41,43,52,56,59,63,83,87,
89,90,93,100,105,107,116,120,
123,128,130,132,133,135,165,168,

170-172,174,179,181,184,189,
191,194,195,198,199,212,218,220

国际秩序　2-4,6,7,9-11,15,20-27,
31-33,35-38,40-43,45,46,50,53,
55,56,64,68,79,80,86-94,96,99-
101,105,111,114,119,121,123,125,
127,134-138,142,148-150,153,160,
164-166,169-176,178,179,181-
184,188-201,212-214,216,218

国际组织　3,9,29,30,33,53,54,62,74,
86,127,152

国家治理体系　123,124,130,132,168,
190,196,198,217

国民生产总值　50,54

H

和合　2,7,27,32,44,46,54,76,79,82,
95,105,141,161,213

和平共处五项原则　45,48,53,67,68,88-
90,92,100,151,160,168,183,186,
187,189,193

和谐世界　47,63,68,84,88,93-95,101,
105,113,121,157,158,167

J

金砖国家　1,4,5,17,18,29,38,40,128,
135,140,148,158,185,195,196,216

经济全球化　11,12,15,18,24,70,71,91,
　　95-97,110,118,119,126,128,131,
　　139,154,164,165,174,175,184,196
经济危机　1,9,15,19,36,134,136,
　　137,148
军备竞赛　20,71

K

可持续发展议程　98,129
恐怖主义　1,15,16,34,62,72,74,80,82,
　　96,115,119,126,129,136,137,
　　187,192

L

冷战　7,9-12,14-16,22,31,33,35,37,
　　45,53,55,59,67,70,73,77,79,82,
　　86,91,92,96,97,100,112,126,133-
　　135,140,143,164,173,177,178,196,
　　215,220
联合国　2,8,16,20,24,30-32,35-38,
　　40,43,53,62,71,73,87,88,91-93,
　　98,100,113,114,118,126,128,129,
　　131,137,140,165,171,172,175-
　　177,179,181,182,184-189,194,
　　201,222
联合国宪章　68,73,82,87,88,90,92,114,
　　165,175,176,182-184,186,188-190

两个一百年　60,70,131
两极格局　8,9,22,23,46,55,68,100,143
零和博弈　14,81,82,86,119,164,169,
　　173,192

M

"美国例外主义"("美国例外论")　131
民粹主义　13,56,127,136,137,172,
　　173,200

N

南北对话　7,8
逆全球化　3,23,120,127,173

P

"普世价值"　114,176,219

Q

七十七国集团　7
亲诚惠容　84,99,142,146,149,150,168
求同存异　67,85,112,113,147,159,160,
　　179,196
全球伙伴关系网络　27,99
全球治理体系　2,10,11,15-17,22,23,
　　25,28,29,57,60,88,103,119,122,
　　123,125-127,130,140,151,164,
　　171,172,175,183,184,187,188,190,

192-198,221

无政府状态　61,116

R

X

人类命运共同体（命运共同体）　27,28,
47,49,63,64,69,81,82,85,86,88,95-
101,103-106,113-122,126,128,130,
139,140,145-147,150,151,153-155,
157,160,164,167,170,171,173-180,
184-188,191-193,195,197,198,200,
201,214,215,218-220,222,223

习近平外交思想　170,190

新发展格局　122,131,132,214,221

新时代观　69,70,72,73,83,89,102

新兴大国　1-6,9-34,36-43,52,55,56,
72,95,130,133,135-138,158,165,
166,171,215-217,219

新兴市场经济体　172

修昔底德陷阱　12,14,25,138,220

S

Y

"三网一化"　161,162

上海合作组织（上合组织）　80,81,99,
144,145,158,173,178,180,193

社会核心价值体系　106,107,109,217

世界贸易组织（世贸组织）　9,12,16,29,
30,36,54,97,138,158,172

世界银行　19,30,32,36,121,165

丝路基金　54,128,140,151,152,158,
196,224

亚非拉　6-8,27,52,67,88

亚太经合组织　36,37,126,128,140,
169,185

亚洲安全观　78,80,81,99,143,145,
146,187

亚洲基础设施投资银行（亚投行）　19,29,
32,36,54,128,140,152,158,196,221

"一带一路"　27,31,32,54,62,80,82,99,
103,127,128,140,147,149-164,
168,170,178,190,195-198,215,
216,218-223

伊朗核协议　62

义利观　63,64,84,86,103,146,160-
162,176,218,223

W

维和　28,46,81,82,96,97,126,129,
178,186

文明交流互鉴　20,21,154,170,178-
180,197,198,201

229

意识形态　20,37,53,55,59,73,89,108,
　　111,133,136,140,157,165,166,173,
　　179,200
"印太"　149,163,221
远景五国(愿景五国)　4

Z

"再平衡"　145
《中国的和平发展》　47,79,117
中国方案　85,88,103,104,121,122,125,
　　126,128,139,140,154,160,170,177,
　　180,185,190,195-197,199,200
中国共产党章程(党章)　78,98,103,
　　118,139
中间地带　52
周边外交　17,54,84,99,143-148,150,
　　162,185,192,197,217,218,220
总体国家安全观　76-78,82,83,102,214-
　　216,219
综合国力　3,6,12,21,23-25,40,41,70,
　　91,138